经济管理学术文库 • 其他类

法治理念下的
行政程序证据制度研究

Research on Administrative Procedure Evidence System under the Rule of Law

陈 峰 张 杰 / 著

图书在版编目（CIP）数据

法治理念下的行政程序证据制度研究/陈峰，张杰著．—北京：经济管理出版社，2017.3

ISBN 978－7－5096－5020－2

Ⅰ.①法… Ⅱ.①陈… ②张… Ⅲ.①行政诉讼—证据—司法制度—研究—中国 Ⅳ.①D925.313.4

中国版本图书馆 CIP 数据核字（2017）第 046834 号

组稿编辑：宋　娜
责任编辑：宋　娜　张　昕
责任印制：黄章平
责任校对：董杉珊

出版发行：经济管理出版社
（北京市海淀区北蜂窝 8 号中雅大厦 A 座 11 层　100038）
网　　址：www.E－mp.com.cn
电　　话：（010）51915602
印　　刷：北京玺诚印务有限公司
经　　销：新华书店
开　　本：720mm×1000mm/16
印　　张：17.75
字　　数：291 千字
版　　次：2017 年 3 月第 1 版　　2017 年 11 月第 1 次印刷
书　　号：ISBN 978－7－5096－5020－2
定　　价：88.00 元

摘　　要

法治不仅是对社会治理机制、社会活动方式和社会秩序状态这些宏观层面上的要求，更需要行政执法这样微观领域具体制度的支持，行政程序证据制度一定程度上就是从微观领域、技术层面对行政法治的有效保障。在我国法治化建设过程中，尤其应当加强行政程序领域中证据制度的研究和立法完善。本书旨在依循法治的理念，综合运用语义分析、功能分析、规范分析、历史分析、实证分析和比较分析等研究方法，对行政程序证据制度作较为深入的阐释。本书第一章主要是在界定行政程序概念的基础上展开对法治理念下的行政程序、行政程序证据制度和行政法治、行政程序证据制度与正当行政程序关系等问题的讨论，并主张在行政法治、正当行政程序理念下构建行政程序证据制度。第二章主要对行政程序证据制度若干基本问题作相关介绍。该部分立足于证据概念的分析，对行政程序证据和行政程序证据制度概念进行界定，并且论述行政程序证据与行政诉讼证据的区别与联系，同时分析行政程序证据的属性、种类、特征以及行政证据制度及其功能等基本问题。第三章对行政程序证据制度价值进行分析。该部分立足于行政程序价值的分析对行政程序证据制度的价值进行定位，主张行政程序证据制度应以实现公正和效率均衡为价值取向。第四章按照行政程序证据证明程序取证、举证、质证、认证、查证的逻辑顺序分别论述行政程序证据取证制度、举证制度、质证制度、认证制度、查证制度，以及与此相对应的证据收集规则、证明责任分配规则、证据认证规则以及证据审查规则。初步勾勒出行政程序证据具体制度的基本理论体系。第五章对我国行政程序证据制度如何立法完善进行展望。该部分通过域外行政程序中的证据制度立法状况的介绍和比较研究，对照我国立法状况，尤其是相关制度的缺陷和不足，提出若干完善建议，主张通过将之附属于行政程序法的立法模式对之进行系统规范，并提出在条件尚未成熟时，可以对行政程序证据制度进行分阶段、有计划的立法。

关键词：法治；行政程序；行政程序证据；行政程序证据制度

目　　录

绪　论……………………………………………………………………… 1

一、选题背景……………………………………………………………… 1
二、研究现状和展望……………………………………………………… 3
三、研究意义 …………………………………………………………… 10
四、研究任务 …………………………………………………………… 13

第一章　法治背景下的行政程序及其证据制度 …………………………… 17

第一节　行政程序的合理界定 …………………………………………… 17
一、行政程序是否应包括当事人行为的作出程序 ……………………… 19
二、行政程序是否应包括行政诉讼程序 ………………………………… 23
三、本书对于行政程序的界定及其指导意义 …………………………… 26
第二节　行政法治理念下的正当行政程序 ……………………………… 28
一、行政法治理念与正当行政程序 ……………………………………… 29
二、行政程序正当性的判断标准及其指导意义 ………………………… 34
第三节　行政法治理念与行政程序证据制度 …………………………… 42
一、行政法治演变中的行政程序证据制度 ……………………………… 43
二、行政程序证据制度：行政法治的重要保障 ………………………… 45
三、行政程序证据制度在行政程序法中的角色和地位 ………………… 47
本章小结 ………………………………………………………………… 49

第二章　行政程序证据制度基本问题研究 ……………………………… 51

第一节　行政程序证据相关概念的讨论 ………………………………… 51
一、证据概念的界定 ……………………………………………………… 52

二、行政程序证据概念的界定 …………………………… 55
三、行政程序证据与行政诉讼证据的区别与联系 ………… 60
第二节 行政程序证据的特点 …………………………………… 68
一、行政程序证据具有过程性 …………………………… 68
二、行政程序证据具有附属性 …………………………… 68
三、行政程序证据具有专业性 …………………………… 69
四、行政程序证据具有形成性 …………………………… 70
五、行政程序证据具有间接影响权益性 ………………… 70
第三节 行政程序证据属性的讨论 …………………………… 72
一、学界关于证据属性的争论 …………………………… 72
二、关于证据是否应具有"合法性"的讨论 ……………… 73
三、本书关于证据属性以及行政程序证据属性的进一步分析 ………………………………………………… 75
第四节 行政程序证据的种类 …………………………………… 77
一、域外有关行政程序证据种类的立法状况 …………… 78
二、我国行政程序证据种类的探讨 ……………………… 79
第五节 行政程序证据制度的界定及其功能分析 ………… 82
一、关于行政程序证据制度的讨论 ……………………… 83
二、行政程序证据制度的多元功能 ……………………… 86
本章小结 ……………………………………………………………… 93

第三章 行政程序证据制度价值分析 …………………………… 96

第一节 行政程序的价值定位 …………………………………… 96
一、行政程序价值的界定 ………………………………… 96
二、当代行政程序的价值定位——"公正"与"效率"的平衡………………………………………………… 103
第二节 行政程序证据制度对行政程序价值实现的作用…………… 107
一、行政程序证据制度对行政程序外在价值的促进作用……… 107
二、行政程序证据制度促进行政程序完善性的达成………… 108
第三节 行政程序证据制度的价值定位………………………… 112
一、行政程序证据制度的公正价值……………………… 112
二、行政程序证据制度的效率价值……………………… 113

三、行政程序证据制度价值的均衡——“平衡”和“衡平” …… 114
本章小结 …… 118

第四章 行政程序证据具体制度讨论 …… 120

第一节 行政程序证据收集制度 …… 121
一、行政程序证据收集概述 …… 121
二、行政程序证据收集的原则 …… 124
三、行政程序证据收集的程序 …… 130
四、行政程序证据收集中的相关取证规则 …… 136
第二节 行政程序证据举证制度 …… 142
一、行政程序证据证明责任概述 …… 143
二、行政程序证据证明责任的分配 …… 149
三、行政程序证明责任分配规则的具体适用 …… 152
第三节 行政程序证据质证制度 …… 159
一、行政程序证据质证概述 …… 160
二、行政程序证据的质证形式 …… 162
三、行政程序证据的质证规则 …… 164
第四节 行政程序证据认证制度 …… 167
一、证据认证规则概述 …… 167
二、行政程序证据认证规则的讨论 …… 174
三、行政程序证据中的若干认证规则 …… 177
第五节 行政程序证据的审查制度 …… 200
一、行政程序证明对象的讨论 …… 200
二、行政程序证据证明标准概述 …… 203
三、行政程序证据制度中若干证明标准 …… 208
本章小结 …… 214

第五章 我国行政程序证据制度立法建议 …… 217

第一节 行政程序证据制度立法必要性分析 …… 217
一、区别于行政诉讼证据规则的需要 …… 217
二、整合我国行政程序证据规则的需要 …… 218

三、实现行政程序立法现代化的需要…………………………… 219
第二节 借鉴域外立法经验…………………………………………… 220
一、域外行政程序中的证据制度立法状况……………………… 221
二、域外行政程序证据制度比较结论…………………………… 239
第三节 我国行政程序证据制度的立法完善……………………… 241
一、我国行政程序证据制度的立法状况………………………… 241
二、我国行政程序证据制度的不足与缺失……………………… 244
三、对完善我国行政程序证据规则的几点建议………………… 251
四、有关我国行政程序证据制度的立法模式问题……………… 252
本章小结………………………………………………………………… 260

结 语…………………………………………………………………… 261

参考文献………………………………………………………………… 264

后 记…………………………………………………………………… 272

绪　　论

只有以证据加以证明的才可以视为存在。
——罗马谚语

证据为正义之基础（Evidence is the basis of justice）
——杰罗米·边沁（Jeremy Bentham）

一、选题背景

在当今世界，行政机关作为国家公权力的行使者，其调控的社会关系有逐渐扩大的趋势，而在公民的日常生活中，行政机关行政行为的干预面和约束面也越来越广。随之而来的是，在行政行为与公民日常生活之间不可避免地产生了一定的冲突。为了将不断扩张的行政权纳入行政法治的轨道，也为了防止行政权力滥用和控制行政权，很多国家和地区纷纷出台行政程序法。在以制约行政权、保障人权为核心的行政法治理念背景下，为了实现行政程序正义，就要求行政机关作出行为应符合相关证据规则。特别是随着法治教育的普及，公民的法律意识越来越强，在与行政机关行政行为的冲突中，公民更多地拿起法律武器保护自己的合法权益。其中，公民对行政程序中证据运用的权威性、合法性的重视，成为推动行政机关执法正当性、准确性和有效性的重要动力。因此可以说，依法行政、依法控权、保障人权是行政程序证据制度产生、确立和发展的重要内推力。行政程序证据立法的完善和行政程序证据的规范成为行政机关执法过程中亟待解决的问题。如何能够在保证公民合法利益不受侵害的同时保证行政机关的执法行为顺利进行，增强行政行为的合法性和有效性，减少公民对行政活动的质疑，提高行政、司法的效率，已经成为一个摆在各立法、行政、司法部门面前极其重要的问题。而证据法规作为连接程序法和实体法的重要制度领域得到越来越广泛的关注。

在依法行政、建设法治政府理念指导下，行政机关势必被要求所有的行政决定都是建立在合法、符合法定程序、有证据事实的基础上的。而是否具有充分、确凿的事实根据，就需要有证据加以证明。[①] 在实践中，行政机关往往由于在证据的收集、运用、认定等方面存在一定的问题，导致其在行政诉讼中处于不利地位。当前，由于受证据制度研究视角的影响，学界一般谈及行政领域中的证据（行政证据）问题就自然想到行政诉讼证据，而涉及行政程序证据问题则往往讳莫如深。理论界对这一问题缺乏深入、系统的研究，这不得不让人感到遗憾。虽然也有一些学者对行政程序证据等给予了关注，提出了不少真知卓识，但是相当多的研究都是在研究行政诉讼证据的过程中附带进行的。甚至还有学者将行政诉讼证据与行政程序证据等同，认为"行政诉讼证据从本质上说就是行政程序中的证据"[②]，这就使得拨乱反正更有必要。总之，行政程序作为一种典型的法律程序，其中的证据制度也有着重要的实践意义。笔者以为，目前我国重行政诉讼证据、轻行政程序证据的研究现状是一种非正常的状态。行政程序证据制度是行政诉讼证据制度的基础和前提，在基础和前提尚未研究清楚的情况下，盲目进行行政诉讼证据的研究是有悖于事物发展的规律的。行政程序作为对行政相对人权利被侵犯的防范程序，理应比作为事后救济的行政诉讼程序更为重要，其中的证据制度亦然。

因此，笔者以为，行政程序证据制度是一种能独立于诉讼证据制度存在并起作用的重要证据制度，其发展和完善有助于行政机关准确认定违法

---

① 以具体行政行为为例，任何具体行政行为的发生都必须以一定的事实（主要是行政相对方的行为事实）为基础和前提。特定的事实（例如行政相对方的违法行为事实）的发生、变更或消灭，才能引起特定的具体行政行为的发生。例如，根据我国《产品质量法》的规定，对于生产者和销售者在产品中掺假、以假充真、以次充好等违法行为，政府的产品质量监督工作部门有权责令其停止生产、销售，没收违法所得，并可处违法所得一倍以上五倍以下的罚款，可以吊销营业执照等。就产品质量监督管理部门作出的行政处罚而言，依法必须具备四个事实要件：第一，行政相对方（生产者、销售者）必须有以假充真、以次充好的违法行为存在；第二，违法行为人违法侵犯的对象是消费者、用户；第三，行为人有违法的故意；第四，违法行为损害了消费者、用户的合法权益。

② 沈福俊：《论行政证据中的若干法律问题》，载《法商研究》2004 年第 1 期。另见甘应龙、谈湘兰：《强化证据意识，促进依法行政》，载《工商行政管理》2002 年第 19 期。

事实和适用法律，充分保护行政相对人的合法权益，不断提高办理行政案件的效率，改进行政执法能力，以及从根本上实现行政程序正义并促进行政法治目标的实现。学界理应对行政程序证据制度的研究予以重视。本书将结合行政程序法以及证据法有关研究成果，对此问题进行探索。

二、研究现状和展望

从证据法的角度来看，事实发现始终是法律适用的基础，事实认定的过程也是证据运用的过程，因而证据法在法律体系中的地位是非常重要的。从我国证据法本身的发展过程来看，由于民法和刑法中关于证据及相关制度的立法规范主要集中在民事诉讼和刑事诉讼领域，实践中“证据”一词前常被冠以“诉讼”，似乎“诉讼证据”已成了“证据”的代名词。因此，我国法学界对证据及其相关制度的研究大多局限于诉讼领域，而行政法中的证据及相关制度研究现状也大致如此。从目前相关研究的论述对象和内容来看，涉及的“行政证据”有广义和狭义之分。广义上的行政证据包括行政程序证据和行政诉讼证据：前者是行政程序中为作出行政行为而收集、调查和运用的能够证明行政案件的根据；后者则是行政诉讼中为正确审理行政案件而收集、调查和运用的证据。狭义上的行政证据则只特指行政程序证据或者称为行政执法证据。然而，随着行政程序价值的彰显和行政程序正义理念探讨的逐步深入，健全行政程序相关证据制度的呼声日渐增高，证据在行政程序中具有的独立功能以及其对实体的直接影响，使其亟待完成自身理论的梳理及其相关制度的完善。因而，构建行政程序中的证据制度有助于形成独立完备的行政程序证据体系，更契合我国当前追求行政程序法法典化过程中相应证据制度的理论亟待完善的需要。相应地在本书中，笔者将着重对学界狭义上的行政证据（即行政程序证据）及其制度进行分析和研究。然而令人不无遗憾的是，由于证据制度源于司法程序、研究行政程序的历史较短等，相较行政诉讼的证据规则，理论界和实务界对行政程序证据制度的关注力度明显不够。

（一）有关行政程序证据制度研究现状

我国行政程序证据制度长期依附于行政诉讼证据制度，行政法学界长期对其缺乏足够的关注，以致行政程序证据制度问题始终处于学界研究的边缘，这种情况直到近几年来才略有改观。就目前笔者掌握的资料来看，章剑生教授是国内较早关注行政程序中证据制度问题的学者，章教授早在1994年出版的《行政程序法学原理》（中国政法大学出版社1994年版）中就辟专章对“行政程序法的证据”进行了较为系统的论述。此外，章教授在其1997年出版的《行政程序法比较研究》中通过比较研究对相关问题作了进一步深入讨论,并发表了相关论文。[①] 后续应松年教授主编的《比较行政程序法》也辟专章系统地介绍了域外行政程序证据制度。[②] 而徐继敏教授则是国内首位对行政程序证据制度进行系统全面研究的学者，他在2004年出版的《行政证据通论》一书中将行政程序证据制度与行政诉讼证据制度结合起来进行研究，尝试理顺行政程序证据制度与行政证据审查制度的关系，其研究具有一定的前瞻性。但是，该书与其2006年出版的《行政证据制度研究》一书在论述过程中将行政程序证据与行政诉讼证据统称为“行政证据”，而且很多地方将行政程序证据与行政诉讼证据适用同样的证据规则，或多或少让读者产生了行政程序证据制度是否具有区别于行政诉讼证据制度的必要、行政程序证据制度是否确实有独立研究价值的疑问。[③] 而且，涉及行政程序证据制度的内容虽然涉及行政程序证据一般制度的研究，但从篇幅上看多侧重于主要行政行为程序中的具体证据问题。因此可以说，其相关论著尚未完成构建独立行政程序证据制度的任务。徐继敏教授后续又发表了《证据制度在行政程序法中的地位探析》、《我国行政证据规则的形成、特点与发展趋势》等论文，可以说在构筑独立的行政程序证据制度理论方面进一步作出了有益的尝试。特别值得关注的是，郑州大学苑栋硕士、西南政法大学周士逵硕士以及西南政法大学张生涌硕士分别以《我国行政证据制度研究》、《行政证据制度研究》、《论行政证据》作为硕士毕业论文的选题。这三篇硕士学位论文虽然研究对象是“行政证据”，但从论述的内容来看主要讨论的是行政程序中的证据及其制度，特别是对行政程序证据制度进行了较为集中的论述，当然这三篇文章仍多多少少存在以行政诉讼证据制度代替行政程序证据制度研究的倾向。此外，还有若干论文对行政程序证据制度进行研究，有的笼统地研究行政程序中一般证据规则和

---

① 参见章剑生：《行政程序中证据制度的若干问题探讨》，《法商研究》1997年第6期。

② 参见应松年主编：《比较行政程序法》，中国法制出版社1999年版，第295页。

③ 起码仅从“行政证据”一词的表面意思来看，很难看出其是否包括行政诉讼证据，或是否一定指“行政程序证据”。事实上，以“行政证据”为研究对象也极易导致行政程序证据制度与司法程序证据制度不分，这也是笔者舍弃“行政证据”概念的重要原因。

证据制度[①]，有的选择行政程序中某种具体证据制度或具体问题作为研究对象[②]，有的以部门行政法中涉及的证据制度作为研究对象[③]，有的通过比较研究尝试介绍域外相关立法经验[④]等。可以说，相关研究成果都是对行政程序证据制度进行的颇有意义的探索和尝试，为我们后续研究奠定了基础。

（二）我国行政程序证据制度现状及存在的问题

虽然已有学者对行政程序证据制度予以关注并取得部分研究成果，但就目前我国行政程序证据制度总体状况来看，无论理论界、实务界还是立法状况都仍不容乐观，存在诸多缺陷和不足，主要表现在以下方面：

首先，学界对行政程序证据研究缺乏足够的重视。自20世纪80年代以来，我国证据法学的研究日渐繁荣。但行政程序领域中证据制度问题却很少有人关注，理论界也对此缺乏深入系统的研究。目前学界对行政程序证

---

① 参见沈福俊：《论行政证据中的若干法律问题》，《法商研究》2004年第1期；黄学贤、丁钰：《我国行政程序法证据规则若干问题探析》，《徐州师范大学学报》（哲学社会科学版）2009年第5期；冉瑞燕：《论行政程序证据规则》，《中南民族大学学报》（人文社会科学版）2005年第2期；张天杰、牛文琴：《行政程序的证据制度》，《沧桑》2007年第2期；王立：《论行政证据制度》，《晋中学院学报》2008年第1期。

② 参见吴隆文、李孝忠：《完善行政复议证据制度的理性思考》，http：//china. findlaw. cn/info/xingzheng/xingzhengfuyilxzfylw/381715. html，访问日期2011年8月22日；苟吉芝：《行政证据证明责任研究》，《中州学刊》2005年第5期；杨泽瑛：《浅析证据规则在行政程序中的适用》，http：//www. law－lib. com/lw/lw－view. asp？no：6916，访问日期2010年3月10日；周士逵、冯之东：《行政证据制度的证明标准》，《甘肃行政学院学报》2008年第1期；荆月新：《论行政程序中的秘密取证》，《法学论坛》2004年第6期；刘璐：《试论行政程序中的非法证据排除规则》，《行政法学研究》2005年第1期；等等。

③ 参见李元邃：《工商行政管理机关查处案件中证据的审查判断及使用》，http：//www. lawtime. cn/info/lunwen/xzxzssflw/2006102648810_ 2. html，访问日期2009年10月22日；徐义勇、李承前：《海事行政证据收集过程中应注意的问题》，《中国海事》2006年第12期；汤茂定：《构建治安管理处罚证明标准的法学思考》，《宿州教育学院学报》2007年第2期；鄂姝、陈果：《试论公安行政执法过程中证据的收集》，《广东公安科技》2008年第1期；高国钧：《质量技术监督稽查执法主体证据调查——以行政证据规制为中心》，《法制与经济》2005年第11期；曹福来：《论行政证据规定对税务稽查证据认证的影响》，《湖南税务高等专科学校学报》2005年第6期；杨威：《论行政程序证据在经济犯罪侦查中的应用》，《吉林公安高等专科学校学报》2008年第1期；等等。

④ 参见吴敏：《台湾地区行政程序证据制度研究》，《台湾法研究学刊》2005年第3期；郑钟炎、程竹松：《论我国行政程序法典证据制度的构建——借鉴美国联邦行政程序法中的证据制度》，《法治论丛》2003年第2期；肖峻、傅一波：《借鉴英美法律构建我国执行程序举证责任制度之设想》，http：//www. chinacourt. org/html/article/200911/24/382010. shtml，访问日期2009年11月14日；徐继敏：《美国行政程序证据规则分析》，《现代法学》2008年第1期；等等。

据制度的忽视和冷落，无非就是由于这样几种看法：一是认为行政程序不存在证据问题，只存在行政机关对事实的认定问题；二是将行政程序证据与一般证据制度等同，认为司法证据制度完全适用于行政程序领域，没有必要单独研究；三是认为行政程序相对诉讼程序更追求效率，证据制度相对简单，研究意义不大。这样一些认识，深究其原因，笔者认为主要有：其一，受传统“重实体，轻程序”思想的影响，我国的行政程序法制建设一直没有得到应有的重视，相应行政程序证据制度作为行政程序中的基本制度也没有引起足够的重视；其二，我国目前的证据法学还主要局限于三大诉讼的证据理论研究，尚未区分诉讼证据与非诉讼证据，这影响了学界对行政程序中相关证据制度的关注力度；其三，由于行政诉讼是行政程序的复审程序，行政诉讼中使用的证据多和行政程序证据重合，因此很多学者将行政程序证据制度同行政诉讼证据制度混为一谈，这也严重阻碍了行政程序证据理论的研究和发展；其四，由于传统将行政程序视为行政诉讼程序的认识，更强化了理论界和实务界倾向于用行政诉讼证据制度代替行政程序证据制度的研究和应用。

其次，就目前已有的相关研究成果来看，也存在诸多问题。具体表现在以下四个方面：其一，相关研究成果比较混乱以及存在重复研究的现状。证据及其相关制度是当前法学界普遍关注的热点问题之一，并涌现出大量的相关研究成果。然而就目前笔者掌握的资料来看，重复研究的成果很多，富有科研价值的成果很少，特别是目前研究比较混乱，典型的就是行政程序证据制度和行政证据制度不分、行政程序证据制度和行政诉讼证据制度不分。其二，学界缺乏良好的范畴意识。很多具体制度方面缺乏讨论的平台，特别是在一些具体证据制度概念上学界尚存在很大的分歧。例如，行政程序证据的证明责任就存在证明责任和举证责任认识的差异；行政程序证据的认证规则和整个证据规则混淆；行政程序证据能力规则和行政程序证据证明力规则的混淆；行政程序证据的证明标准和行政诉讼证据的证明标准不作区分；行政调查制度与行政程序取证制度不作区分等一些模糊的认识仍然大量存在。其三，研究的视野还比较狭窄。一方面，学者们的研究大都拘泥于传统证据法的分析框架①，而对行政程序证据制度作为行政程

① 学者对一般制度的研究也主要集中在行政程序证明标准和证明责任分配等问题上。在实践中，相关立法的缺失使行政程序证据的质证过程和认证过程基本处于行政自由裁量之中。

序基本制度的性质、功能、价值等深层次问题尚缺乏研究，使得行政程序证据制度作为行政程序基本制度的地位和意义未能凸显，也使之难以获得实务界足够的重视；另一方面，已有的研究大多停留于对域外相关学说和立法的引介与比较，没有将行政程序证据制度理论与行政执法、行政程序运行的实际结合起来，致使其成果往往泛泛而论，未能有力地指导实践。其四，研究的路径比较单一。一方面，学者们的研究往往限于行政法领域，对相关法学学科的研究成果还未有意识地加以利用。例如，近年来我国证据法学界对证据的概念、分类、证明责任、证明规则等有了一些新的认识，其方法、结论对于起步较晚的行政程序法理论研究具有重要的启示意义。另一方面，行政行为的复杂性和多样性也决定了试图建立整齐划一、统一证据规则的尝试肯定是徒劳的。可见，行政程序证据制度问题的研究仍有待学界进行更加深入而细致的发掘，这也是笔者选题的根本原因所在。

再次，实践中对行政程序证据制度的关注也极为不足。在我国现有法律体系中，有关行政程序证据制度的法律制度却只是只言片语，对行政程序证据制度的规定散见于规章或者规范性文件之中。其规定往往失之简陋，或语焉不详，或自相矛盾，这与行政程序证据制度的法律地位极不相称。此外，由于我国有关行政程序立法并不完善，主要散见于一些单行的法律中，尚无统一的行政程序法典。而且相关立法赋予行政机关的程序性权力较多，对行政机关规定的程序性义务较少；对行政相对人规定的程序性义务较多，赋予行政相对人的程序性权力较少，行政相对人大多只能被动地按照行政机关要求履行程序义务，较少有主动权，并且赋予行政机关较大的自由裁量权。因而行政机关的权力得不到有效控制，往往存在恣意裁量、滥用权力，对行政相对人不依法行政、严重侵害相对人合法权益的现象。许多有法不依、执法不严、违法不究的案件往往就是在“证据”上施手脚、做文章，以假乱真，以偏概全，这是严重背离依法行政精神的。其根源在于缺乏对行政机关作出行政行为过程的微观规制。而传统依法行政一般关注的是具体行政行为等宏观执法领域，往往对涉及行政程序证据领域的微观执法方式关注不多。更为重要的是，在构建法治政府与和谐社会的今天，现有的行政程序证据制度与公民权利保障已经凸显出矛盾，实践中存在大量违法现象，引起了社会的广泛关注。典型的就是 2009 年轰动全国的“钓鱼执法”事件，引起了我们对于行政程序中“诱惑取证”问题的关注。[①] 我们应当从相关惨痛代价里吸取教训，加大对行政程序证据制度系统全面的研究，进而促进相关制度的立法完善。

最后，我国目前行政程序证据的制度并没有相应的单独立法。当下我国还没有一部统一的《行政程序法》，因此也并没有形成统一的行政程序证据制度。行政程序证据制度也是散见于专门法中，我国对行政程序证据的法律规定仅仅是存在于行政诉讼证据的立法法条和法律解释以及各地方的指导性规范文件中。这些散落的条文也只是一些简单的规则，可操作性很低。这就造成了当前行政程序证据的规范无法可依，以及各地行政程序证据规范不一致的混乱局面。因此，行政机关在实践当中很容易脱离这些原则性规定而随意执法。而且，当前在我国对证据学的研究大多存在偏重于对诉讼证据的理论研究的问题，诸如民事诉讼法、刑事诉讼法、行政诉讼法，学界缺乏对行政程序证据制度进行系统化立法的理论支持，已有行政法学者对此问题予以关注。例如，1996 年 7 月，在主题为“行政程序的立法与实践”的行政法学研讨会上，应松年教授和马怀德教授提出了一个中国行政程序法的立法架构，在其第四章行政程序中只规定了一节调查程序，而对有关证据制度的内容只字未提。这一架构很快就遭到了章剑生教授的批评。章教授认为，该体例没有考虑极其重要的证据制度；并认为，我国至今没有统一的证据法，诉讼程序中的证据制度也是由三部诉讼法分别作出规定的。行政程序法中的证据制度究竟应当援引何种证据制度，至今也没有权威性的规定或者具有充分说服力的理论依据。针对我国现行立法对行政程序证据制度规定极不完善的现状，以及当前学界对行政程序证据制度研究冷漠的状况，笔者认为在未来出台的行政程序法典中，行政程序证据制度必将占据重要的一席。此外，值得特别关注的是，有关学者主持的《行政程序法》试拟稿中对行政程序证据制度和证据规则进行了相应规范。例如，应松年教授主持的《行政程序法（试拟稿）》的第三章“行政决定”第三节名为“证据”，共 6 条，分别规定了证据的定义和形式、现场笔录、定案证据规则、证据保全、笔录和案卷；姜明安教授主持的《行政程序法

---

① 2009 年 10 月，河南民工孙中界因被“钓鱼执法”而剁指自证“清白”，这一事件震动全国。从西安市某派出所对嫖客进行“钓鱼执法”，到上海交通执法部门对司机的“钓鱼式执法”，再到深圳社保部门对医生进行的“钓鱼执法”……“钓鱼执法”俨然成为近年来社会讨论的热门话题。

（试拟稿）》的第四章“行政程序的一般制度”第三节名为“证据制度”，共7条，分别规定了取证责任、证据形式、调查收集证据、询问和讯问、审查和检查、提供证据和保存证据。通过比较我们可以发现，两份“试拟稿”无论是在调整范围还是在内容上都存在很大的差异，这说明学术界对行政证据制度的理解还很不一致，且涉及对行政证据制度所作的规定也不能称之为完美，其中还存在诸多的缺陷。

可见，我国行政程序证据制度无论是在现行法律的规定上，还是在学界的研究上，都还没有完备。那如何才能解决现实中发生的诸如“钓鱼执法”此类行政执法实践中的突出问题呢？笔者认为，构建完整的行政程序证据制度并规定一套完整的行政程序证据规则应该是最好的方法和必然的选择。

（三）构建行政程序证据制度的现实可行性

行政程序证据制度是确认行政程序证据的范围，调整和约束行政程序中证明行为的若干具体制度的总称。我国目前存在的证据规则在总体上属于诉讼规则，现有的立法也分散且存在诸多问题。然而，行政程序在本质上有别于司法审判程序，行政程序制度研究的深入和立法的逐步完善也催生相应行政程序证据制度的发展。因此，在诉讼证据规则体系之外再建立一个体现行政本质特征的证据规则体系很有必要。

第一，域外立法经验为我们提供了可贵的参考和学习对象。有关行政程序证据制度的立法，许多国家和地区都有类似的尝试，如美国就有两个体系的证据规则存在：一个是适用于法院审判的证据规则；另一个是适用于行政裁判程序的证据规则。行政机关的裁决可以不受法院证据规则的约束。

第二，有关具体行政立法初步形成了我国行政程序证据制度的粗略架构。虽然我国尚没有行政程序证据的统一立法，但究其共性还是能够归纳出我国行政程序证据制度的概貌。与一些国家有行政程序法并将行政证据规则规定在行政程序法中的做法不一样，我国对行政程序证据规则缺乏统一规定，但是在《行政复议法》、《行政处罚法》、《行政许可法》和《治安管理处罚法》等法律中都有很多关于行政程序证据规则的规定。这些规定多少也对行政程序证据收集、行政程序证明责任、证明标准和证据排除规则等作了初步规定，基本形成了我国行政程序证据制度的概貌。而分散在部门行政法中众多的行政程序证据制度立法更为我们研究行政程序证据制度提供了充足的研究对象。

第三，行政诉讼证据规则在行政程序中的部分适用。虽然我国尚没有行政程序证据的统一立法，但是散见于行政实体法、有关司法解释中的各行政程序规范为行政诉讼证据规则在行政程序中的适用提供了法律依据。例如，《行政诉讼法》和最高人民法院的司法解释对行政诉讼证据的种类、来源、属性、程序、效力及审查判断等方面的规定，既是法院在行政诉讼中审查行政行为证据合法性的依据，同时也是建立行政程序证据规则的依据。最高人民法院《关于行政诉讼证据若干问题的规定》是我国行政诉讼证据规则的主要载体，充分吸收了证据理论的研究成果，积极借鉴国外证据立法和司法经验，体现了行政诉讼证据制度的中国特色以及保护弱者、追求实质上平等的精神，全面反映了证据裁判主义和直接言词的现代法治和正当程序理念，减少了法官自由心证和内心确认的随意性，对于维护司法公证，提高诉讼效率具有十分重要的意义。由于行政处罚、行政强制等规制性行政行为程序中的证据与行政诉讼证据有着特殊的关系，即在行政诉讼的合法性审查中具有很强的案件主义色彩，决定了行政程序证据规则的适用不能脱离参照行政诉讼的证据规则。

因此，行政程序证据制度，特别是其相关具体证据制度在行政程序中的适用及其应重点把握的一些问题亟须深入、细致发掘，这也是笔者选题的重要原因所在。

三、研究意义

行政程序证据制度作为介乎行政程序制度与行政实体制度之间的特殊行政法律制度领域日益在现代法律领域中凸显其重要地位。正如有学者所言，“证据既是构筑诉讼大厦的基石，也是行政程序的脊梁”。[①] 系统地研究行政程序证据制度具有重要的理论意义和实践意义。

首先，有助于建构行政程序证据制度独立的理论体系。传统的证据制度相关研究主要是立足于诉讼程序而言的，因此相关行政程序证据制度也大多从一般诉讼程序中证据制度的角度来论述，特别是和行政诉讼证据制

① 杨泽瑛：《浅析证据规则在行政程序中的适用》，http：//news. 9ask. cn/falvlunwen/xflw/201001/293795_ 3. html，访问日期 2009 年 9 月 11 日。

度的关系多有“剪不断，理还乱”的态势，而相应缺乏作为行政程序基本制度的独立性和自洽性。行政诉讼是司法审查的事后救济程序，而行政程序则着重于事前防范和事中控制。处于行政程序中的行政程序证据在保障行政权的正常运行中起着不可或缺的作用，它不但有其区别于行政诉讼证据制度的基础价值，在防范行政相对人权利被侵犯方面，更显现其独立价值。具体表现在以下方面：其一，从程序的先后顺序来看，先有行政程序后有行政诉讼，应当先规定行政程序证据制度，再以它为基础来构建行政诉讼证据制度。其二，行政管理都需要经过行政程序，但不一定要经过行政诉讼程序，只有少数行政行为才会被提起行政诉讼；但每一个行政行为都需要证据制度来规范，建立行政程序证据制度更具有普遍意义。其三，行政诉讼是复查式诉讼，包括复查行政机关是否满足行政程序证据规则的要求，行政诉讼证据规则的内容主要是行政程序证据规则。行政诉讼证据制度以行政程序证据制度为基础，应当在行政程序法中规定行政程序证据制度，在行政诉讼法中只附带规定证据制度（主要是证据审查制度）①。行政程序证据制度作为一种相对特殊的证据制度，在证明对象、证明责任、证明标准、证据规则等方面与其他证据制度，特别是行政诉讼证据制度存在诸多差别。因此，研究行政程序证据制度有利于凸显其区别于行政诉讼证据制度的价值和功能，为系统、全面地构建行政程序证据制度做好理论准备。

其次，有利于将行政程序证据制度纳入法治的轨道。法治的实现依赖于具体法律制度的健全和实现。在这一进程中，行政过程的法治化是不可或缺的一环。在中国，随着市场经济体制的建立、依法治国基本方略的提出并载入宪法以及中国“入世”，行政法治已成为实现法治进程中最为重要的环节之一。依法行政是建设法治政府的必然要求。关于如何依法行政的问题，学者们一般是从法理的角度或从宏观层面予以阐述。笔者以为，我们还应该从微观层面上来把握依法行政的问题，也就是在行政机关进行行政管理活动中如何做到严格执法，避免恣意执法的问题。而在实现行政法治、推进依法行政的过程中，行政主体所作出的行政行为必须做到证据确凿就成为实现实体公正与程序公正相统一的重要基础。可以说，证据制度是从微观层面对行政法治的有效保障，有助于为宏观层面的深层次改革积

① 参见徐继敏：《行政证据制度研究》，中国法制出版社 2006 年版，第 68 页。

累技术性基础。基于此，我们需要行政法，更需要行政程序法对行政程序领域相关证据制度问题作出明确、科学而详细的规定，以更好地规范行政主体的行政行为，实现行政法治。有关行政诉讼的规范虽然也在一定程度上间接地为行政程序证据的合法、有效奠定了一定的基础，但毕竟还需要从行政程序法本身的角度对行政程序证据问题作出规定，以进一步完善我国的行政程序证据法律制度。因为，事后的补救固然重要，但事前、事中的控制更能体现法治的初衷，也更能较好地体现法治理念，实现法治目标。

再次，有利于深化对行政程序价值的认识。在法律规范的意义上，实体或程序的地位至少应当是并重的。然而传统行政法“重实体，轻程序”的倾向阻碍了我们对行政法的深入观察和研究。程序正义的重要性，一方面在于程序是法治运行的机制，执法活动若不按程序机制去运行，就谈不上什么公平与正义；另一方面体现在它是法治和人治的分水岭。一个公平正当的法律程序可以最大限度地增加作出公正决定的可能性，而不正当的程序恰恰带来截然相反的结果。而行政程序证据制度作为行政程序中的核心制度，有助于提高行政程序的运行质量和效果，有助于实现程序正义。其作用表现在：促进行政主体作出决定前慎重取证、采证，减少行政决定的错误；促进行政主体在执法过程中以客观精确的证据为依据，提高行政决定的准确、理性；有利于公众了解行政主体执法依据，提高其对行政行为预测的可能性；有利于发挥行政主体在证据采集、运用中的技术、专业特长，提高行政决定的科学性；客观、公正、理性的证据也更有利于减少当事人的对抗情绪，改善其与行政机关的关系，从而有利于提高行政效率、凸显行政权威。[①] 总之，行政程序证据制度有利于规范和指导行政行为的作出，提高行政执法水平，保障当事人的合法权益。行政程序证据制度的系统研究有助于我们理解行政程序的价值和作用，有利于深化认识行政程序法的意义。

最后，系统地研究行政程序证据制度也是完善我国行政程序证据制度立法的需要。行政程序法律制度着重规定行政主体作出行政行为的程序以限制其滥用权力，本质上是一个以程序参与人程序性权利制约和反抗行政

① 在行政机关采取积极干预定位过程中，当事人的协力配合弥补了因牺牲程序效率而丧失公正讨论必要的不足（“迟到的正义等于非正义”）。

实体权利的系统性制度建构，这也是现代民主制度的重要表现。要实现行政程序法的功效，需要设计一系列的制度，如行政公开制度、听证制度、言词审理制度等，这些制度的建立不可能随心所欲地决定，而应当围绕证据的取证、举证、质证、认证、查证等证据证明环节以及相应具体制度展开，因此证据制度也是行政程序法的基本制度之一。自20世纪90年代以来，行政程序法的制定及相干问题一直是我国行政法学领域研究的热门问题。学者围绕行政程序法典化模式、行政程序法的有关制度、行政程序的利益平衡、行政程序法比较等进行了一系列的研究，这些研究对于澄清行政程序中的理论问题及为制定我国行政程序法提供理论支撑大有益处。但理论界在行政程序法领域的研究中疏忽了一个重要问题——行政程序中的证据制度。行政程序作为一种法律程序，与诉讼程序一样，证据制度应当是行政程序中的核心制度。而建立独立的行政程序证据制度也是现代法治国家的必然要求，证据制度应该是行政程序法典设计中的核心内容，当今世界，建立有行政程序证据制度的国家最为普遍的做法是在行政程序法中确立行政程序证据制度。到目前为止，中国尚无真正意义上的行政程序证据制度，学习和借鉴西方国家的行政程序证据制度并使之适应国际化的发展趋势应当是建立我国行政程序证据制度的必然要求。因此，对于即将制定行政程序法的中国，加强行政程序证据制度的研究尤为必要。

总之，行政程序证据既是行政程序不可缺少的核心环节，也是行政机关作出具体行政行为不可缺少的核心要件，它规制着行政机关行政权力的运行状态，直接影响到行政相对人的合法权益。从某种意义上来说，行政程序证据制度能够反映一个国家的法治水平和民主水平状况。正如应松年教授所讲："行政证据制度健全是一个国家行政程序民主化水平的标志。凡是执法水平和民主化水平较高的国家，其行政程序法中有关行政证据的规定就比较全面，反之则较简单。"[①] 因此，应加强行政程序证据制度的理论研究，完善行政程序证据制度的立法。

四、研究任务

基于以上原因，笔者以为系统地研究行政程序证据制度具有极为重要

① 应松年：《依法行政论纲》，《中国法学》1997年第1期。

的理论意义和实践意义。遂将本书作如下安排：

（一）涉及的主要问题

本书以行政程序、证据、行政程序证据、证据制度、行政程序证据制度等基本概念为研究起点。行政程序过程中为何需要证据以及相关制度，这似乎是一个非常简单的问题——行政机关执法过程中经常使用证据，于是就需要系统地进行规范，因而相应形成了行政程序证据规则。然而，这似乎又是一个非常复杂的问题——人们需要用行政程序证据规则规范谁、规范什么、为什么要规范、如何规范？要具体回答这些问题，就需要对行政程序证据制度涉及的本体、功能、价值、具体制度内容等进行系统的研究。为此，本书的研究主要围绕以下五个方面展开，试图回应理论和实践的需求。

一是什么是行政程序证据、行政程序证据制度，即行政程序证据概念的界定。该部分研究主要基于行政程序法语境中的行政程序证据和行政程序中的证据制度：前者运用行政程序法来研究行政程序证据制度；后者运用证据法来研究行政程序证据制度。同时，分析行政程序证据的分类、特征、性质、功能等。

二是为什么需要行政程序证据制度，即行政程序证据制度的价值分析和研究意义。该部分研究立足于行政程序价值的分析，对行政程序证据制度的价值进行定位，主张行政程序证据制度应以实现公正和效率均衡为价值取向。

三是行政程序证据制度中包括哪些具体证据制度。该部分研究立足于证据制度的系统构建，主要论述了行政程序证据的取证制度、举证制度、质证制度、认证制度以及审查制度等具体行政程序证据制度。

四是域内外相关立法状况如何及有何启示。有关行政程序证据制度的立法，许多国家和地区都有类似的尝试。笔者通过对美国、奥地利、西班牙、德国、葡萄牙，以及我国台湾地区、澳门特别行政区等行政程序法条文的梳理，比较研究得出若干启示来指导我国相关制度的完善。

五是如何完善我国行政程序证据制度相关立法。为更好地规范行政行为、提高行政执法水平，笔者主张应对行政程序证据制度作较为详尽的立法规范。通过域外行政程序中的证据制度立法状况的介绍和比较研究，对照我国立法状况，尤其是相关制度的缺陷和不足，提出若干完善的建议，并主张通过将之附属于行政程序法的立法模式对其进行系统规范。并且，提出在条件尚未成熟时，可以分阶段、有计划地立法。

（二）运用多种研究方法

行政程序证据制度横跨行政行为法、行政程序法、行政诉讼法、证据法等几大领域，因而问题异常复杂。为此，本书将综合运用语义分析、文献分析、逻辑分析、功能分析、规范分析、个案研究、比较研究等方法，以期对行政程序证据制度作“全景式”的阐释。此外，鉴于从行政程序法的角度来研究行政程序证据制度尚属于新的研究视角，其概念体系、研究范式都不同程度地受到诉讼法和证据法的影响。本书在研究过程中将适当借鉴诉讼法和证据法最新的研究方法及成果，目的在于克服以往研究的局限，并通过相关研究领域间的对话，努力体现行政法学中行政程序证据制度的理论特色。

（三）突出注重比较研究

他山之石，可以攻玉。我国是一个现代化后发国家，闭关锁国、拒斥人类文明发展的共同成果在我国近现代史中可谓教训深刻。从本质上来说，行政程序证据制度是现代民主政治发展的产物，因而相对来说，西方国家行政程序证据理论研究和制度建设的经验教训值得我们学习和借鉴。行政程序证据制度使得本国法、外国法形成了一个立体的法律环境，因此我们要关注国外的行政程序证据制度的立法状况。另外，虽然台湾地区与大陆同根同源同文化，但在法治建设方面沿袭德、日较多，无论是对行政程序证据理论的研究还是在制度建设方面都比大陆发达许多。因而，台湾地区的相关经验和教训也将为我们的理论研究和制度建设提供不可多得的经验素材。

（四）注重实践应用

行政程序证据首先是一个重大的理论问题，因而必须围绕这一问题展开理论分析，对其概念、特征、功能、属性、种类等基本问题作出回答。这种分析路径偏重于抽象的理论研究。同时，行政程序证据又是一个重要的实践问题，因此对行政程序证据理论的解析必须与行政执法及行政审判的实际相结合，否则所谓的行政程序证据理论也只能是“镜中花、水中月”。鉴于此，笔者将结合一些案例来具体分析行政程序证据的若干具体制度，努力回应实践的需求，以期解决现实问题。

（五）研究的落脚点

笔者认为，对于行政程序证据制度的研究应该秉持这样的目标和理念：

一是其与行政程序价值相互协调的层面。虽然笔者认为行政程序法的研究在我国行政法理论界和实务界业已兴起，但也不得不承认，在实务中相较于实体行政法，其功能更偏向辅助角色，因此我们需要树立证据制度不仅仅是一种纯程序规范，也兼有相关实体规范的观点。二是要协调好行政程序证据制度和行政诉讼证据制度的关系。虽然我们研究行政程序证据制度往往要借助诉讼中证据制度的相关理论来展开论述，但是必须建立在行政程序证据制度区别于行政诉讼证据制度的基础上。三是要兼顾效率与公正的平衡，特别是要关注人权的保护。这里主要涉及的是程序当事人及第三人的证据活动的关注以及权利的保护。这是因为行政程序证据极易因对行政效率的考量而忽视程序参与人程序权利保障的需要。四是在我国内地，由于行政程序法尚未颁布，统一的行政程序证据制度还未建立，但是直接约束行政程序证据实践的规范性文件并不少见。这是我们的优势，也是我们的不足。如何以先进的理念做指导，并在借鉴和学习的基础上，绘制出一个既反映时代要求又符合中国国情的行政程序证据制度是本书的研究目的和归宿。

总之，构建行政程序中的证据制度对于健全行政程序的体制功能颇有建设意义，本书拟从行政程序证据制度的依法行政理念和正当行政程序理念切入，通过对行政程序证据价值和功能的分析，以证据活动的逻辑关系进一步提炼相关具体证据制度并进行体系性论证，这些都是对行政程序证据制度理论体系的大胆探索，相应地笔者以期通过对我国行政程序证据制度的改革来推进我国行政程序法体系的完善。

第一章　法治背景下的行政程序及其证据制度

有关行政程序证据制度的讨论首先离不开对行政程序有一个前提性的认识，正如有学者所言，“在一个并不重视现代行政法律程序建设的国家中，行政程序证据制度不可能成为法制的关注点。”[①] 人们对行政程序的研究以及行政程序法的兴起和发展，基本上是20世纪的事情。行政程序法在世界范围内的广泛发展离不开人们对行政程序领域中的法治理念认识的深化和理解的透彻。而行政程序法兴起也势必带动行政程序若干基本制度的深入研究，行政程序证据制度是行政程序法中的基本制度，有关行政程序以及行政程序法的讨论是行政程序制度研究的前提和基础，相应法治理念下的行政程序（法）构成了本书叙述的逻辑起点。

第一节　行政程序的合理界定

“程序”一词在古代和现代都有着丰富的含义，在不同情景下可以被赋予不同的含义。在古汉语里，“程序”一词大致可等同于“规程”、“次序”。在《现代汉语词典》或《辞海》里，“程序”指“事情进行的先后次序”或“按时间先后或依次安排的工作步骤”。在英文里，“程序”一词可用“procedure”或“process”两个词来表达。对于法学中的“程序”一词，有学者认为其有专门的含义，与“实体”相对称，指按照一定的方式、步

① 章剑生：《行政程序法基本制度》，载应松年编《当代中国行政法》，中国方正出版社2005年版，第1369页。

骤、时间和顺序作出法律决定的过程，其普遍形态是：按照某种标准和条件整理争论点，公平地听取各方意见，在使当事人可以理解或认可的情况下作出决定。[①] 笔者以为，所谓“程序”，就是行为从起始到终结的长短不等的过程。构成这一程序过程的不外乎行为的步骤和行为的方式，以及实现这些步骤和方式的时间和顺序。相应地，行政程序就是有关“行政”运行过程中的方式、步骤、顺序和时限。

行政程序与立法程序、司法程序在本质特征上有相同的一面；但人类政治制度史表明，行政程序与司法程序在制度化的发展轨迹上又有明显的不同。自古以来，司法程序或诉讼程序都被制度化，远古的神明裁判、中世纪的“纠问式”及其形式证据制度等，都给人类政治制度史留下了深深的印记，但“行政程序”只是近代社会才开始出现的新名词。任何存在着行政权的社会都同样存在着事实上的行政程序，但在专制社会里，行政程序几乎完全是任意的。也正因为如此，专制社会没有行政程序的概念。事实上，政治学、法学上的“程序”概念总与程序的法律化、制度化有直接的甚至内在的联系。行政程序的概念在近代以后受到政治学、法学的青睐，也完全是由于其制度化的需要。行政程序法上所称的“行政程序”（Administrative Process），则特指的是法定行政程序。因此，学界关于行政程序的讨论，一般都是从法律程序的角度来论述。然而，学界关于行政程序法概念的认识并不是一成不变的，甚至至今仍存在很大的分歧。

以行政程序法的定义来看，学者的论述一直是众说纷纭，莫衷一是。有的说，“行政程序法是规定行政主体的行政行为和行政相对方参与行为应遵守的方法、步骤和实效所构成的一个连续过程的法律规范的总称。”[②] 有的说，行政程序法“是规定行政权运行的方式、方法、步骤、空间、时限的法律规范”[③]。有的说，“行政程序法，系规定行政权行使手续之规则。”[④] 还有的说，行政程序法是“指规范行政机关和相对人在行政程序中的权利义务的法律规范的总称”[⑤]，等等。这些定义虽然表述各不相同，但是至少都对“行政”、“程序”和“法”三个关键词进行了展开和组合的叙述。进

---

① 季卫东：《程序比较论》，《比较法研究》1993 年第 1 期，第 6 页。

② 章剑生：《行政程序法学原理》，中国政法大学出版社 1994 年版，第 37 页。

③ 皮纯协：《行政法学》，群众出版社 2000 年版，第 198 页。

④ 罗传贤：《行政程序法基础理论》，五南图书出版公司 1993 年版，第 3 页。

⑤ 王万华：《行政程序法研究》，中国法制出版社 2000 年版，第 20 页。

一步说，学者一般对这里“法”的形式认定没有太大的差异，但是对“行政”和“程序”的解释却有明显区别，这也决定了对作为法律程序的行政程序认识的差异。其中，对于“行政”关键词的看法有两种观点：一种是将“行政”认定为“行政行为”，认为行政程序法是行政行为程序的法律规范。例如，罗豪才教授认为，凡不属于行政行为本身所包含或所必须经过的程序，都不属于行政程序的范畴。[①] 这就把行政活动中相对人的程序行为排除在外。另一种是将“行政”展开为“行政权的运行”，认为行政程序法“与实体法一样，不仅调整行政主体的程序性行政行为，而且还调整行政相对人参与行政程序的程序性行为”[②]。而对于行政程序中“程序”一词的认识也有两种不同观点：一种认为“程序”包括行政执法程序和行政诉讼程序；另一种认为其只包括行政执法程序。

一、行政程序是否应包括当事人行为的作出程序

随着公共行政的改革与发展，社会政治、经济、文化等各种因素重新分化与组合，权力结构发生重大变化，由单一权力中心向多权力中心结构演变，行政权力的行使方式也日趋多样化，特别是非强制行政行为越来越被广泛运用，公民的权力意识与参与能力和形式也日益发展变化。相应地，行政程序是关于“行政主体作出法律行为的程序”的观点也日益显得不合时宜，此种将行政活动中当事人的程序行为绝对地排除在外的观点越来越受到质疑，而且这些质疑大有形成学界共识的趋势。这一变化趋势体现在以下两个方面：

（一）行政程序是“关于行政主体行为的程序”的范式[③]开始动摇

目前，行政法学界主流观点是将行政程序视为“关于行政主体行为的

---

① 罗豪才主编：《行政法学》，北京大学出版社1996年版，第294页。

② 章剑生：《行政程序法学原理》，中国政法大学出版社1994年版，第37页。

③ “范式”最初是由美国著名科学哲学家托马斯·库恩（Thomas S. Kuhn）于1968年在《科学革命的结构》中提出的一个词汇。库恩主张的“范式”内涵有两层意思：一是科学共同体的共同承诺集合；二是科学共同体共有的范例。“范式”是从事某一科学的研究者群体所共同遵从的世界观和行为方式，它包括三个方面的内容：共同的基本理论、观念和方法；共同的信念；某种自然观（包括形而上学假定）。范式的特点是：①范式在一定程度上具有公认性；②范式是一个由基本定律、理论、应用以及相关的仪器设备等构成的一个整体，它的存在给科学家提供了一个研究纲领；③范式还为科学研究提供了可模仿的成功的先例。参见库恩：《科学革命的结构》，北京大学出版社2003年版，第157－158页。

程序”，一般不讨论相对方当事人行为的程序。很多学者都突出行政程序的这一特征，如罗豪才主编的《行政法学》（1996）认为，凡不属于行政行为本身所包含或所必须经过的程序，都不属于行政程序的范畴，[①] 这就将行政活动中相对人的程序行为排除在外；另外，学者金国坤则特别突出行政程序的最大特点在于，行政程序是行政机关作出行政行为时应遵循的程序，而不是相对方应遵循的程序[②]。然而，随着对行政程序研究的进一步深入，学界开始对行政程序主体的归属问题进行反思和探讨。例如，有学者指出行政程序是针对行政主体作出行政行为的过程进行具体构架的，因而当行政相对人的行为所经历的过程不是作出行政行为的过程所必须遵守或者应当具备的环节或者步骤时，也不是行政过程。但是，在参与型行政中，行政相对人的行为往往在行政行为的作出过程中具有重要的意义，行政相对人的许多行为被法定为作出行政行为的过程中必须遵守的环节。[③] 此种观点其实是将行政行为进行细分，在原则上赞同行政程序主要是行政主体所应遵循的过程的同时，认为随着新型行政行为的出现、行政民主化的提高，相对人越来越多地参与到行政程序中，所以对行政相对人行为的规范也应该被纳入行政程序。此种观点实质上是对行政程序主体的归属问题进行反思，反映了传统行政程序是“关于行政主体行为的程序”的范式开始动摇。

（二）行政程序是“行政法律关系主体行为的程序”的认识逐步得到深化

行政程序是“行政法律关系主体行为的程序”是指，行政程序是行政法律关系主体在行政活动中应遵循的程序，行政程序的主体不仅包括行政主体，还包括行政相对人。随着参与行政的日益广泛以及学界研究的深入，越来越多的学者都主张行政程序法是调整行政程序法律关系主体的行为程序而不是行政主体的行政行为程序，如马怀德主编的《行政法与行政诉讼法》（2000）认为行政机关实施行政行为离不开行政相对人的参与，因此行政相对人参与行政行为程序也是行政程序不可缺少的内容。[④] 另外，学者杨海坤和黄学贤（1999）认为，现代行政程序法是以实现公共行政职

① 罗豪才主编：《行政法学》，北京大学出版社 1996 年版，第 294 页。
② 金国坤：《行政程序法论》，中国检察出版社 2002 年版，第 1 页。
③ 罗豪才、湛中乐：《行政法学》，北京大学出版社 2006 年第 2 版，第 304 页。
④ 马怀德主编：《行政法与行政诉讼法》，中国法制出版社 2000 年版，第 387 页。

能为目的而设立的规范行政法律关系主体在行政活动中的程序的法律规范的总称[①]；学者章剑生（1994）将“行政”展开为“行政权的运行”，认为行政程序法“与实体法一样，不仅调整行政主体的程序性行政行为，而且还调整行政相对人参与行政程序的程序性行为”[②]；学者肖凤城（2005）认为，行政程序法是关于行政活动的利益相关者（主要是行政主体和行政相对人）在互相协调过程中的权利义务的法律规范[③]；等等。此种主张行政程序法是调整行政程序法律关系的法律规范的认识的逐渐深化有助于提升当事人在行政程序中的地位、价值和功能，有助于关注行政法律关系主体在行政程序中的互动关系，也是本书研究行政程序证据制度的一个理论前提和基础。

对此，笔者以为，行政程序是否包括行政相对人等相对方当事人参与行为的程序，即行政程序法所设定的程序权利、义务、法律责任等是仅仅针对行政主体，还是同时也规范行政相对方的权利、义务、法律责任是一个重要的问题。如果将这一问题置于行政程序法所属的行政法这一更大的范围来讨论，它实际上关系到行政法（学）是仅仅以行政权的行使主体为主线，还是以行政法律关系主体之间的相互关系为主线的问题。

以往将行政程序视为行政主体作出行政行为的程序的观点，实质上忽视了行政程序中相对方当事人的主体地位。由于任何行政活动的过程都既有以行政权为重心发挥其作用的方面，也有行政相对方参与行政活动、发挥其作用的方面。因此，行政程序法绝不能忽视行政相对方的程序参与。早在19世纪，奥托·迈耶在其《德国行政法》（2002）一书中就强调“真正的公法上的权利是从授予个人参与权开始的”，并且认为参与权有利于“个人利益的实现同时也有助于行政对公共目的的正确实现”。[④] 然而，以行政行为为中心的传统行政法理论体系，其核心思路是建立在以行使公权力主体为中心的行为体系上的。公民、法人等私主体只是履行行政义务的对象，即“行政客体”的角色。随着对行政程序当事人权益保障的重视以及其法律地位的提升，行政主体和行政相对方的二元主体地位逐步得以认可。

---

① 杨海坤、黄学贤：《行政程序法典化——从比较法》，法律出版社1999年版，第63页。

② 章剑生：《行政程序法学原理》，中国政法大学出版社1994年版，第37页。

③ 肖凤城：《行政程序与行政程序法》，载应松年主编《当代中国行政法》，中国方正出版社2005年版，第1229页。

④［德］奥托·迈耶：《德国行政法》，刘飞译，何意志校，商务印书馆2002年版，第114－115页。

当代公法学者普遍认为“参与是民主政治的基石”，现代民主宪政和民主行政的发展主要系于政治参与和行政参与。各国行政法莫不在这方面有所突破，从而改变了当事人在以往行政程序法律关系中实际所处的客体地位。例如，德国行政法目前的设计就不只规定行政机关的活动程序，还规定了行政相对方的活动程序。正如德国学者 Fritz Ossenbühl 所言，“（德国）行政程序法仍以一种两极式（双方性）程序为主。它并不关注复杂多变利益或各种利益关系，例如建筑之起造人、相邻人、官署以及第三人的关系只有偶尔提及，利益冲突或者冲突的利益并没有作为行政程序规范之内容”。[①] 相应地，现代行政法（学）理应求得下述“两方面”平衡，即行政主体和行政相对方各自权利、义务的平衡，行政主体与行政相对方之间权利义务的平衡，程序法律关系同样遵循这样的原则和定位。因而，行政程序法不仅应规范行政主体的行为程序，也应该规范相对方的行为程序。

退一步来说，如果把行政程序法理解为仅仅规范行政行为作出程序的法规，这就不能理解各国在实际行政程序立法中为什么要规定行政机关颁发许可制度中相对方对颁发许可证的申请程序，更不能解释为什么要规定在行政复议制度中相对方提起行政复议、申请回避、辩论等程序。其实，世界范围内制定行政程序法法典的国家和地区都没有将立法仅限定于行政主体，因此行政程序的当事人理所当然也是程序规范的内容。我们可以看到，实际上行政程序立法已经不仅仅是规范行政主体的行政行为，还加大了对行政相对方行为的规范。而随着现代行政管理的建立，行政相对方已经从被管理者转变为参与行政管理的主体，由客到主的地位变化说明了当事人地位的提高，当事人的行政程序参与权受到了重视，行政程序的民主性、科学性也得到了提高。现代行政程序法不仅仅是一部“控权（力）法”，而且也是一部“保权（利）法”。以往，学者理解行政程序的着眼点往往在于控制行政权力的行使，防止行政主体滥用行政权力。而现代行政程序从根本上确定行政相对方具有自身的程序权利，为保障行政相对方的权利免受侵害设置了一套完备的权利救济机制。而且近几年来，有学者不光探讨行政相对人的程序权利，还开始研究行政相对人的协助义务，这

---

① ［德］Fritz Ossenbühl：《德国行政程序法十五年来之经验与展望》，董保城译，台湾地区，《政大法学评论》第 47 期，第 244 页。

也正是行政相对方当事人在行政程序中主体地位提高的表现。① 主张行政程序法是调整行政程序法律关系的法律规范有助于提升当事人在行政程序中的地位、价值和功能，有助于关注行政法律关系主体在行政程序中的互动关系。以本书讨论的行政程序证据制度来看，确立行政程序的主体是行政法律关系主体，有助于将行政相对人以及其他程序参与人的证据行为纳入行政程序证据制度的考察范围，有助于发挥行政相对方参与证据活动的积极性和能动性，以及有助于行政程序证据制度功能的充分展现。

二、行政程序是否应包括行政诉讼程序

对于行政程序法中的“程序”是否包括诉讼程序，目前学界普遍的观点是，虽然行政诉讼法属于广义的行政程序法，但行政程序法和行政诉讼法作为解决不同阶段的程序问题，且主体、功能和价值的定位等方面不同，使它们有明显的区别。然而，学界曾经对此的认识并非始终如一，而是经历了持久的争论和“范式转移”②。

（一）行政程序是“关于行政诉讼的程序”的范式

在英美普通法系国家，在相当长时期内，并无专门涉及规范行政权力的行政法这一学科，行政权力受一般法律规则支配，行政程序并非仅指行政机关本身行使行政权的活动方式，而是与行政裁判所裁决行政争议的程序相关联。所以，在这些国家里，虽然对行政程序相当重视并投入较大精

---

① 2005 年 5 月在台北召开的海峡两岸行政法学术研讨会就“当事人协力义务”相关议题进行了讨论。为了相关会议议题，在两岸学者中形成了一个研究“当事人协力义务”的高潮，形成了一大批有深度的论文。受 2005 年海峡两岸行政法学学术研讨会的影响，行政法上当事人协力制度问题日益引起大陆少数行政法学者的关注，如黄学贤教授《行政程序中的协力行为研究——基于两岸理论与实践的比较》（载《苏州大学学报》（哲学社会科学版）2006 年第 5 期）一文成为系统介绍台湾行政协力制度的重要文章，并且黄学贤教授在其 2007 年所编的《中国行政程序法的理论和实践》一书中也在大陆行政法学界开创性地辟专章系统研究“行政相对人的程序权利和协力义务”，为我们研究行政程序法上的当事人程序问题提供了重要的参考坐标。

② 一个稳定的范式如果不能提供解决问题的适当方式，它就会变弱，从而出现范式转移（Paradigm Shift）。按照库恩的定义，范式转移就是新的概念传统，是解释中的激进改变，科学据此对某一知识和活动领域采取全新的和变化了的视角。通常，范式转移是一个由某一特别事件引发的过程。范式转移理论揭示了事物发展的历史状态和内在发展规律，对人们理清所从事领域的发展路径以及把握其领域的未来走向都有启发作用。参见托马斯·库恩：《科学革命的结构》，金吾伦、胡新和译，北京大学出版社 2003 年版，第 136 页。

力，但却很难找到关于行政程序的明确概念。由于受国外研究成果的影响，在行政程序的概念刚刚引入我国时，早期学者对其的认识分歧也很大。甚至有学者认为，与行政实体法相对称，行政程序的含义尚未统一，行政程序法的范围无法相互一致。[①] 对行政程序含义的理解早期具有影响力的观点就是认为行政程序法即行政诉讼法。典型代表就是《中国大百科全书》法学卷中对“行政程序法”进行解释时，认为“凡规定实现实体有关诉讼手续的法律为程序法，又称诉讼法”。[②] 另外，《行政法知识手册》认为“行政程序不能从字面上理解，而应与民事程序、刑事程序的理解相统一，因此行政程序是指法院处理行政案件的程序，而不是行政机关的工作程序”。总之，行政程序是“关于行政诉讼的程序”的认识曾经是学界具有范式意义的普遍观点。此种关于行政程序的认识可以说影响非常广泛，曾经影响过较早接受行政法教育的一代人，至今在实务界特别是司法系统仍有很大的“市场”。

（二）行政程序是“关于行政诉讼的程序”的范式开始动摇

随着我国行政法学界对行政程序研究的深入以及国外相关研究成果的介绍，这种早期关于行政程序的认识出现了变化，呈现出过渡阶段的特点。典型的是 1989 年出版的《行政法词典》认为行政程序法是“规定国家行政机关组织与活动程序的法规。行政程序法包括行政组织、行政决策与执行、行政监督、行政诉讼等方面的程序规定，其中以行政诉讼程序为主要部分”。[③] 此种观点虽然将行政程序法的外延扩大到行政组织、行政监督等方面，与第一种观点相比是一种进步，但是仍然将行政诉讼纳入行政程序的范畴，没有正确地区分立法程序、行政程序和司法程序。

（三）行政程序是“关于行政行为的程序”的共识逐步形成

相关行政程序研究的进一步深入使越来越多的学者主张将行政诉讼排除出行政程序概念的外延。相应地，学界逐渐认识到行政程序作为法律程序的一种，不同于行政诉讼程序，更不可能涵盖行政诉讼程序，它只是行政权力运作的程序，具体指行政机关行使行政权力、作出行政行为所遵循的方式、步骤、时间和顺序的总和。将行政程序归结为“关于行政行为的

① 张焕光主编：《行政法知识手册》，劳动人事出版社 1990 年出版，第 86 页。

② 中国大百科全书总编辑委员会：《中国大百科全书》，中国大百科全书出版社 1984 年版，第 80 页。

③ 黎国智主编：《行政法词典》，山东大学出版社 1989 年版，第 4 页。

程序”成为日益取得学界支配性的观点。例如有学者认为，行政程序指的是行政机关以及行政行为指向的被管理方和行政行为的利害关系人依法形成的一系列法律行为的过程，简言之就是行政机关行政行为所应遵循的规程。[①] 有学者认为法律意义上的程序通常可以被理解为实施某享有法律影响力的行为所必须准许的步骤和方式。[②] 有学者认为行政程序就是由行政机关作出行政行为的步骤、方式和时间、顺序构成的行为过程。行政程序就是由步骤、方式、时限、顺序为要素构成的行政行为的过程，是空间形式和时间形式的统一。[③] 姜明安教授、应松年教授、马怀德教授主持的行政程序法试拟稿中，也以不同的方式对行政程序作出了界定。姜明安教授主持的试拟稿第三条规定，行政程序是指行政行为的过程、步骤、顺序、方式、形式和时限。应松年教授主持的试拟稿第二条适用范围指出，行政机关作出行政决定，制定行政规范，确定行政规划，缔结、变更或解除行政合同，实施行政指导等行为所应遵循的步骤、方式、形式、顺序和时间，适用该法。马怀德教授主持的试拟稿对行政程序所适用的范围的规定基本与应松年教授主持的试拟稿规定一致。可以说，此种关于行政程序的概念已获得很多学者的一致认同。

将行政程序归纳为从“关于行政诉讼的程序”到“关于行政行为的程序”的认识变化，反映了我国行政法学界对行政权运行过程的认识从终端转移到过程的转变。于是，行政法学界基本形成这样的理论共识：将行政程序法简单地等同于行政诉讼法的观点，是对行政程序法调整对象、调整内容的错误认识的表现。相应地，此种观点也基本被学界所摈弃。司法机关审查行政行为所遵循的程序，不在作出行政程序的范畴之内，也不是作出行政行为的过程所必须经过的程序，不属于行政程序。行政诉讼程序是司法机关为了解决行政争议、行政纠纷所作出的裁决和判决，而非行政程

---

① 夏博主编：《行政程序与行政诉讼法》，河南人民出版社 1988 年版，第 20 页。

② 杨寅：《中国行政程序法治化——法理学与法文化的分析》，中国政法大学出版社 2001 年版，第 30 页。

③ 金国坤：《行政程序法论》，中国检察出版社 2002 年版，第 1 页。

序的调整范围。[①] 相关研究的结论就是，学界逐渐形成了行政程序是关于“规范行政权运行以及当事人参与行政权运行的过程”的基本范式。

三、本书对于行政程序的界定及其指导意义

程序本质上就是一种围绕证据活动的过程，“程序的基础是过程。在这种过程中，程序的参加者角色化，程序对象（标的）特定化，程序当事人通过举证责任负担和讨论、辩驳及说服，提供事实与资料。当事人各方在分歧矛盾的相互交锋中逐步妥协升华，最后导致问题的解决和决定的生成。决定一旦作出就具有既定力，除非进入另一套程序，决定的内容不可更改和撤销。”[②] 可见，行政程序中的证据活动构成了行政程序的基础和核心内容。因此，研究行政程序证据必然和行政程序本身概念的界定存在密切的联系。

（一）本书关于行政程序的定义

基于以上关于行政程序概念的分析，本书所述的行政程序主要界定在行政权运行过程中行政主体和其他程序参与人（当事人、利害关系人以及代理人）行使其行政法权力（利），履行其实体行政法义务时所要遵循的方式、步骤、顺序和时限等。而行政程序法也就是系统规定行政程序的规则和制度，即规范行政职权行使过程中行政主体以及其他程序当事人行使其行政法权力（利），履行其实体行政法义务时所要遵循的方式、步骤、顺序和时限等程序规则的总称。因此，行政程序必须包括行政主体和程序当事人双方（甚至是多方），同时行政程序也区别于行政诉讼程序，不应包括行政诉讼程序。

（二）行政程序界定对于研究行政程序证据制度的指导意义

正如有学者所言，“为了保证行政程序合法伸展，以证据支撑行政程序

---

① 对于行政程序法中行政程序与行政诉讼程序关系的处理，笔者认为，虽然行政诉讼法属于广义的行政程序法，但行政程序法和行政诉讼法作为解决不同阶段的程序问题，且主体、功能和价值的定位等方面不同，使它们有明显的区别，各国立法一般明确区分行政程序法和行政诉讼法，并反映两者的差异。虽然实际行政程序法文本也会适当地规定行政诉讼法某些内容，但是这些只是规定行政程序法与行政诉讼法的衔接问题，而不是行政诉讼程序本身。

② 陈军伟：《和谐社会的程序之维》，http：//article. chinalawinfo. com/Article_ Detail. asp？ ArticleID =38061，访问日期2009年11月13日。

行为真实性和有效性是相当重要的。”[①] 本书关于行政程序的有关认识和界定势必影响到对行政程序证据制度的界定和阐述，因此行政程序的内涵和外延是我们后续讨论行政程序证据制度重要的前提和基础。

1. 有助于认识行政相对人以及第三人在行政程序证据制度中的地位

行政相对人与第三人在行政程序中的地位和角色集中反映在当事人以及利害关系人是否参与行政程序以及在什么时候参与行政程序的问题上。将当事人、利害关系人视为行政程序法律关系的主体，也如实反映了行政程序证据法律关系的现实。按照本书对行政程序概念的界定，行政程序证据的证明主体就应包含行政主体、当事人和利害关系人，当事人和利害关系人享有参与证据活动的权利。[②] 对于当事人和利害关系人提交的行政程序证据，行政主体必须同等对待并予以审查，不能仅仅因为是当事人和利害关系人提交的证据而加以歧视，这在行政程序中非常重要。例如，依申请的行政行为作出如果没有相对人提交的证据事实，行政机关将无法作出行政决定。而在言词审理的证据规则中，则不仅要求当事人参与行政程序，其在行政程序中还有权向证人、鉴定人发问，有权在勘验时在场并发表意见。即使在行政机关依职权调查证据时，当事人也可以在行政机关的安排下参与证据收集的过程。而在听证程序（特别是质证过程）中，则一般要求当事人参与行政程序并发表意见和看法。[③] 此外，近年来越来越多的学者关注利害关系人乃至普通公民参与证据活动问题更突破了传统行政机关单方面垄断行政程序证据活动的观点。典型的就是近年来被广泛讨论的行政机关借助公民拍照取证的事例。[④]

---

① 章剑生：《行政程序法学原理》，中国政法大学出版社 1994 年版，第 186 页。

② 在行政程序中，参与证据活动既是当事人（利害关系人）重要的程序权利也是程序义务。例如美国《联邦行政程序法》第 556 条第（d）款就规定，“当事人有权通过言词的或书面的证据提出案件或进行辩护。”同时，美国通过 1896 年审理铁路公司诉州际商业委员会的案件中确立“证据应当在正式裁决的听证程序中提出”的原则，在正式裁决程序中，当事人有义务提供掌握的全部与案件有关的证据，否则法院会认为当事人放弃该权利，当事人即使在以后的司法审查中也不能提供此证据。参见 Cincinnati N. C. & T. P. Ry. v. ICC，162 U. S. 184，196（1896）。

③ 在听证程序中，质证是当事人程序上的权利，是检查对方证人提供证据是否可靠、是否全面的有效方法。如果主持听证的官员不合理地限制当事人参与质证的权利，就会构成程序上的违法。如果由此对当事人产生不利影响，其决定也可能会被法院撤销或发回重审。

④ 参见莫于川、林鸿潮：《行政机关借助市民力量取证，证据是否有效——“广州市民被拍违章状告公安局”案评析》，《人民检察》2005 年第 4 期。

2. 有助于区分行政程序证据制度与行政诉讼证据制度

按照本书对行政程序的界定，行政程序不包括行政诉讼程序，作为行政程序中的证据制度也理应区别于行政诉讼中的证据制度，不能将行政程序证据制度与行政诉讼证据制度混为一谈，更不能以行政诉讼证据制度代替行政程序证据制度的研究，否则行政程序证据就和行政程序概念本身存在逻辑上的矛盾。与我国已就行政诉讼法规定较为详细全面的证据制度相适应，目前我国很多学者都对行政诉讼证据制度进行了较为系统的研究，但对行政程序证据制度研究较少，就目前冠以“行政程序证据制度”的研究成果来看，也多以行政诉讼证据制度代替行政程序证据制度的研究。其重要原因之一就是缺乏行政程序与行政诉讼程序严格区分的这一大前提，以致行政程序证据制度研究多有脱离行政程序自身特点的趋势，对行政执法实践产生错误的指导效果。笔者以为，相关制度研究必须以明确的研究对象为前提，否则理论建构就将面临研究是否有存在必要的质疑。因此，区分行政程序证据和行政诉讼证据就应该是行政程序证据制度建构的基础，有关行政程序证据与行政诉讼证据的区别，后文将作详细分析。

第二节　行政法治理念下的正当行政程序

学界一般都习惯从字面上、形式上将行政程序概括为“行政权运行的方式、步骤、顺序和时限”，相应地，行政程序法就是规定此种“方式、步骤、顺序和时限”的法律规范。这样的解释如果深究就会引出一系列的问题：行政职权与行政相伴而生（不一定是与立法权、司法权分立的行政权），那么古代专制国家中规定行政权运行方式、步骤、顺序和时限的法律规范，能不能被称为行政程序法？即使在今天，如果一个国家只规定相对方程序性义务，而行政机关尽是程序权利的程序性法律，还是不是行政程序法？[①] 显然，这样的问题仅从行政程序形式上来观察，并非一目了然，其背后必然有判断行政程序正当与否的标准，因此这就涉及判断行政程序是

---

① 笔者以为，当前学界、实务界普遍主张要重视行政程序的话语语义，其实不应是笼统地指一般的行政程序，而应指正当行政程序或者说是符合正义标准的行政程序。

否符合正当的、合法的法治理念（正当程序理念）的问题。这往往是因为："法律的理念是法律的灵魂，它代表社会中公认的某种终极理想和价值，从渊源上讲，它是对现实社会中人的生存方式和生活态度的反映和确认；从思想上说，它是安排社会关系和指导法律操作的基本准则。"[①] 法治的理念和价值取向决定了我们必须了解并接受其法理基础与法律价值。因此，当代行政程序法也必须有一个符合时代精神的法治理念来指导——"正当行政程序"理念——它是行政程序法治和人治的分水岭。探讨"正当行政程序"理念有助于我们确立判断行政程序证据制度"正当性"的评判标准，也有助于我们确立建构行政程序证据制度的指导理念。

一、行政法治理念与正当行政程序

（一）行政法治理念

法治（Rule of Law）作为一种理念、思想，凝聚着人们对于某种规范性生活中的经验与期待。同时，作为一种宏观的治国方略，法治也是人类目前所能认识到的最好的一种治国方法，尽管它也许不是一种最好的方法。法治理论也是目前人类所能认识到的治理国家的最好理论。在国家的治理上，现代世界各国绝大多数均选择以法治作为治理国家的主要方法。但是，如果我们要对法治下一个确切的定义却是非常困难的。这是因为法治的内涵极为丰富，其外延也极为宽泛。而且其处于不断的发展、变化之中，这使得法治成为一个极具张力的概念，客观上增加了对法治定义的难度。不过，我们还是能对法治的状态进行一些描述，即由统治者通过强制性的法律来治理国家、管理社会。法律由人民制定，统治者严格依据法律进行统治，形式上统治者只对法律负责，并由此间接对人民负责。因此，法治的根本要义在于法律对公共权力的支配和对公民权利与自由的保护。而法治作为治理国家的基本指导思想和理念，一般被称为法治原则。周永坤教授将法治的原则概括为四个方面：法的普遍遵守、良法的实体（内在）价值、良法的程序（外在）价值和维护体现法治的基本制度。其中，良法的实体（内在）价值是指法律必须保障自由、平等、权利等基本人权；良法的程序（外在）价值通常是指法不溯及既往、法的明确性、公开性、普遍性、不矛

① 郑成良：《法律·契约与市场》，《吉林大学社会科学学报》1994 年第 4 期。

盾性、可行性、安定性等；维护和体现法治的基本制度主要有国家机关的分权制衡、司法独立和司法审查三个基本制度。①

行政法治是法治理念在行政领域的重要体现，是法治国家建设的核心和关键。没有行政法治，就不会有法治国家的存在。在资产阶级革命胜利后，法治原则作为一个重要的宪法原则得以确立。这一原则要求在国家和社会生活的各个方面全面贯彻法治主义，行政领域也不例外。行政法治正是宪法的民主、法治、人权精神和原则在行政领域的根本要求。也正是由于行政法治的需要，近代行政法才得以产生、存在并不断发展。因此，近代行政法的产生是以宪法及其所确立的民主政治为基础和前提的。近代行政法从产生到现在，经历了一个由传统到现代的转变过程，但行政法治却始终是行政法的价值追求。因此，行政法的本质乃是贯彻和实施宪法的民主、法治、人权精神和原则的行政法治之法。行政法治理论是整个法治理论的重要组成部分。以行政法的制定和实施为基本内容的行政法治实践，正是行政法治理论，或者说法治理论在行政管理领域的具体实践和运用。

行政法理论是关于行政法的产生、发展及其规律、本质、功能、价值等诸多问题的观点和学说。行政法理论的价值功能在于指导并服务于行政法治实践乃至整个法治实践。就世界范围而言，各国的行政法理论存在着一个共同的理论源头，这就是法治思想和理论。事实也已告诉我们，行政法理论与法治思想、理论及其实践有着渊源。在德国，行政法理论与法治具有十分密切的关系。现代意义的“法治国家”是资产阶级宪政运动的产物。18 世纪末，这一理论发展成为“法治国”，其含义是国家权力，特别是行政权力必须依法行使，也就是说，国家依法实行统治，所以也称“法治行政”或“法治政府”。在日本，“行政法治”被表述为“法治主义”。作为行政法诞生地的法国，行政法治虽然没有被明确表述出来，但也隐含在法国行政法思想之中。在法国行政法看来，行政法是调整行政活动的法律，行政活动必须遵守法律。英国最早制定近代宪法，其在 19 世纪就确定了行政活动的“法的支配”原理。可见，各国行政法理论无不渗透着法治、行政法治或法治主义的精神，并都是围绕法治、行政法治来建立其行政法理论体系的。

没有法治思想、理论及法治实践，就没有行政法、行政程序法的产生；

① 参见周永坤：《法理学——全球视野》，法律出版社 2000 年版，第 528－529 页。

没有法治思想、理论及法治实践，就没有行政法理论，更没有正当行政程序理念。因此有学者认为，“法治是政治层面的行政程序基础理念。”[①] 这是因为，实行法治往往“需要两个基本的政治性条件，其一是权力分工与制约，其二是法律成为社会控制的主要手段”。[②] 控权不以法治为政治基础，控权的目的就不能实现。古代的中国社会并不缺乏程序控权制度，只是这些制度没有起到预期目的。[③] 被期望起到控权作用的行政程序是把双刃剑：其既可以控制恣意、保障公平，也可以增加恣意、扼杀公平。正如在实现法治之前，英国的正当程序制度也只能起到部分控权的目的。程序控权的机制只有建立在法治政治基础之上，才能完全实现控制行政恣意的功能。

可见，法治理论是行政法理论的理论源头，是行政法理论的理论支点与根基。法治在行政法的集中体现就是行政合法性原则和行政合理性原则。行政合法性原则是指行政机关的一切管理活动都必须符合法律规定，又称为依法行政原则。根据学者们的理解，依法行政原则的基本内容是：①行政机关的职权由法律设定或依法授予；②行政机关实施行政行为必须遵守法定程序；③行政机关的行政行为不能损害相对人的合法权益，应当以尊重人权、保护人权为宗旨；④违法行政行为无效；⑤行政机关必须对违法的行政行为承担相应的法律责任。[④] 按照行政合法性原则的要求，行政机关在作出具体行政行为时的事实依据应是由合法主体依法定程序和方法取得的证据，否则就构成程序违法。任何非法证据均不能作为行政程序的依据。因此，行政程序中非法证据排除规则就是行政合法性原则在证据制度中的重要表现。这是因为，如果认可非法证据的证明效力，无异于鼓励和怂恿行政机关为了获得必要的证据而采取违法的或侵犯他人合法权益的方法，从而违反依法行政原则和行政法治的目标。

而行政合理性原则是指行政决定内容要客观、适度、符合理性。行政机关在行使自由裁量权时，不仅应当在法律、法规、规章规定的条件、种类、幅度内作出行政决定，而且这种行政决定应当符合立法目的。行政合理性的要求在一定程度上是由于行政领域中自由裁量权的存在。现代社会

---

① 杜曙光：《正当行政程序理论的再梳理》，《云南行政学院学报》2008 年第 6 期。

② 孙笑侠：《法律对行政的控制：现代行政法的法理解释》，山东人民出版社 1999 年版，第 20 页。

③ 参见季卫东：《法律程序的意义：对中国法制建设的另一种思考》，中国法制出版社 2004 年版，第 94 – 106 页。

④ 参见胡建淼主编：《行政法与行政诉讼法》，高等教育出版社 1999 年版，第 33 – 34 页。

极为复杂，从立法技术上看，有限的法律只能作出一些较原则的规定，作出可供选择的措施和上下活动的幅度，促使行政主体灵活机动地因人因事作出更有成效的管理。而具体同一案由案件，也可能存在主观、客观各个方面的差别，行政机关必须根据具体情况作出具体决定，法律不能严格规定强求一致，行政自由裁量权的存在有其必要性。行政自由裁量权就是国家赋予行政机关在法律法规规定的幅度和范围内所享有的一定选择余地的处置权力，它是行政权力的重要组成部分，是行政主体提高行政效率所必需的权限，也是现代行政的必然要求。因此，合理性是合法性更深层次的要求，合理性要求法的原则、法的目的、法的精神，是对合法性的延伸和补充。以行政程序中证据的证明标准来看，由于行政行为的表现形式多样，具体行政决定的情形也复杂多变，因此确定证明标准的内容事实上成了行政自由裁量权的作用范围。这决定了证明标准本身的内容应当说是富有弹性的，它可以伴随个案不断变化，只有这样才能适应不同的法律程序的证明要求。当然，即使我们按照个别情况具体衡平适用不同的证明标准，也仍然要符合行政合理性原则的要求，应针对具体情况做到客观、适度、符合理性，在程序价值上应该体现最低限度的公正。这同样也是实现行政法治的必然要求。

（二）正当行政程序概述

由于行政程序法是整个行政法理论的核心，是行政法理论最为重要的组成部分之一，行政程序自然也要纳入行政法治的轨道。而学界一般对于行政程序法治化的讨论在一定程度上是通过正当行政程序理论体现的。正当行政程序理论与法治理论之间也应该是一脉相承的关系，法治理论也应该是正当行政程序理念的支点与根基。行政程序法的设计与建构必须以法治思想和理论为指导，必须符合法治原理、适应行政法治乃至整个法治实践的需要而不是相反。故此，从应然性的角度来说，正当行政程序就应该是行政法治的核心内容。

正当行政程序，简单来讲，就是符合正义性原则的行政程序。从语源意义上讲，“正当行政程序”一词源自美国宪法中的“正当法律程序”。《独立宣言》宣称人人生而平等，他们都从造物主那里被赋予了某些不可转让的权利，其中包括生命权、自由权和追求幸福的权利。为了保障这些权利，1787 年纽约州批准宪法会议根据汉密尔顿的提议提出《人权法案》，该法规定：除非依照“正当的法律程序”，否则任何人都应得到保证，不应被剥夺

特定的权利。这一规定“构成了（美国宪法）第五条修正案和后来的第十四条修正案的正当程序条款的起源”。1791年通过的美国宪法第五条修正案规定，“不经正当法律程序，不得被剥夺生命、自由和财产”。1868年通过的美国宪法第十四条修正案又将这条规定适用于各州政府机关。众所周知，行政程序法在法治国家有体现宪法价值的任务，立法者形成或设计行政程序及行政机关适用行政程序的裁量空间须受到宪法的制约，既然宪法中载有“正当程序条款”，国会制定的程序规范固然不得抵触宪法，而“正当法律程序”适用在行政程序上，即为“正当行政程序”，这就是“正当行政程序”这一用语的正式起源。当然，在宪法没有规定“正当程序”条款，甚至也没有制定行政程序法典的国家，行政机关在作出行政行为时仍然要遵循适当程序，这里的“适当程序”在实质意义上与“正当行政程序”并无不同。[①] 正当行政程序这一用语在程序法及行政法的理论和实践上已被广泛采用，其往往表现为以下两层含义：

第一，正当行政程序体现一种程序正义的理念。正当行政程序理念主张，纠纷不仅要被解决、正义不仅要被实现，而且要通过公正的程序得以解决和实现。正当行政程序表达了一种西方社会长期以来的自然法理念和由此演变出来的普通法上的自然正义观念。尽管在阐述程序正义理念时使用了不同的法律术语，但由英、美两国紧密联系的法律传统可以得出：美国法中的“正当法律程序”理念源自英国普通法中的“自然正义”观念。对于“自然正义”的本质含义，爱歇尔勋爵如此解释：“自然正义就是有关是与非的自然感觉。”马歇尔也说：“自然正义这个提法揭示了和绝对真理相关的道德原则的存在，这种真理是根据上帝的旨意而确立的，这里所言的自然正义是自然法的同义语，它显然有别于具有严格意义的现代的自然正义的概念。”所以说，正当行政程序反映出来的一种程序正义的理念，实质上是西方社会长期以来的自然法理念的表现。

第二，正当行政程序不仅体现出一种程序正义的理念，在实践中它也是一种可操作的程序规则。如果行政行为不遵循诸如“先取证，后裁决”的正当程序规则，将导致行为无效或被撤销。在英国历史上著名的“里奇诉鲍德文案”中，英国上议院的法官认为，尽管1882年的《城市公团法》

① 参见谢红星：《论正当行政程序与行政程序的正当性——兼以程序工具主义及程序本位主义的视角》，《贵州警官职业学院学报》2005年第6期。

规定，警察委员会有权开除他们认为玩忽职守或因其他原因不适合该职的任何警察，但并不意味着这种开除行为就不需要遵守自然正义规则，尽管它被认为是在自由裁量权范围内的行为，上议院的法官仍然认为，要革除一个官员的职务，必须先告诉他到底犯了什么事，听他解释，然后才能作出决定。警察委员会在开除里奇公职前，没有给予他通过听证为自己辩护的权利，也没有事先通知里奇，违背了自然正义的要求，所以该行为应予撤销。

总之，法治的实现依赖于法律制度的健全和实现。在这一进程中，行政的法治化是不可或缺的一环。在我国，随着市场经济体制的建立、依法治国基本方略的提出并载入宪法以及入世，行政的法治化已成为实现法治进程中最为重要的环节之一。依法行政是建设法治政府的必然要求。关于如何依法行政的问题，学者们一般是从法理的角度或从宏观层面予以阐述。笔者以为，我们还应该从微观层面上来把握依法行政的问题，也就是行政机关在行政管理活动中如何做到严格执法，避免恣意执法的问题。而法治理论是行政法理论的理论源头，也是行政程序法理论的理论支点与根基。法治要求的程序正义也要求行政程序自然纳入行政法治的轨道。在实现行政法治、推进依法行政的过程中，行政主体所作出的行政行为必须做到证据确凿，这成为实现实体公正与程序公正相统一的重要基础。可以说，证据制度是从微观层面对行政法治的有效保障。基于此，我们需要行政法，更需要行政程序法对行政程序领域相关证据制度问题作出明确、科学而详细的规定，以更好地规范行政主体的行政行为，实现行政法治。有关行政诉讼的规范虽然也在一定程度上间接地为行政程序证据的合法、有效奠定了一定的基础，但毕竟还需要从行政程序法本身的角度对行政程序证据问题作出规定，以进一步完善我国的行政程序证据法律制度。因为，事后的补救固然重要，但事前、事中的控制更能体现法治的初衷，也更能较好地体现法治理念。我们研究行政程序证据制度从根本上讲乃是为了实现正当行政程序、促进行政法治目标的实现。

二、行政程序正当性的判断标准及其指导意义

正当行政程序作为一种程序正义理念和程序规则的确立，进而提出了一个更为重要的问题：什么样的行政程序才是正当的或符合正义的？这是

一个正当行政程序的评判标准问题，或者说行政程序的正当性应具备哪些要素的问题，这不仅是一个理论问题，也是一种重要的实践问题。正如有的学者所言，“判断程序保障到什么程度才算正当，已成为正当法律程序最重要的问题，而判断标准的建立，也成了对法院的重大挑战。”[①] 因为很多情况下，行政程序与正当行政程序并非不完全一致。正当行政程序是行政程序的“当为”概念，是正当程序理念在行政程序中的应用。同时，实践也证明并非一切行政程序都是正当的，此中包含着价值判断的问题。但难点在于坚持什么样的判断基准才是正当行政程序——这历来受到学界与实务界的广泛关注。

（一）正当行政程序的传统判断模式

从历史的视角来看，人们构建的判定一项程序是否具有正当性的模式大体有以下五种：

第一种是绝对工具主义观。绝对工具主义判断一项程序的正当、优劣与否，是凭其是否以及在多大程度上能够获取准确的事实，即“结果的有效性”。在思想史上，这一理念可以追溯到功利主义哲学的创始人杰罗米·边沁。边沁指出，“实体法的唯一正当目的，是最大限度地增加最大多数社会成员的幸福”，“程序法的唯一正当目的，则为最大限度地实现实体法”；“程序法的最终有用性取决于实体法的有用性……除非实体法能够实现社会的最大幸福，否则程序法就无法实现同一目的”。[②] 该模式认为法律程序作为用以确保实体法实施的工具，只有在具备产生符合正义、秩序、安全和社会公共福利等标准的实体结果的能力时才富有意义，才是正当的。换言之，只要结果好，过程也就是好的，过程的意义在于结果之中。绝对工具主义观揭示了法律程序在确保实体法目标得以实现方面的工具性价值，为人们评价法律程序提供了一项重要的标准，但其将这种工具性价值强调得过了头，以至于无法对程序的正当性作出全面的认识。在人们构建行政程序的过程伊始，由于奉行绝对程序工具主义的理念，过分强调了程序的工具性，使得许多行政程序在运行中并没有能够体现公民的参与意识，并没

① 叶俊荣：《美国最高法院与正当法律程序：双阶结构与利益衡量理论的演变与检讨》，载焦兴恺主编《美国最高法院重要判例之研究：一九九零——九九二》，中央研究院欧美研究所 1995 年版，第 96 页。

② Jeremy Bentham, The Principles of Judicial Procedure, in 2 works of Jeremy Bentham（J. Bowring ed. 1838 - 1843），转引自陈瑞华：《刑事审判原理论》，北京大学出版社 1997 年版，第 28 页。

有能够有效地防止行政权的滥用，并没有能够更好地保护行政相对人的合法权益。这种行政程序显然不具有人们所期望的内涵，因此不能称为是正当行政程序，而只能叫作一般行政程序，其中甚至有不少是不当的行政程序。[①]

第二种是相对工具主义观。该模式由 R. 德沃金提出[②]，基本上也坚持了程序工具主义的立场，但允许人们在追求工具性价值目标的同时兼顾一些独立的价值。这些非工具性目标主要有两个：一为无辜者免受定罪的权利；二为被告人获得公正审判的权利，应通过这种限制减少“道德错误”。德沃金认为，绝对工具主义理论过分强调了程序的工具性价值，以至于不否认正确的裁判结果可通过不公正的程序形成，因此人们在追求工具主义目标时应该受到正义原则的限制。这一模式虽然对绝对工具主义观作了一定的修正，与绝对工具主义观相比在理论上有了很大的进步，不过遗憾的是论者们并没有进行深入的探讨。同时，由于该模式仍然强调结果的有效性，所以在实践操作上人们往往会为了结果的更好实现而废弃所谓的非工具性价值。

第三种是程序本位主义观。该模式对法律程序作出与工具主义完全相反的解释，认为评价法律程序的价值标准在于它本身是否具有一些内在的优秀品质，而不是它在确保好结果得以实现方面的有用性。这一理论与德沃金观点的最大区别在于其强调程序独立的内在价值，这种价值能使个人保持一种道德主体的地位。程序本位主义观认为，程序的价值不在于程序作为实现实体法的手段的有用性，而在于程序具有独立于实体的内在作用，所谓“结果无关紧要，意义在于过程之中”。程序本位主义观要求构建行政程序时必须关注程序的德行，它是使法律程序成为可能与人性相一致从而为人所尊重、所接受的那些品质。程序本位主义观对正当行政程序的构建有着直接的影响，这一理论的核心内容是通过一系列的内在价值来影响行政程序，使之充分具备正当性。但令人遗憾的是，这一模式又将“重实体、轻程序”的错误做法推向了另一个极端，主张以“程序法中心论”取代“实体法中心论”。[③] 这一理论的缺陷在于，它把程序与程序的结果完全混为

---

① See Daniel Hall, Administrative Law: Bureaucracy in a Democracy, Prentice Hall, 2001, pp. 56 – 57.

② See Ronald Dworkin, A Matter of Principle, Clarendon Press, 1985.

③ 参见［日］谷口安平：《程序的正义与诉讼》，王亚新等译，中国政法大学出版社 1996 年版，第 64 页。

一谈，认为公正的结果是正当程序的必需与逻辑延伸。事实上，正当程序只是结果公正的必要条件，而不是充分条件。在程序本位主义理念指导下建构的行政程序，也不完全都是正当行政程序，有时也可能是一种繁文缛节、形式主义的行政程序，如向政府部门申请营业执照、向某一机构申请办理某种许可证等，这时人们往往要经受一系列的步骤和程式，其程序不仅烦琐复杂，而且费时耗力，有些甚至演变成专门限制、刁难行政相对人的手续。而有些行政程序则过于强调参与、合意与公开，使得在某些情况下（如紧急状况）行政效率大大降低，公共利益难以得到及时、有效的保护。这一点正如美国联邦第二巡回区的弗伦德列法官所说的："假如欠缺基本的程序保障，那么公民就可能受到任意行政决定伤害的威胁；如果程序过于烦琐，那么它不仅不能达到公正结果的目的，而且将使有限的人力和物力资源转移到在官僚消耗的无用功上。"①

第四种是经济效益主义观。该模式是由以理查德·A. 波斯纳为代表人物的西方经济分析法学派提出的。他们认为，法律程序必须有助于减少法律制度运作过程的成本，从而相应地使法律运作过程的经济效益最大化。法律程序的成本一般有两种，一种是通过程序获得错误结果而发生的成本，另一种是在程序的进行过程中直接投入的资源所产生的成本，法律程序的目的就在于最大限度地使程序的错误成本与直接成本之和最小化。② 从本质上讲，这一观念仍属工具主义观，因为它坚持所谓"程序不过是最大限度地实现某一外在价值目标的工具"，只不过这里的"外在目标"是最大限度地提高经济效益或增加公共福利。经济分析法学家对法律程序进行了细致的经济分析，使得法律程序价值问题的研究开始从传统的定性分析走向定量分析。同时，这也使我们在评价和建构一项行政程序时应将经济效益作为一项基本的价值标准，如果没有正当的理由，行政机关不应不适当地增加经济资源的消耗，在两个同样符合其他价值标准的行政程序中，应该选择其中消耗较少的一个。但这种模式的缺点也是显而易见的，人的生命、自由和人格尊严是不能用金钱来衡量和计算的，以此作为唯一的判断基准，

① 张千帆：《西方宪政体系》（上册·美国宪法），中国政法大学出版社 2000 年版，第 227 页。

② See Richard A. Posner, An Economic Approach to Legal Procedure and Judicial Administration, Journal of Legal Studies 2, 1973, pp. 399 – 400.

显然缺失正当性。①

第五种是利益衡量模式。该模式是美国联邦最高法院于 1976 年在“马修诉埃尔德雷奇”一案中发展出的一种新型的判断程序正当性的标准。② 所谓利益衡量模式（Interest Balance Analysis）是一种三阶式的利益衡量方法，其中：X = 可能受到政府行为影响的私人利益；Y = 利益在程序中被错误剥夺的风险，以及因任何额外或替代程序所产生的利益；Z = 政府的利益，包括因为额外或替代的程序所带来的财政或行政负担。针对具体的行政行为分析时，如果 X + Y > Z，那么目前所提供的程序保障是不足的，替代性的程序保障应被采纳，方能满足正当法律程序的要求。相反地，如果 X + Y < Z，则表示如果采用较为周全的程序，所获的权利保障利益将低于政府的成本，因而现行的程序保障已能满足正当法律程序的保障，也就是说现行的程序已经够“正当”了。利益衡量的精髓是成本与利益分析，是一种奉行经济理性的决策模式，在此模式下，法律程序存在的正当性基础就在于其正面的作用大于负面的作用。利益衡量模式的优点在于使正当法律程序这个模糊的概念变得明确且易于操作，由法院所列举的三要素可以发现，法院所关心的重点是以行政行为的正确性为前提的相关利益衡量，其对正当程序所关心的重点是各方的利益，这说明了人们对程序要求的基本观念已经开始转变，判断者逐渐意识到了聚焦一种价值的谬误。不过这种意识与做法也仅仅浅尝辄止，程序本身的价值以及与程序相关的一些因素仍然未能得到考虑与规范，因此也遭到学者们的反对。③ 反对者认为量化 X、Y、Z 是件很困难的事，利益范围周延性的问题更是令人难以信服，谁能肯定“只有”这三项利益应该被纳入考虑范围呢？进一步讲，这种功利性的利益衡量模式，往往使正当法律程序包含的受尊重的感觉、参与感以及行政程序的透明性等内在价值变得苍白无力，使得程序仅具有工具理性等。

（二）正当行政程序的综合均衡模式

以上五种评判模式分别从不同的角度对行政程序的正当性进行了揭示，

---

① 对此，波斯纳反驳道：“正义的第二种涵义——也许是最普通的涵义——是效率。”参见［美］理查德·A. 波斯纳：《法律的经济分析》，蒋兆康译，中国大百科全书出版社 1997 年版，第 31 页。

② See Mathews v. Eldridge, 424 U. S. 319 (1976), in Galligan D. J., Due Process and Fair Procedures: A Study of Administrative Procedures, Clarendon Press, 1996, pp. 201 – 204.

③ See Ernest Gellhorn & Ronald M. Levin, Administrative Law and Process, West Publishing Co., 1997, 4th ed., pp. 234 – 236.

提出了很有见地并各成体系的思想，但它们都只是抓住了程序价值问题的某一方面，也因此都不同程度地有着绝对化和片面化的缺陷。对此，中外很多学者都主张跳出单一评判模式的困境，主张多元的评判标准，如贝勒斯的“程序价值的七项原则”、戈尔丁的“程序公正的九项内容”、我国学者孙笑侠的“程序公正的六大要义”、季卫东的“现代程序的四项基本原则”、周佑勇的“最低限度程序正义的三项要求”，反映了学者们对程序正义的内容及要素的不同理解。笔者认为，对于程序正当性的评判标准，必须结合行政程序具有动态性、多样性、开放性、历史性与发展渐进性等特征，兼以价值均衡的视角，来构建一个综合的评判体系。

众所周知，行政程序绝不仅仅是行政主体单方的意思表示，更不是用来约束公民、组织的工具，而是要体现民主、责任、参与、法治的诉求，因此，正当性判断的基准也应当是一种综合性的指标，这也恰恰与法哲学出现的一体化趋势相适应。[①] 事实上，作为一种法律制度，正当行政程序构建与评判的标准也应该是多样的、综合的，仅以一种价值来判断程序的正当性显然有失偏颇。因为，人们对于程序的诉求不仅在于程序在实现某一实体功能时的有用性和有效性，而且在于程序本身的内在品质或者内在的善，从而最大限度地体现了形式公正、人道和人格尊严；不仅在于程序具有形式正义，而且在于程序能够促进实体正义的实现；不仅在于程序能够体现公平正义，而且在于程序能够促进效率；不仅在于程序能够维护公共利益，而且在于程序能够最大限度地保障公民的基本权利。因此，寻找一种新的判断模式已经刻不容缓。[②]

就我国而言，正当行政程序的评判标准问题其实也就是我国行政程序立法的目标模式问题。其对于明确行政程序立法的指导思想、设定行政程序法的基本面貌，具有重要意义。[③] 它关系到我国行政程序法基本原则的确立、基本制度的建立以及行政程序法功能的发挥。对照西方国家法治发展路径，有学者认为，“行政程序法的目标模式与各国的法治模式和行政法治

---

① 近来，法哲学理论开始出现一体化的发展趋势，一些学者试图在吸收各家各派观点的基础上创建一种综合法理学理论。参见［美］博登海默：《法理学——法哲学及其方法》，邓正来等译，华夏出版社 1987 年版，第 197 - 205 页。

② 参见高秦伟：《正当行政程序的判断模式》，《法商研究》2004 年第 4 期。

③ 参见江必新：《行政程序法的功能、效用及目标模式》，《比较法研究》1988 年第 4 期。

模式直接相关，或者说目标模式直接决定于该国的法治模式和行政法治模式。”[①] 并进一步主张以我国行政法治的综合模式思想来指导研究我国行政程序法目标模式。[②] 笔者这里类似地主张以一种“综合均衡”的标准来规范和整合行政程序，而不是只按照某种单一、片面的标准进行判断，尽量克服程序固有的缺陷无疑是我国行政程序法治化的核心与重点。相应地，笔者这里所谓的“综合”是指正当的行政程序应当是多元评判标准的统一，具体至少应包括：①程序外在价值与内在价值的辩证统一；②公正与效率的辩证统一；③个人权利和公共利益的辩证统一；④程序正义与实体正义的辩证统一。所谓“均衡”是指，一方面从总体上充分考虑上述四组维度的统一和平衡；另一方面应结合具体情况，根据具体的时间、地点、条件进行分析选择，对此四组维度进行判断取舍。在综合分析的过程中，程序对于任何一种价值的放弃，都必须要有足够的、充分的正当理由予以说明，否则即为不当。

以综合均衡模式评判行政程序正当性对于我们认识行政程序证据制度的正当性有着极为重要的理论指导意义和现实意义。这是因为行政程序的实践极其丰富多彩，行政行为的多样化也决定了不同行政行为的程序类型也各不相同。例如从行政行为的性质角度，我们可以将行政程序分为行政立法程序、行政执法程序和行政司法程序；从影响行政相对人权益角度，我们可以将行政程序分为授益性行政程序和损益性行政程序；从行政程序的启动方式角度，可将行政程序划分为依申请行政程序和非依申请行政程序。因此就行政程序中的证据制度而言，我们试图将行政程序证据制度采用整齐划一的证据规则或者证明规则是不科学也是不现实的，对于不同行

① 参见杨海坤、黄学贤：《中国行政程序法典化——从比较法角度研究》，法律出版社 1999 年版，第 77 页。

② 杨海坤教授早在 1999 年出版的《中国行政程序法典化——从比较法角度研究》一书的“自序”中就主张我国采取一种“后起的综合的行政法治模式”，具体包括：①它是宪政环境下的行政法治；②它是司法监督下的行政法治；③它是授权与控权相统一的行政法治；④它是形式与实质相统一的行政法治；⑤它是消极功能与积极功能相统一的行政法治；⑥它是实体公正与程序公正相统一的行政法治；⑦它是静态意义与动态意义相统一的行政法治。（参见杨梅坤：《中国行政程序法典化——从比较法角度研究》，法律出版社 1999 年版，第 90 - 91 页）此后，杨海坤教授在《中国特色政府法治论研究》一书中通过“行政法治论”进一步全面阐述了此种综合的、均衡的行政法治模式。参见杨海坤、章志远：《中国特色政府法治论研究》，法律出版社 2008 年版，第 42 页。

政程序也应确定不同的证据规则和证明规则。这就需要我们采用多元的程序正当性评判标准来建构和评判行政程序证据制度的正当性。例如，以行政程序证明责任分配规则为例，英美法系普遍的观点就认为，证明责任分配不存在一般性标准（原则），只能在综合若干要素的基础上就具体案件进行具体性分配。在对具体案件进行证明责任分配时要考虑的要素包括：政策（Policy）、公平（Faimess）、证据所持（Possession of Roof）或证据距离、方便（Convenience）、盖然性（Probability）、经验规则（Ordinary Human Experience）、请求变更现状的当事人理应（承担证明责任）等。由于英美法系实际上是综合各种程序参与方的利益，以实证方式分配证明责任，所以可以将这种分配证明责任的理论称作“利益衡量说”；再以行政程序证明标准为例，行政行为种类多样，表现形式不一。行政处罚程序、行政强制程序从实体效果上极易对当事人的权益造成损害，因此在行政程序上也应严格要求，注重程序的内在价值、促进行政程序的公正、保证当事人的程序权利，相应地行政程序证据的证明标准也应要求高一些，严厉的行政处罚、行政强制可适用“排除合理怀疑标准”；而一般损益性行政行为的案件则可以适用“清楚而有说服力标准”，包括一般的行政处罚案件、行政许可、行政确认等；至于行政裁决程序的证明标准可相对低一点，可适用“优势盖然性证据标准”；当行政机关采取临时性或紧急性措施时，对事实的认定只要基本合理，即达到“合理可能性标准”。可见，行政程序证据制度中同样应秉持这种综合均衡模式来指导相关制度的建构和完善，以及指引行政执法中证据活动的作出。

当然，综合均衡模式评判行政程序正当性并不排除正义作为正当程序最低限度的共识。自然正义和正当程序要求任何程序均保持最低限度的正义，以此为正义评价标准之一。虽然我国的程序发展较晚，但近年来，程序正义已经得到学者和立法者的承认。程序正义对于程序设计公正的要求使得行政程序在引入证据制度的同时，需要关注与之配套的程序设计。以行政程序质证制度来说，普通法系自然正义原则中早已言明在一人的权益遭到侵害前，其有辩论的权利。因此，在行政程序中所提出的认定案件事实的证据，和基于此的行政决定会影响到当事人的权益，当事人当然有权对证据进行质证。参与质证和辩论是相对人的基本程序性权利，是相对人为其权益辩护的工具。任何剥夺或是不合理地限制当事人行政程序权利的行为，都可能会成为其后行政诉讼中法院否定行政行为合法性的原因。每项权利的实践都包含了其在程序层面相应的功能，继而要求公权力机关遵从公开、公正、参与的程序。可见，程序正义是质证制度的理论基础。

需要进一步说明的是，虽然正当行政程序已成为普世的价值，也有一些具有共识的要素，但是其更反映了一国对行政程序正义价值的理解，指导西方主要国家行政程序立法的法治理念其实并非一致：英国有“自然公正原则”、美国有“正当法律程序原则”、法国有“行政法治原则”以及德国有“法治国思想”等。就法系的角度来讲，这是由于各自所属的法律文化传统、历史背景、社会条件等方面的差异。如英、美两国注重程序的公正，而德、法则更多地注重程序的效率。正当行政程序的理念对行政程序证据制度的构建有着重要的理论意义和现实意义。以行政程序证据制度中“非法证据排除规则”为例，相关排除规则的设置应当考虑平衡国家、社会和个人的权利和利益。行政程序中排除证据的范围过大，可能影响行政效率和行政机关的管理活动，排除的范围过小则可能导致行政机关非法取证之风盛行。世界各国都确立了证据排除规则，但排除的范围则差别很大，英美法系国家排除证据的范围一般较大，而大陆法系国家排除证据的范围较小。因此就我国而言，“确定行政程序中的证据排除规则应当考虑我国的证据法传统及行政管理现实，证据排除范围不应当像美国那么宽，但对于明显影响程序正义的证据规则还是应当排除。”①

第三节　行政法治理念与行政程序证据制度

行政程序证据制度是行政法治理念对行政程序中证据制度的系统建构，行政法治理论以及正当行政程序理念也应该是行政程序证据制度的支点与根基。行政程序证据制度的设计与建构，必须以行政法治思想和理论为指导，必须符合行政法治原理、适应行政法治乃至整个法治实践的需要。相应地，行政程序证据制度也是行政法治的重要保障。

---

① 宋世杰、陈果：《论非法证据排除规则》，载何家弘主编《证据学论坛》（第二卷），中国检察出版社 2001 年版，第 259 - 261 页。

一、行政法治演变中的行政程序证据制度

对行政权进行制约、保护公民权益是各国行政立法的共同目标之一，宪政体制的设计是其起点和基础，事后救济则体现于司法审查，而行政程序则着重于事前防范和事中控制。处于行政程序中的行政程序证据制度在保障行政权的正常运行中起着不可或缺的作用，它不但有其相对于行政诉讼证据制度的基础价值，在防范行政相对人权利被侵犯方面更显现其独立价值。无论行政的内容和表现形式如何嬗变，行政程序证据制度的作用和功效却始终未曾减弱，行政程序证据制度始终是行政法治的核心内容。

在17～18世纪的专制国家（Absoluter Staat）中，国君拥有国家的全部权力。当时国家活动的重点，除外交及军事外，即在于行政。国家不仅干预社会及经济活动经由工商业的促进，获取充裕的财政收入以增强军力，作为外交的后盾并供应国库的需要；而且基于家长制的思想，致力于谋求公共福祉，乃至管理私人生活、谋求个人幸福。当时所谓的“警察”（德语为 Polizei），其意义即良好的管理及良好的社会秩序。因此，此性质的专制国家也称为“福利国家”（德语为 Wohlfahrtsstaat）或“警察国家”（德语为 Polizeistaat）。[①] 此时行政的特点不仅表现为其广泛性和强度，而且不受法律拘束。[②] 时至19世纪，自由主义兴起，人民无法忍受国家的监护及管制，要求将国家的行政作用限制于保障公共安宁，并且应受法律的约束。[③] 此时的国家主要制定宪法，建立权力分立、保障基本权利以及依法行政（法律保留、法律优先）的制度[④]：①执行权保留给国君，立法权先由国君与代表人民的国会共享，其后则由国会单独行使。②宪法保障人民的自由权及其他权利。国家需有国会议决的法律授权，才能在其与人民的一般关系中干涉人民的自由及财产。[⑤] 法律的变更、废止或突破，仅得以另一新法律为之，行政行为不得抵触法律。③人民的权利因公务员违反职务而受到损害

---

① 陈敏：《行政法总论》，作者自版，1999年版，第19－20页。

② Hartmut Maurer, Allgemines Verwaltungsrecht, 13. Aufl., München 2000, §2 Rn. 4.

③ 陈新民：《公共利益的概念》，载陈新民《宪法基本权利的基本理论》，作者自版，1991年版，第142页。

④ 参见陈敏：《行政法总论》，作者自版，1999年版，第21页。

⑤ 至于特别权力关系，则保留由行政自行规范，Hartmut Maurer, a. a. O.（Fn. 3），§2 Rn. 5.

时应向民事法院请求赔偿，对违法的行政处分应向仅具有部分独立性的行政法院诉请撤销。到了20世纪，因工业化的影响，人口集中于大都市，家庭及邻里关系解体，并且由于工业社会发展的结果，个人的需求增加，人民对国家行政服务的依赖日益加深。国家除必须顾虑个人的社会安全外，也需设立种种设施，作出种种行政给付的作用。此外，国家尚需维持经济景气及重新分配社会财富。宪法上的社会国原则要求国家执行此项任务。国家行政由此从单纯的秩序维护者成为从事生存照顾以及社会形成的“给付主体”①。

在上述各个阶段中，为了达成相关行政目的，行政机关需要了解及掌握各种信息和证据，以拟定其施政计划并分配预算。例如，在警察国家时期，统治者为实现国家目的、为人民谋福利，借由警察之力，对社会治安、风俗、游民、建筑、卫生、征税及经济等一切人民私生活事项积极干涉介入，通过检查达成控制民众生活、维持社会治安秩序的管理目的。此时警察权力极大，检查权的发动与否认由警察机关裁量决定，警察认为有必要即可径行进入家宅、营业场所搜查、扣押可疑违反禁令的人与物。② 即使到了给付国家时期，行政权随着国家职能的变化逐渐增多，行政调查权也随之更加扩大，无远弗届地深入社会各行各业，乃至民众日常生活之中，行政调查便慢慢成为受人瞩目、讨论的议题。③

简言之，行政机关执行各种行政作用，无论是决定政策、实施行政计划、颁布行政命令、作出行政处分或决定是否核发执照，还是监督、指导各种经济活动的进行、社会福利救助的实施，无不依赖证据调查所得的资料或情报作为根据。唯有基于正确而周全的数据，才能得到良好的决策与明智的决定。就此，美国行政法学者施瓦茨认为，“数据有如行政引擎运转中之燃料，没有它，行政机关将不能明智地实践法规制定和裁决之实质权力。”④ 日本行政法学者神长勋也曾说过，“正确的情报是公正、合理的行政

---

① 城仲模：《论法国及德国行政法之特征》，载城仲模《行政法之基础理论》，三民书局股份有限公司1994年版，第121页。

② 酆裕坤：《各国警察制度通论》，1976年，第31－32页，转引自法治斌主持研究《行政检查之研究》，台湾地区“行政院研究发展考核委员会”编印，1996年版，第1页。

③ 参见法治斌主持研究：《行政检查之研究》，台湾地区“行政院研究发展考核委员会”编印，1996年版，第2－3页。

④ Bernard Schwartz, Administrative Law, 3rd ed., 92 (1991)，转引自罗传贤著《行政程序法论》，五南图书出版有限公司2001年版，第101页。

所不可欠缺的。”[①] 这种需要搜集的资料及相关对象就是我们这里讨论的行政程序证据。虽然，行政法治的形态和行为形式不断嬗变，但是行政程序证据及其证据制度的功能和作用却从未减弱。当然，行政程序证据制度作为一种相对特殊的证据制度，在证明对象、证明责任、认证规则、证明标准等方面与其他证据制度甚至行政诉讼证据制度仍存在诸多差别。特别是它因行政机关和行政相对人力量的不均衡、行政机关决策者和审查者身份的重合以及行政行为内容的不同等特征而有更加细化的天然需求。

二、行政程序证据制度：行政法治的重要保障

行政法治原则要求在行政执法过程中，行政机关必须在法定的权限范围内按照法定的程序行使权力，这就要求行政机关作出每一项决定既要实体合法也要程序合法，而且必须有证据证明，因为实体合法并不等于程序合法；没有合法的程序也难以保障合法的实体，只有两者统一才能体现公正原则，保障在地位上处于弱势的行政相对人的利益。行政程序是行政主体作出、变更或消灭行政行为所必须遵守的，由互相衔接的先后阶段所组成的法律程序。[②] 行政程序证据因与行政程序的联系密切，成为行政程序法的关键环节之一。在行政程序中，行政机关要在当事人或其他参加人的参与下，经过调查收集证据，作出相应行政决定。因此，典型的行政程序可分为程序的开始、调查和决定三个阶段。[③]

行政程序的开始有两种模式：一种是由行政机关依职权开始；另一种是依行政相对人的申请开始。[④] 这两种行为的作出，行政机关都必须使用行政程序证据。无论依何种方式启动的行政程序，在行政程序运行中行政程序证据都起着枢纽作用。在由行政机关依职权开始的行政程序中，如行政处罚程序，开始程序表现为：表明身份、立案。而这种行为是建立在相对

① 神长勋：《行政调查》，载雄川一郎等编《现代行政法大系》（二卷），昭和五十九年，第 313 页。转引自法治斌主持研究《行政检查之研究》，台湾地区“行政院研究发展考核委员会”编印，1996 年版，第 13 页。

② 参见叶必丰：《行政法的人文精神》，湖北人民出版社 1999 年版，第 334 页。

③ 参见李牧：《论行政证据的规制与保障功能》，《武汉理工大学学报》（社会科学版）2003 年第 3 期。

④ 参见应松年：《比较行政程序法》，中国法制出版社 1999 年版，第 160 页。

人可能有违法事实的前提下的违法事实是否成立、相对人应该受到什么处罚，行政机关必须全面调查收集行政程序证据予以证明。也就是说，一切作出行政决定所依据的有关事实，行政机关都应当调查。在开始程序中，虽然行政程序证据还不成为主线，但由于违法事实及其他的相关事实是行政程序证据证明的对象，可以说，开始程序主要是为调查收集行政程序证据而作准备工作的程序。

调查程序是行政程序的第二个阶段，也是行政程序中承上启下的重要阶段，而行政程序证据更是该重要阶段的核心内容。在这一阶段，行政机关要依据行政法律规范的要求，在当事人和其他参加人的参与下，采取一系列调查措施，如听取当事人的陈述和辩解、询问证人和鉴定人、提取物证、现场勘验、现场笔录、调取视听资料、查验核实、鉴定、要求当事人提出证据等，全面调查、收集作出具体行政行为所需的证据。一些国家的《行政程序法》作了具体的规定，如瑞士《行政程序法》第 12 条规定："行政机关依职权认定案件事实，必要时可以使用如下证据：（1）证书；（2）当事人陈述；（3）当事人的陈述或证书；（4）勘验；（5）鉴定人的鉴定"。同时，为了弄清案件的真实情况和保障相对人的权益，有关行政程序法律规范一般在该程序中设立告知、陈述、申辩、听证等原则，当事人可以自行提出证据，也可以参与行政机关的证据调查，如我国《行政处罚法》就明确规定了这些原则。从另一层面来讲，这些原则也是为了保证行政程序证据真实可靠而确立的。在该阶段的最后，行政机关必须对已收集的证据进行审查判断，确定可作为作出具体行政行为依据的行政程序证据。只有确立了可定案证据，行政机关才能作出有效的行政行为。例如，美国《联邦行政程序法》第 556 条第 4 款规定："除非考虑全部案卷，或者由当事人提出的、可靠的、有证明力的、可定案部分，行政机关不得实施任何制裁，不得签发规章或者裁决令。"可以看出，整个调查程序都是围绕行政程序证据的取得而进行的。这在依行政相对人的申请而开始的行政程序中也可得以说明，只不过在开始程序中，行政机关是以被动的方式介入的，在后两个阶段也是以行政程序证据为中心开展工作。

决定程序是行政程序的第三阶段，也是最后一个阶段。在该阶段，国家行政机关依据已经确定的行政程序证据，依法作出行政决定。行政机关作出行政决定必须说明理由，这已成为现代法治国家公认的一项原则，各国行政程序法对此都作了规定。[①] 而说明理由便是将行政程序证据的调查、运用的情况进行展示的过程。这个阶段是实现行政程序证据价值及作用的重要阶段。

可见，行政程序证据制度是行政程序的核心内容。行政机关作出、变更或撤销行政行为的过程实质是行政程序证据的认定、变更、重新认定的过程，也就是行政程序证据被运作的过程，没有行政程序证据的运用，行政程序的运转是没有意义的。相应地，行政程序证据制度对保证实体法的各种规范的实施也是生死攸关的，证据制度的最终运用结果是决定行政行为内容的主要因素，它可以决定行政行为是否作出、行政行为的内容、适用何种法律依据等。没有行政程序证据制度发挥的作用，“即使构筑起完善的行政实体法律架构，它们也可能会沦为专制权力的工具”。[②]

三、行政程序证据制度在行政程序法中的角色和地位

行政程序法律制度的构建在形式上着重规定行政主体实体权力运用必须遵循的过程，相应地，行政程序法也需要设计一系列的制度，如行政公开制度、听证制度、证据制度、回避制度等，这些相关制度是行政程序法中的基本制度。从行政程序法理论体系的角度来看，行政程序若干具体制度体系化、系统化构成的法律规范体系是行政程序法中的基本制度。行政程序证据制度也是围绕证据的调查收集、举证、质证、证明责任、证明标准等具体制度展开的。

行政程序法的目标模式、基本原则、基本制度是构成行政程序法理论体系的基本要素。三者的关系是：一定的目标模式及受制于目标模式的基本原则必须通过一定的制度方能真正实现其功能。从行政程序法的实际运转来看，直接发挥操作功能的是其具体的法律规范。但是，对行政法律规范发生直接影响的是法律制度，根据其在行政程序法中的重要程度，可以将行政程序法中的法律制度分为基本制度和具体制度。行政程序法的基本制度是指在行政程序的各个阶段具有相对的独立性，并起着连接各个阶段

---

① 参见应松年：《比较行政程序法》，中国法制出版社 1999 年版，第 178 页。

② 章剑生：《行政程序法基本制度》，载应松年编《当代中国行政法》，中国方正出版社 2005 年版，第 1369 页。

的桥梁作用，同时对整个行政程序又具有重要影响的规则体系。行政程序法中的基本制度包括信息公开制度、证据制度、听证制度、说明理由制度、回避制度等。与目标模式相比，行政程序法的基本制度具有规范性、明确性和强操作性。在目标模式、基本原则、基本制度三者之间存在着明显的层次性，具体表现为：目标模式→基本原则→基本制度→具体制度→具体程序规则。但必须注意的是，行政程序法基本原则和基本制度之间的关系不是简单的对应关系，一项原则可能体现在若干基本制度之中；反之，一个基本制度也可能体现几项不同的原则。总之，现代行政程序法正是依靠其各项程序制度的运作，不断实现其内在功能，推动着一国行政的现代化进程，同时又在行政现代化进程中不断丰富、完善各项制度。

行政程序证据制度是行政程序法中的基本制度，这主要是因为：

第一，行政程序证据制度的完善与行政程序法的关系相当密切。一方面，行政程序规定了行政程序证据制度作用领域和实施范围，行政程序证据制度是行政程序法的基本制度，行政程序的价值、理念和法治模式直接决定了行政程序证据制度的构建和实施。行政法律程序的目的是确定案件事实和在此基础上正确适用法律，并在此过程中保障行政相对人参与行政程序的权力以实现程序正义。另一方面，行政程序证据制度也有助于行政程序目标的实现，证据制度在行政程序中居于核心地位。[①] 案件事实的确定是正确适用法律的前提和基础，而案件事实的确定应当围绕各种证据制度来展开，包括证据调查和收集的制度、证明责任、证明标准、证据排除规则、质证和认证、案卷排他性原则等。证据制度决定着其他程序制度的实际效果，行政程序的每一项基本制度都留有证据的痕迹。例如，听证制度是以证据的收集、调查、证据能力的审查和质证等为核心展开的；说明理由制度主要是对行政行为的证据能力进行合法性阐述；信息公开制度是为便利行政相对人更好地了解行政信息，从而收集、提供有利于自己的证据材料；等等。可见，现代行政法律程序过程就是应当以行政程序证据制度为基础来确定行政程序的步骤和顺序，否则行政程序会变得空洞和难以操作，也不能满足行政程序对证据规则的要求。

第二，行政程序证据制度有利于行政程序法公正原则、参与原则、效率原则等基本原则的具体化。行政程序法基本原则从其理论渊源来讲，是

---

① 参见姜明安编：《行政程序研究》，北京大学出版社 2006 年版，第 39 - 40 页。

行政程序法目标模式的具体化，是从目标模式演绎而来。由于相关行政程序法基本原则在一般情况下不具有直接的操作功能，所以它必须通过相应的基本制度来实现其应有价值。如果只规定基本原则，而不规定如何实现基本原则的相应基本制度，将会使行政程序法因无法真正实施而失去其基本功能。而行政程序证据制度就是公正原则、参与原则、效率原则等基本原则的集中体现。现代行政程序法的目标模式也一般都是公正为主、兼顾效率的模式，而行政程序法中的参与原则正是这一模式的集中体现。[①] 以现代行政程序证据制度为例，现代行政程序中的证据收集、对证、质证等过程中都强调当事人的参与和协力。行政程序证据制度的规定实际上是对公正原则、参与原则、效率原则等基本原则精神的实际运用，是使这些基本原则转化为具体的可操作的法律规范的中间环节。

第三，行政程序证据制度是有利于统领和整合若干规定行政程序中证据内容的具体法律规范。从行政程序证据规范的角度来看，各国行政程序法往往普遍规定行政执法过程中的证据收集、举证、质证、证据的证明标准、证据规则等法律规范，相关规范证据制度的立法也广泛存在于各国的行政程序法法典中。例如，美国《联邦行政程序法》规定了证据的提供与举证责任、证据的排除规则、行政程序中的质证、证据的审查与判断、行政程序中的证明标准、行政程序中的案卷排他性原则等内容；德国《联邦行政程序法》规定了行政机关依职权调查事实、担保代宣誓、听证、公务上的认证等一系列行政程序证据制度；奥地利《普通行政程序法》规定了证据的范围、证据规则、言词审理制度、证人作证、鉴定人鉴定等内容；等等。

本章小结

行政程序证据是行政行为的基础，其意义在于其是行政程序中具有法

① 公民在行政程序中的参与表现多样，有基于保护程序权利的参与，也有基于程序义务的参与，一定程度上可以说，前者是行政程序法目标模式中公正模式的具体表现，而后者则是效率模式的具体表现。有关行政程序法目标模式的论述，参见杨海坤、黄学贤：《中国行政程序法典化——从比较法角度研究》，法律出版社 1999 年版，第 76 - 90 页。

定形式、能够证明案件真实情况、并经行政主体查证属实的一切事实，是依法行政的重要要件之一。行政程序证据制度是行政程序法中的基本制度，因此讨论行政程序证据制度也必须在行政法律程序的前提和框架下才有意义，否则对其的讨论就极易跳出行政程序框架而导致相关论述呈现自说自话、无法沟通的困境——这也是目前学界存在的最大问题。因此，本章主要是在界定行政程序的基础上展开对法治理念下的行政程序、行政程序证据制度与行政法治的关系以及行政程序证据制度与正当行政程序关系等问题的讨论。特别强调了行政程序证据制度与行政法律程序之间的关系：行政程序规定了行政程序证据制度作用领域和实施范围，其价值、理念和法治模式直接决定了行政程序证据制度的构建和实施；行政程序证据制度是行政程序法的基本制度，也是行政程序目标实现的重要制度性保障。

第二章　行政程序证据制度基本问题研究

行政程序证据制度主要是围绕行政程序证据展开的一系列证据制度，因此有必要对行政程序证据制度若干基本问题作相关介绍。本章笔者将立足于证据概念的分析，对行政程序证据和行政程序证据制度概念进行界定，并且论述行政程序证据与行政诉讼证据的区别与联系，同时进一步分析行政程序证据的属性、种类、特征、功能等基本问题。

第一节　行政程序证据相关概念的讨论

行政程序证据、行政诉讼证据以及民事诉讼、刑事诉讼证据都属于证据这一大范畴，行政程序证据作为证据的一种，和一般的证据属于种属关系，必然具有证据的一般属性。[①] 要对“行政程序证据制度”予以界定，首先必须了解“证据”、“行政程序证据”等基本概念。这是因为，“概念乃是解决法律问题所必需的和不可缺少的工具，没有严格的专门概念，我们便不能清楚地和理性地思考法律问题。”[②] 相应地，有关行政程序证据制度的系统论述就得从证据、行政程序证据、行政程序证据制度等基本概念谈起。

---

① 当然，行政程序证据与三大诉讼证据区别也很明显，主要来源于各自存在的领域，因主体双方的对等或不对等关系、制裁的强度不同而使证据制度存在重大差别。

② ［美］E. 博登海默：《法理学、法律哲学与法律方法》，邓正来译，中国政法大学出版社 2004 年版，第 504 页。

一、证据概念的界定

什么是证据，这是证据法学的基本理论问题。证据的概念在法学理论上并无统一的表述，不同的表述折射出不同的证据观，也直接决定着证明活动的质量。近年来，围绕这一基础性问题证据学界展开了争论，有代表性的观点主要有事实说、原因说、结果说、方法说、反映说、根据说、法律存在说、载体说等。① 这些关于证据概念的观点与学说，有的是从证据的特征方面对证据加以描绘，有的是从证据的作用对其进行概括，有的则试图揭示证据的本质，无疑对我们正确理解证据的概念是十分有益的，但大多尚未准确界定证据的概念。目前，在国内学术界主要存在的是"事实说"与"根据说"之争。"事实说"从《刑事诉讼法》第四十二条的规定出发，认为证据是证明案件真实情况的一切事实，旨在强调证据的客观性、真实性。这一理论在学术界长期占据统领地位，并深深地影响着司法实践。但是，由于"事实说"在以下方面存在的致命缺陷，使得其主流学说地位受到越来越多的挑战。

（1）从认识论上看，"事实说"陷入了机械唯物论的认识误区，背离了辩证唯物主义认识论的要求，具有致命的缺憾。"事实说"的根本缺陷在于混淆了认识内容与认识对象，将两者等同起来。认为用以定案的物证、书证、证人证言、鉴定结论等证据应为客观事实，能够符合事实真相。然而正如美国学者理查德·A. 波斯纳所言，"什么是事实？谁来发现事实？这些问题看来简单，但却是一个没有终点的法律问题，而且也是一个哲学、逻辑学、心理学等学科共同关注的'斯芬达克之谜'。长期以来，我国的司法实践以追求绝对的客观真实为目标，然而，我们其实已经意识到，绝对的客观真实只是事实发现的理想目标，既然事实是由主体人来发现的，则所发现的事实当然无法摆脱主观印象"。②

从很大程度上，证明的过程即认识的过程。这里存在两个认识环节：一是围绕证据的认识，二是对全部案件事实的认识。就证据而言，案件事

① 有关学界关于证据概念的不同界定参见徐静村：《证据新论》，《甘肃社会科学》2005 年第 1 期；阕春雷：《证据概念的反思与重构》，《法制与社会发展》2003 年第 1 期。

② ［美］理查德·A. 波斯纳：《证据法的经济分析》，徐昀、徐昕译，中国法制出版社 2001 年版，中译版导言，第 8－9 页。

实本身（现场、作案经过等）是认识的对象，行政（或司法）人员、证人、鉴定人、当事人等是认识的主体，而证据则是认识的内容。人们只能最大限度地认识客观事实，却不能完全地达到客观事实本身，由于人的介入，证据与客观事实之间总会存在着或多或少的差距。这一点在人证上表现得最为明显，如目击证人提供的证言，有的在很大程度上反映了案件事实，有的只是部分地反映了案件事实，也有的完全背离了案件事实。抛开故意作伪证不谈，证人出自诚实、善良的愿望提供的证言，也不可能与事实真相完全相符。因为案件事实经过证人的感官、大脑及语言表述等环节形成的证言，已经或多或少发生了改变。这一证据是经过证人头脑的加工、改造的“事实”，不同于原来的客观事实本身，因此将证据等同于客观事实的“事实说”，从根本上是违背辩证唯物主义认识论的。

（2）从诉讼实践上看，“事实说”不符合诉讼实际，难以立足。首先，案件的既逝性与复杂性决定了证据很难达到完全属实。一方面，案件事实是永远过去了的事实，它不可能重现，与一般日常生活中的事件相比，它更加扑朔迷离、难以认定；另一方面，诉讼当事人为了自身的利益，常常不择手段提供虚假证据或妨害证人作证，这在很大程度上影响了证据的客观真实性。其次，诉讼有一定的期限限制，如刑事诉讼中的侦查期限、审查起诉期限及审判期限，对证据的收集、审查判断和运用均构成时间上的限制，这必然影响认识内容即证据的可靠性，使之与客观事实间存在或大或小的距离。最后，某些证据规则也使得证据的真实性受到影响，如要求依法取证的非法证据排除规则。一方面，这样能够保障证据的客观性、真实性；另一方面，由于其同时限制了警察等的暴力取证活动，也会在一定程度上对证据及案件事实的真实程度产生影响。

（3）从价值论上看，“事实说”忽略了程序价值，带有难以克服的缺陷甚至是危害。证据作为法律程序的核心，应受到程序法的调整和制约。证明的过程不仅是查明案件事实追求“真”的过程，同时也是实现程序公正的追求“善”的过程。陈瑞华教授指出，“长期以来，中国主流的诉讼理论一直将认识论视为证据法的理论基础。但是诉讼活动并不仅仅为一种以发现事实真相为目的的认识活动，而更包含着一系列诉讼价值的实现和选择过程：将诉讼活动仅仅视为认识活动，必然会导致‘重实体，轻程序’、‘重结果，轻过程’，甚至‘重权力，轻权利’，这也是一系列现代证据规则难以在中国确立的原因之一。”[①] 盲目求真、追求事实真相，会忽视、冲淡对法律程序中其他重要价值目标的选择与权衡，妨碍诉讼目的的实现。在我国，刑讯逼供屡禁不止的重要原因是司法人员盲目追求口供真实的“唯真心理”，为了追求证据的真实，不惜践踏行政程序以及诉讼程序中同样重要的公正、尊严等价值目标，最终走到了事物的反面：不仅偏离了程序正义的要求、程序严重违法、口供丧失证据效力，而且往往造成冤假错案。事实上，证据所要考虑的首要问题不应仅仅是案件事实真相能否得到准确揭示的问题；而更重要的应当是事实真相应通过什么样的途径和手段得到揭示，也就是发现事实真相所采用的手段和方式如何具备正当性、合理性、人道性和公正性的问题。在证据的证明活动中，程序价值理应受到关注。“事实说”的困境来源于概念法学的局限性。在我国现有的证据学理论中，证据属性是对证据概念进行延伸而得出的结果。我们又用这一结果去衡量法律程序中某一具体的证据是否可以被认定为定案证据。因此，证据的概念就成为一个比证据属性更具有基础性和决定性的理论问题。这种从概念出发、并以概念为基础构建法律规范甚至是整个法律体系的方法有合理的一面：由此形成的法律体系易保持逻辑上的严谨性，它对人们的行为提出了明确的指引，进而有利于形成良好的法律秩序。但任何概念都不可能完整无误地表述它要描述的对象。静态的证据概念都是以某一时间点的证据现象为模本进行的“定点性”研究的。然而，证据现象是一个过程性存在。“以点带线”的证据概念难以反映证据是过程性存在的属性。无论我们在哪一个阶段、从哪一个角度进行定义都无法涵盖这一事物在其他阶段所具有的特征，这就是从概念出发构建法律制度的问题。

“事实说”困境的深层原因在于，我们没有正确处理好法的“应然”和“实然”、理想与现实之间的关系，将理想与现实混为一谈。以诉讼制度为例，无论是民事诉讼中使用的优势盖然性标准还是刑事诉讼中使用的排除合理怀疑标准都揭示了这样一个道理：诉讼理想与具体制度是可以存在一定距离的，甚至必须存在距离。我们在处理这些微妙而复杂的关系时常用的办法就是在适当的时候作一些妥协与让步，以使现实的诉讼制度可以兼顾多种价值目标。“这样就造成了诉讼理想与现实制度之间的差异，并且可以断言，只要我们希望通过诉讼程序实现的理想不是单一的，这种差异就

① 陈瑞华：《从认识论走向价值论——证据法理论基础的反思与重构》，《法学》2001 年第 1 期。

必然会存在。”[1] 我们所能做的就是协调各种诉讼理想之间的关系，以使它们可以在现实的诉讼制度中和谐共存、有序发展。这就需要我们明确地区分诉讼理想与诉讼中的具体制度，它们是两个层面的问题，不能混淆。前者是诉讼制度的价值取向，是我们希望通过制度的运作达到的理想境界，它为立法及司法实践提供理论指导；后者是对前者的具体落实。但前者不同于后者，因为某一理想转化为现实时必须考虑到它与其他诉讼价值目标关系的协调、司法资源的合理配置、与法律文化传统相统一的问题等。

既然证据的操作性及证明标准等问题已经成为证据概念目前的不能承受之重，通过相关程序规制实现的只能是相对的客观，绝对的客观只是程序法追求的最高理想；那么就不要忌讳承认这一点，用可信性或可靠性代替客观性，并通过程序精良的设计尽可能地保证认定事实的真实性。只有这样才能在增加法的可操作性、不损害法的权威性的基础上缩短程序理想与现实之间的差距。因此，笔者在此意义上同意“根据说”对证据的定义，即证据是证明主体用来证明其案件事实或法律事实是否存在的根据。这一定义不但与我们所倡导的“以事实为依据，以法律为准绳”的基本原则相一致，还明确表明了证据具有人的主观能动性这一特点，表明了证明主体为了能够证明案件实际情况，正确处理案件而去寻求根据的意图；同时，它也适合在行政程序法中讨论证据问题，它并不将证据定格为盖然率为百分之百的客观真实之上，这就在一定程度上避免了在收集证据过程中为追求百分之百的盖然率而进行程序违法的倾向。

二、行政程序证据概念的界定

行政程序证据是研究行政程序证据制度的前提性和基础性概念，然而受到行政程序概念界定的分歧以及证据概念理解差异的影响，相应的行政程序证据的概念也是众说纷纭、莫衷一是。

（一）我国学者对行政程序证据定义的理解

由于我国目前缺乏完备的行政程序法，还没有关于行政程序证据的立法解释或法定定义，有的只是一些学者们见仁见智的理论探讨，其主要观

---

① 纪格非：《对“证据属性”在证据制度中基础性地位的质疑》，《山东师范大学学报》（人文社会科学版）2005 年第 1 期。

点包括：有学者认为，行政程序证据是指行政主体在行政执法程序中为作出具体行政行为，根据行政法律规范所设置的事实要素而收集、运用以证明相对人法律行为或事实的证据。① 有学者认为，行政程序证据又称行政证据或行政执法证据，行政证据是其简称。它是指行政机关在行政管理领域中为实施具体行政行为而收集、调查和运用的证据。② 有学者认为，行政程序证据又称行政证据或行政执法证据，是行政机关为实施具体行政行为而调取、收集、运用的用以证明待证事实的证据。③ 有学者认为，行政程序证据是指行政机关在行政管理活动中依法定程序调查收集的、证明行政相对人是否遵守行政法规范情况的一切客观事实。④ 有学者将行政程序证据界定为广义程序证据和狭义程序证据。广义的行政程序证据指在行政程序中可以用来证明案件事实的材料，狭义的行政程序证据指用来认定行政案件事实的相关事实材料。⑤ 另外，有学者综合各国行政程序法关于相关证据的规定后认为，广义的行政证据是指法律没有明确规定排除的、一切可以用来证明案件主要事实的材料；狭义的行政证据是指定案证据。⑥ 有学者认为，行政证据是行政机关（包括法律、法规授权的组织）作出具体行政行为所依据的一切客观事实。⑦ 有学者认为，行政证据是在行政程序中，由行政主体、相对人、代理人等依照法定程序收集或提供的具有法定形式、能够证明案件真实情况并经行政主体查证属实的一切事实。⑧ 有学者认为，行政处罚证据是行政证据的一种，是指行政机关或法律授权的组织用来证明公民、法人或其他组织违法并应受到行政处罚的一切客观事实，即行政机关实施行政处罚的事实根据。⑨ 有学者认为，行政证据也称行政执法证据，指的就是行政主体在行政执法程序中为作出具体行政行为，根据行政法律规范所

---

① 参见李牧：《论行政证据的规制与保障功能》，《武汉理工大学学报》2003 年第 6 期。
② 参见蔡虹：《行政证据与行政诉讼证据研究》，《律师世界》1999 年第 2 期。
③ 参见孔祥俊：《行政诉讼证据新规则与工商行政执法丛谈》，《工商行政管理》2003 年第 8 期。
④ 参见史容、丁丽红：《行政诉讼证据与行政证据的区别探讨》，《法商研究》（中南政法学院学报）1994 年第 3 期。
⑤ 参见杨临宏等：《行政法学——新领域问题研究》，云南大学出版社 2006 年版，第 361 – 363 页。
⑥ 参见应松年主编：《比较行政程序法》，中国法制出版社 1999 年版，第 297 页。
⑦ 参见刘巍：《何为具体行政行为主要证据不足》，《黑龙江省政法管理干部学院学报》2000 年第 3 期。
⑧ 参见胡建森：《行政违法问题研究》，法律出版社 2000 年版，第 310 页。
⑨ 参见杨解君：《行政处罚证据及其规则探究》，《法商研究》1998 年第 1 期。

设置的事实要素而收集、运用证明特定相对人法律行为或事实的材料。[①] 有学者认为，行政证据就是指行政机关在行政程序中收集或由当事人向行政机关提供的，行政机关据以作出行政行为的事实和材料。[②] 有学者认为，行政证据是指在行政活动中，行政机关、行政相对人或代理人、第三人用以证明行政机关是否应当为一定行政行为的根据。[③] 此外，还有学者没有单独对行政程序证据予以定义，而是将行政程序证据和行政诉讼证据统称为行政证据，并认为行政证据包括行政程序中的证据和行政诉讼中的证据，它是行政机关认定案件事实和人民法院审判行政案件的依据。[④]

（二）对学界主流定义的审视

通过对以上若干行政程序证据概念的观察，归纳起来，笔者认为相关定义或多或少还存在以下问题：

1. 没有处理好行政证据、行政程序证据和行政诉讼证据之间的关系

通过对学界观点的梳理，笔者认为学界对行政证据的界定其实存在广义和狭义之分：广义的行政证据是指行政过程中涉及的证据，包括行政程序证据和行政诉讼证据；而狭义的行政证据则专指行政程序证据，又称为行政执法程序。而有学者将行政诉讼证据界定为狭义行政证据，多为受民法证据和刑法证据的影响，其实为对行政证据的错误认识。一定程度上可以说，当前学界很多学者关于行政证据的讨论之所以产生自说自话、无法沟通交流的情况，很大程度上是因为对这几个概念的关系没有梳理清楚，更没有形成统一的认识。对此，笔者这里主张行政证据以广义界定为妥，而将行政程序证据和行政诉讼证据纳入其下，避免以行政证据代替行政程序证据，也应避免以行政诉讼证据代替行政程序证据等错误倾向。

2. 忽视了行政相对人及第三人提交证据的责任

行政行为虽然只能由行政机关作出，但行政程序的证明主体则包含行政机关、相对人和第三人，对于行政相对人和第三人提交的行政程序证据，行政机关必须审查，不能仅仅因为是相对人或第三人提交的证据而加以歧视，这在行政程序中非常重要。在行政程序中，以上三者各自承担相应的

---

① 参见张芳、张艳：《论行政证据与行政诉讼证据的相异及衔接》，《黑龙江省政法管理干部学院学报》2004 年第 5 期。

② 参见应松年主编：《行政诉讼法学》，中国政法大学出版社 1999 年版，第 128 页。

③ 参见周士逵、冯之东：《行政证据制度的证明标准》，《甘肃行政学院学报》2008 年第 1 期。

④ 参见徐继敏：《行政证据通论》，中国法制出版社 2004 年版，第 20 页。

证明责任和不利后果的负担，所以应特别保障相对人和第三人所提出的证据不受歧视。相反，如果不是证明主体，不得直接参与证明活动，如果掌握相关证据，只能由证明主体进行调取，而后由证明主体提出，从而进入证明程序。以上定义认为只有行政机关才能收集、调查证据，这其实是剥夺了相对人及第三人进行抗辩的权利，有悖于正当程序的理念。

3. 行政程序证据也一度陷入“事实说”的泥潭

如同证据概念一样，行政程序证据也一度深陷“事实说”的泥潭。例如，刘巍认为“行政证据是行政机关（包括法律、法规授权的组织）作出具体行政行为所依据的一切客观事实。”① 李牧认为，“行政证据，是指行政主体在行政执法过程中为作出具体行政行为，根据行政法律规范所设置的事实要素而收集、运用以证明相对人法律行为或事实的证据。”② 史容、丁丽红认为，“行政证据是指行政机关在行政管理活动中依法定程序调查收集的，证明行政相对人是否遵守行政法规范情况的一切客观事实。”③ 杨解君认为，“行政处罚证据是行政证据的一种，是指行政机关或法律授权的组织用来证明公民、法人或其他组织违法并应受到行政处罚的一切客观事实，即行政机关实施行政处罚的事实根据。”④

当然，也有学者在反思证据“事实说”不足的基础上有所变通，如蔡斌认为，“将证据界定为一种事实材料，则把内容和形式统一起来，因为材料是证据事实和证据载体的统一，而且就目前而言，将证据界定为一种事实材料也是大多数国家的做法。”相应地，“一切与查明案件事实有关联、采取合法方法收集的客观事实材料，都可以作为行政机关作出决定的证据。”⑤ 但是，此种界定仍然没有超脱“事实说”的本质。以上对于行政程序证据的定义基本上都是基于事实证据说而作出的，对于证据事实说，笔者已经在证据的概念里加以评析，在此不再赘述。

4. 没有认识到抽象行政行为的作出程序同样需要证据

许多学者将行政程序证据的运用限定在行政程序的具体行政行为中，其理由大致归结于抽象行政行为一则为不可诉行政行为，二则没有具体的

---

① 刘巍：《何为具体行政行为主要证据不足》，《黑龙江省政法管理干部学院学报》2000 年第 3 期。
② 李牧：《论行政证据的规制与保障功能》，《武汉理工大学学报》2003 年第 6 期。
③ 史容、丁丽红：《行政诉讼证据和行政证据的区别探讨》，《法商研究》1994 年第 3 期。
④ 杨解君：《行政处罚证据及其规则探究》，《法商研究》1998 年第 1 期。
⑤ 蔡斌：《论我国行政证据制度立法的必要性及建构》，《吉林广播电视大学学报》2007 年第 1 期。

行政相对人，因而将行政程序证据同时适用于抽象行政行为之中没有多少实际意义。笔者认为，行政程序证据同样应当适用于抽象行政行为，因为任何行政机关在作出抽象行政行为时绝不能无中生有，同样要进行调查取证、听证、认证等程序，而在这些程序中，证据起到了关键性的作用。而且一般来说，抽象行政行为具有更大范围的影响，如果行政机关随心所欲地作出抽象行政行为，发布行政法规、规章及其他规范性文件，其后果的灾难性比之具体行政行为有过之而无不及。因此，在界定行政程序证据的概念时，不应当加上“在具体行政行为过程中”这样的词，以“行政行为”一词更能全面而准确地表述这一概念。[①]

5. 将证明对象局限于行政相对人行为的违法性上

行政程序证据的证明内容是行政行为的正当性，即当事人是否具有符合法律要求的事实根据，这一根据可能是当事人的违法事实，也可能是合法事实。前者如行政处罚相对方的违法事实的存在，后者如行政许可相对方具备符合法律规定的申请条件。可见，行政主体的行政行为才是行政程序证据的证明核心，这是行政程序的特征所在。所以，行政程序证据是行政程序中证明主体用来证明行政主体是否应当作出一定行政行为的在事实方面的根据。如果经行政程序证据证明，根据法律的规定，行政机关应当作出一定行政行为，则行政机关必须作出该行政行为，否则违法；如果证明行政机关不应当作出某特定行政行为，则行政机关不得作出，否则也构成违法。因此，经过行政程序证据证明的案件，通过证据规则的梳理，结合法律，必然得出一个结论——要么是不得作出行政行为，要么是必须作出某种行政行为。当然，如果没有任何行政程序证据，行政机关也不得作出行政行为。

6. “适用的法律依据”并非行政程序证据

从证据的概念可以看出，证据是用来证明案件事实的，而“适用的法律依据”一般用来判断法律关系、责任的承担，二者在范围和作用上有重大差异，故行政程序证据不包括“适用的法律依据”。行政程序证据所要证明的只是事实，虽然一个行政行为的作出不但要有事实根据，还要有法律根据，但后者不属于行政程序证据探讨的范围。然而，在实践中往往容易

---

① 当然，考虑到具体行政行为证据证明过程的典型性，以及抽象行政行为往往通过行政立法程序进行，因此本书如不作特别说明，则主要是针对具体行政行为证据的讨论。

将二者混淆，甚至还有立法将“适用的法律依据”作为质证的对象，如我国《交通行政处罚程序规定》第二十九条第三款规定，“当事人或者其委托代理人对案件的事实、证据、适用的法律依据及拟作出的行政处罚内容进行质证的申辩。”因此，我们应明确“适用的法律依据”并非行政程序证据。

总之，行政程序证据作为证据的一种，和一般的证据属于种属关系，必然具有证据的一般属性。笔者认为行政程序证据应立足于证据根据说，体现行政程序证据的特征。相应地，行政程序证据也就是行政程序中用以证明行政行为正当性在事实方面的根据。行政程序证据的证明内容是行政行为的正当性，行政主体的行政行为是行政程序证据的证明核心，这是其特征所在。奥地利在行政程序法典中对“行政程序证据”的界定正体现了这种根据说。奥地利《行政程序法》第46条规定：“凡适于确定主要事实，并依各个案件之情况有助于达到目的者，皆得视为证据。”这样的定义不仅将行政程序证据的证明对象规定为“主要事实”，而且视证据为达到确定主要事实目的的根据。“根据说”不仅从动态意义上承认证据为实现实体价值的依据，还有助于所有行政程序的参与主体关注证据活动的过程价值和程序意义。这样既可以让行政相对人、第三人等程序参与人充分参与程序活动，又可以有效制约和规范行政权力，从而在中国法治建设的进程中有助于实现行政法治与正当程序的双重意义。基于前文的论述，考虑到当代行政程序参与主体的多元化趋势及其积极意义，笔者这里将行政程序证据定义为：行政程序证据是指行政程序参与主体（包括行政主体、当事人、利害关系人或代理人等）在行政程序中出示并用于证明待证事实是否存在的依据。

三、行政程序证据与行政诉讼证据的区别与联系

正如前文所述，目前学界对行政程序证据制度的研究往往没有处理好其与行政诉讼证据制度的关系，要么以行政诉讼证据制度代替行政程序证据制度研究，要么将行政诉讼证据制度与行政程序证据制度混合研究，这显然不利于我们针对相关制度的深入研究。处理好行政程序证据和行政诉讼证据的关系有着重要的现实意义。行政程序证据与行政诉讼证据既非截然对立亦非浑然一体，在行政执法实践中应注意处理好二者之间的关系。

首先，处理好行政程序证据和行政诉讼证据的关系，是适应行政法治的潮流。证据可以分为诉讼类证据和非诉讼类证据。长期以来，我国法学界一贯重视诉讼类证据，而忽略对非诉讼类证据的研究，甚至将它排除在证据学的研究范围之外。随着依法行政和依法处理各种行政事务的深入，在重视行政诉讼证据的同时，要求重视行政程序证据的呼声也越来越强。依法行政原则要求行政机关所有的行政决定和行政行为都是建立在法律合法、符合法定程序、有证据事实的基础上的。因此，所有可能影响相对人权益的行政行为都应该有充足的证据来证明，如果没有充足的证据这个行政行为就是无效的或是违法的，是不成立的。所以证据决定了行政行为的效力，决定了行政行为的合法性。行政程序证据制度的健全是一个国家行政程序民主化水平的标志，人们对此已达成共识。随着我国行政程序立法的完善，行政程序证据制度将逐步发展为一门独立的证据制度。而行政程序证据制度的建立和完善对规范行政执法，实现行政法治具有重要意义。为了适应法治行政的潮流，我们必须从理论上区分行政程序证据和行政诉讼证据，了解二者的区别与联系。

其次，处理好行政程序证据和行政诉讼证据的关系，有助于法院公正地审理行政案件，树立现代法治和正当程序观念。行政诉讼的目的是保护行政行为相对人的合法权益，法官在裁判时所应调查的不是行政相对人的行为是否合法，而是行政主体的行为是否合法。在很多行政诉讼的案件中，作为被告的行政机关常常在原告提起诉讼之后采用种种手段，将自己原本违反法律的行为改头换面，使之成为合法的行政行为，如规避法律，一审不到庭应诉，二审取得有利位置。这时，对行政程序证据和行政诉讼证据的区分就是人民法院判决原告是否败诉的理论基础。因此，正确区分行政程序证据和行政诉讼证据，有助于法院公正地审理行政案件，树立现代法治和正当程序的观念。

最后，处理好行政程序证据和行政诉讼证据的关系，有助于行政程序价值的实现。程序一定程度上就是排除恣肆因素，保证决定的客观正确，而行政程序的价值也是旨在保证行政程序设定的合理性及其对于达到某一行政行为所要追求结果的有效性。行政程序证据制度作为行政程序（而不是行政诉讼程序）中的核心制度，有助于提高行政程序的运行质量和效果，有助于实现程序正义。具体表现在：其促进行政主体作出决定前慎重取证、采证，减少行政决定的错误；促进行政主体在执法过程中以客观精确的证据为依据，提高行政决定的准确性、理性；有利于公众了解行政主体执法依据，提高其对行政行为预测的可能性；有利于发挥行政主体在证据采集、运用中的技术、专业特长，提高行政决定的科学性；客观、公正、理性的证据更有利于减少当事人的对抗情绪，改善其与行政机关的关系；有利于在行政机关采取积极干预定位的过程中，弥补因牺牲程序效率而丧失公正讨论的必要的不足，提高行政权威。总之，行政程序证据制度有利于规范和指导行政行为的作出，提高行政执法水平，保障当事人的合法权益。行政程序证据制度的系统研究有助于我们理解行政程序的价值和作用，有利于深入认识行政程序法的意义。

因此，在我国现行宪政制度下，正确处理好行政程序证据和行政诉讼证据的关系、建立完善的行政程序证据制度，既可以让行政相对人、第三人等充分参与程序活动，又可以有效制约和规范行政权力，从而有利于在我国依法治国建设的进程中实现行政法治与正当程序的双重价值和目标。

（一）行政程序证据与行政诉讼证据的区别

行政程序证据与行政诉讼证据因其中“程序”、“诉讼”的定性差异势必区分了二者所在的程序领域，从而导致了二者的众多差别。正确区分行政程序证据和行政诉讼证据，有助于案件的程序及实体正义的实现。

1. 证据范围的区别

行政程序证据与行政诉讼证据是存在于不同法律程序中的证据。行政程序证据存在于行政程序中，而行政诉讼证据存在于行政诉讼中，这是二者的范围界限。而在行政程序中，是运用行政程序证据，在行政诉讼中，则是审查行政程序证据的运用，这一差别决定了二者在范围上的不一致。首先，行政程序证据由行政机关和行政相对人、行政第三人所收集，但这些证据都必须在行政诉讼中提交法院才能成为行政诉讼证据，没有提交法院的行政程序证据没有发生转变，仍停留在行政程序证据阶段，不是行政诉讼证据；其次，行政诉讼中存在区别于行政程序证据的新证据，如行政诉讼中存在法院收集证据的情况，即在行政程序终结进入行政诉讼后由法院收集的证据，这不是行政程序证据，此外行政诉讼中存在诉讼程序性证据，比如诉讼时效等，这些为解决行政诉讼程序性问题的证据也不是行政程序证据。

2. 收集、审查证据的主体的区别

在行政程序中，收集证据的主体是行政机关、行政相对人和行政第三

人，他们都有权利围绕行政机关是否应当作出一定行政行为这一主旨收集证据，对于行政相对人和第三人收集的证据，行政机关也应当无歧视地加以审查；而在行政诉讼中，行政机关丧失了收集证据的权利，行政相对人和第三人虽然没有丧失这一权利，但也受到很大的限制，不能提交在行政程序中已经掌握但故意不提交的证据，而法院在诉讼程序中享有收集证据的权力。

在行政程序中，审查证据的主体是行政机关，其有权对自己以及行政相对人和行政第三人提交的证据进行审查，决定是否采用及其证明力；在行政诉讼中审查证据的主体是法院，上述权力由法院享有。

3. 证据运用的差别

行政机关运用行政程序证据是为了证明自己为或不为一定行政行为的正当性，法院运用行政诉讼证据是为了审查行政机关为或不为一定行政行为的正当性。在行政程序中，行政机关对行政程序证据的运用是第一次运用；而在行政诉讼中，法院对证据的运用是第二次运用，其目的在于审查行政机关的运用是否正当。需要注意的是，对于专业知识，法院要尊重行政机关的首次判断权，不能以司法权代替行政权，因为行政机关有专门知识，与法院相比有判断上的资源优势。

4. 具体证据制度的差异

行政程序和行政诉讼程序是由不同机关来执行的，是两种不同的程序，相应地在具体证据制度方面也体现出若干差别，表现在以下四个方面：

第一，二者在证据收集环节存在显著的差异。由于行政程序的类型多种多样，不同的行政程序对证据的要求并不一样，如在行政处罚中，行政机关主要依靠职权获取证据，行政相对人不必积极提供证据；在行政许可中，申请人需依法提供证据证明其申请合法，行政机关则依法对其申请进行审查。而在行政诉讼程序中，法官居中裁判，证据主要由当事人提供，法庭只在特殊情况下调取证据。

第二，行政诉讼证据的证明责任分配规则存在区别于行政程序证据证明责任分配规则的情形。虽然行政诉讼证据制度为尊重行政程序证据制度，原则上会尽可能和行政程序证据制度保持一致，但证明责任的分配应作为例外，因为行政诉讼程序作为对权利的救济程序必然要比相对注重效率的行政程序更为关注行政相对人的权利保护，而且行政机关最终作出行政行为必须说明理由，这就使在行政诉讼中加重行政机关的证明责任变得理所当然。例如，前些年西安市有几十位农民起诉西安市某街道办事处对其挖沙作出的行政处罚，尽管案件中农民非法挖沙的事实清楚、证据确凿，但是双方当事人关于执法人员是否出示执法证件发生争议，原告主张被告未出示执法证件，被告坚持主张出示了，法官要求被告举证，但被告难以举证，最后败诉。[①]

第三，二者在认证规则方面存在着显著的差别。行政机关作出行政行为不能像司法机关一样花上几个月甚至几年的时间，多数情况要求行政机关立即作出行政行为，少数情况可以不当场作出行政行为的，其期限也较短，这是因为一方面行政机关处理的行政事务数量巨大，基于效率的要求要及时处理；另一方面行政相对人也不希望行政机关对行政事务久拖不决。这一特点就要求行政行为要有不同于司法证据的独立的证据制度，很显然，行政管理照搬一般诉讼程序的认证规则是行不通的，需要建立适应行政程序的认证规则。例如，美国法院就认可行政机关在行政程序中采用传闻证据，而传闻证据在诉讼程序中是被严格排除的，是不能作为诉讼证据使用的。

第四，行政诉讼证据遵循更加严格的证据标准。我国《行政诉讼法》尽管没有明文使用“证明标准”一词，但是该法第六十九条把证据确凿作为法院驳回原告诉讼请求的一个条件，因而学界一般也认为我国三大诉讼法规定的证明标准是统一的，即实行证据充分确凿的一元化标准。但是，把这样一个严格的标准统一适用于行政程序是很不恰当的，处罚随地吐痰行为和作出劳动教养的处罚显然不能够适用同一个证明标准，证明标准的选择应当根据行政行为的性质、对相对人权益影响的程度来确定，为了维护行政效率，《行政处罚法》把处罚程序分为简易程序和普通程序，因此应根据行政程序的不同类型采用多元化的证明标准。

（二）行政程序证据与行政诉讼证据的联系

行政程序证据与行政诉讼证据同属于广义的行政证据概念，因此二者本身具有一定的同一性。行政程序证据与行政诉讼证据所涉及的案件事实是相同的，所涉证据也存在大量交叉，没有理由说二者在证据制度上不存在共性。况且，行政诉讼法律规范中也蕴含了很多对行政程序证据的规定。

① 参见西安市中级人民法院西行终字（2008）第32号判决书，转引自姬亚平《论行政证据与行政诉讼证据关系之重构》，《行政法学研究》2008年第4期。

笔者认为，在目前我国尚缺乏统一的行政程序法、行政程序证据制度尚不完备的情况下，在一定程度上通过行政诉讼规范来认识行政程序证据，不失为一条捷径。通过这样的途径，可以找出行政程序证据的若干规律性内容，从而归纳出行政程序证据的共性，以指导行政主体的行政执法活动，促使行政主体依法行政。

（1）行政程序证据是潜在的行政诉讼证据。首先，行政诉讼的一部分证据来源于行政程序证据，只不过是证明对象改变而已。如果行政相对人对具体行政行为提起诉讼，行政程序证据随之进入行政诉讼程序，成为行政诉讼证据的重要组成部分。其次，行政程序证据是行政诉讼的复审对象。行政机关在行政程序中收集认定的证明相对人是否合法的证据进入诉讼程序后，由法院审查该证据的真实性，反向推导出行政机关作出的具体行政行为是否具有合法性。也就是说，行政诉讼中的证据具有双重性的特点。因为所有的行政诉讼过程中，用来证明行政行为合法性的证据，通常情况下都是在行政程序中已经被使用过一次的证据，而在行政诉讼中无非是把已经使用过的证据提交到法院，由法院来判断这个证据是不是能够证明行政行为的合法性。可见，行政审判的事实认定以行政程序中收集的证据为基础，对其在获取和处理证据及得出事实结论上是否符合法律要求进行审查。这样，行政程序证据就成为行政诉讼的复审对象。最后，行政程序证据与行政诉讼证据具有延续关系。在行政诉讼中，应对行政程序中的证据活动给予应有的尊重，如：行政相对人未依法律规定向行政机关提供其所要求的证据，却在行政诉讼中向法院提出，法院往往会否定这些证据的效力。

（2）新《行政诉讼法》第三十三条规定了八类证据，这一规定同样适用于行政程序证据。换句话说，这实际上就是行政诉讼法对行政程序证据种类的部分要求。可以说，《行政诉讼法》之所以如此规定，也是考虑了行政程序中证据的特殊要求，如关于现场笔录的规定就是考虑了行政执法行为的需要而作出的。近年来，有些行政规章对行政程序证据的种类也作出了与修改前《行政诉讼法》一致的规定，如国家工商行政管理总局颁布的《工商行政管理机关行政处罚程序暂行规定》第十八条规定，“办案机关对案件进行调查，应当收集以下证据：①书证；②物证；③证人证言；④视听资料；⑤当事人陈述；⑥鉴定结论；⑦勘验笔录和现场笔录。上述证据，必须查证属实，才能作为认定事实的依据。”这说明，行政诉讼证据与行政程序证据在法定种类上是一致的。这种一致性既体现了行政诉讼证据是行政程序证据在特定领域的转化，同时也明确了法律对二者在法定种类上的一致要求。

（3）行政诉讼法律规范对行政程序证据收集的程序作了规定。这些规定解决了行政程序证据的合法性问题。收集证据的程序合法，要求行政主体应当遵守法定的步骤、顺序、方式、时限，对证据进行收集、审查和采纳，并使之成为事实认定的根据。证据的收集、审查和采纳不能违反法定程序是证据法律性要求的体现。《最高人民法院关于执行〈中华人民共和国行政诉讼法〉若干问题的解释》（以下简称《解释》）第三十条规定，行政主体在诉讼期间自行收集的证据和严重违反法定程序收集的证据不能作为人民法院的定案根据，最高人民法院《关于行政诉讼证据若干问题的规定》（以下简称《规定》）对行政程序证据的程序合法性问题又进行了更为详细的规定。这些规定虽然是对人民法院审查证据的要求，但实质上却是对行政程序证据程序合法的具体要求。行政程序证据的取得首先必须符合法定程序。现代行政法治的基本要求是行政活动必须符合法定程序，这一要求同样适用于行政主体取得行政程序证据的活动。严重违反法定程序收集的证据属于非法证据。这种非法证据不但在行政诉讼中要被排除，在行政活动中同样应予以排除。

（4）行政诉讼法律规范对行政程序证据的真实性作了要求。证据的真实性是指证据材料所反映的或者所证明的案件的真实情况，即该证据是否真实可靠。在行政程序中，行政主体所收集的证据，由于受行政法制的不完善、执法人员的法律业务素质有待进一步提高等因素的影响，在保证证据的真实性方面还存在许多问题。《规定》第五十六条所规定的审查证据的真实性的几个方面的要求（审查证据形成的原因，发现证据时的客观环境，证据是否为原件、原物，复制件、复制品与原件、原物是否相符，提供证据的人或者证人与当事人是否具有利害关系，影响证据真实性的其他因素）及第五十七条中关于补充证据的规定（当事人无正当理由拒不提供原件、原物，又无其他证据印证，且对方当事人不予认可的证据的复制件或复制品；被当事人或者他人进行技术处理而无法辨明真伪的证据材料以及证人作证能力的审查判断等）明确规定了保障和审查证据真实性的若干要求，对行政程序证据的提供和审查也同样适用。因为在行政程序中，行政主体无论是收集证据，还是审查证据都必须遵循客观真实的要求。而且，从广义上说，行政程序证据是否客观、真实，是否能够证明案件事实，同样也是判断行政行为是否合法的重要标准之一。《行政处罚法》第三十条规定："公民、法人或者其他组织违反行政管理程序的行为，依法应当给予行政处罚的，行政机关必须查明事实；违法事实不能成立的，不得给予行政处罚。"这里的"事实"就是指经行政主体合法收集并能证明案件真实情况的客观事实。

（5）行政诉讼法律规范对行政程序证据的效力作了规定。《规定》第六十三条规定了优势证据规则，即在证明同一事实的多个证据相互矛盾的情况下，法庭按照最可信的证据认定事实的规则。简言之，优势证据规则是一种证据的证明力之间的比较规则。该条规定：①国家机关以及其他职能部门依职权制作的公文文书优于其他书证；②鉴定结论、现场笔录、勘验笔录、档案材料以及经过公证或者登记的书证优于其他书证、视听资料和证人证言；③原件、原物优于复制件、复制品；④法定鉴定部门的鉴定结论优于其他鉴定部门的鉴定结论；⑤法庭主持勘验所制作的勘验笔录优于其他部门主持勘验所制作的勘验笔录；⑥原始证据优于传来证据；⑦其他证人证言优于与当事人有亲属关系或者其他密切关系的证人提供的对当事人有利的证言；⑧出庭作证的证人证言优于未出庭作证的证人证言；⑨数个种类不同、内容一致的证据优于一个孤立的证据。笔者认为，上述规则，除第⑤项与第⑧项外，也同样适用于行政程序中行政主体对证据证明效力的认定。在行政程序中，随着行政程序的不断推进，行政主体所收集的证据也在不断地增加。而对不断增加的证据材料，行政主体如何认定其证明效力，才能合法、有效地作出行政行为，并在行政复议与行政诉讼中经得起行政复议机关和人民法院的审查，是行政主体在行政程序中必须面对和思考的问题。因此，上述规定不仅规定了人民法院对证据证明效力的认定，同时也为行政主体在行政程序中运用证据、正确认定行政程序证据的证明效力确立了基本的准则和要求。行政诉讼规范所确立的行政诉讼活动中的若干证据规则虽然是针对行政诉讼活动的，但由于我国行政诉讼是对行政主体的具体行政行为进行合法性审查，如果在行政诉讼中被认为是合法有效的证据，那么其在行政程序中也应是合法有效的。因此，用行政诉讼证据规则来规范行政程序证据是完全可行的。这不仅是现实的需要，也是司法解释本身对行政程序的要求。

第二节　行政程序证据的特点

虽然行政诉讼证据与行政程序证据之间的关联性和可能的一致性使得行政诉讼证据规则在行政程序领域具有间接效力，然而这两者之间的共性丝毫无损行政程序证据制度的独立价值。而且，对行政程序证据规则与行政诉讼证据规则不加区分也不利于发挥行政主体和法院各自的优势，与现代越来越细密的分工要求更不相适应。由于行政程序与诉讼程序结构模式、价值取向的不同行政机关在行政程序中不可能完全采用法院的证据规则。相应地，行政程序证据势必具有区别于一般诉讼证据的独特特征。归纳起来，笔者以为，行政程序证据具有如下五个鲜明的特征：

一、行政程序证据具有过程性

这里的“过程性”特指行政程序证据存在于行政程序的发展过程之中，行政程序证据取证、举证、质证、认证等证明活动本身构成了行政程序证据证明过程的程序环节，其本身也具有一定的程序性。这尤其体现在正式的听证程序中，这一程序在实质上和法院的诉讼程序不存在多大的差别。因此，行政主体只有在行政程序（而不是司法程序）的进行过程中才能实施行政程序证据证明活动，而行政程序终结之后的任何形式的“补充”证据行为都是不能被允许的。这是因为“先调查取证后做出决定”是行政程序法对行政主体的最起码的要求之一，行政程序已经终结之后的任何证据行为均违反了这一基本精神。行政程序证据具有“过程性”的特征要求我们在研究行政程序证据制度时，不应该仅从静态意义上讨论行政程序证据规则，还应该将行政程序证据的证明活动视为一个过程，从动态意义上研究行政程序证据证明的规则。

二、行政程序证据具有附属性

行政程序证据的“附属性”是指行政程序证据是行政程序的必要要件

之一，其本身只是一种手段，并不是最终目的。也就是说，行政程序证据往往附着于一个独立的行政决定之上。行政程序本身就是行政主体作出外部行政决定所必须遵守的相互衔接的先后阶段所组成的法律程序。在行政程序中，行政机关要在当事人或其他参加人的参与下经过证据收集、证明、审查等一系列证据环节作出行政决定。其中，行政主体实施一些证据活动、适用相关证据规则都旨在查清案件的事实真相，从而为最终行政决定的作出奠定基础。这一点区别于诉讼证据附属在最终的司法判决之上的特点。行政程序证据具有“附属性”的特征要求我们在研究行政程序证据制度时，一方面不能超脱行政决定的需要收集证据，证据的收集必须遵循合目的、关联性的规则；另一方面，行政程序证据存在行政程序过程中要求我们在研究行政程序证据制度时不能套用行政诉讼证据规则来研究行政程序证据规则。

三、行政程序证据具有专业性

由于行政机关处理的行政事务大多具有技术性，行政执法在很大程度上是技术执法。技术性的行政事务只能用技术性的事实材料来证明。例如，许可机关核发许可证执照等要先进行专业审查，出现交通事故要由公安交警部门进行勘察作现场笔录等。行政机关和其工作人员都有专门的业务分工，行政专业化造就的是经验丰富的各类专家。再说，行政机关收集证据的方法手段具有多样性，查证、举证能力强。而且因为行政行为复杂多样，不同行政行为的证据需要不同的证明标准和举证义务，这些也都具有技术性和专业性。此外，行政程序证据的专业性还体现在行政行为与司法行为的本质区别上，相应的规范行政行为的行政程序证据规则和规范司法行为的诉讼证据规则也就不同。司法强调公正，行政突出效率，行政程序中的证据规则要比诉讼程序中的证据规则更注重效率。专业性是行政的优势，由专家组成的行政机关认定行政事实的能力比法官强，这种优势要在行政程序证据制度中体现出来。行政程序证据具有“专业性”的特征，因此实践部分特别是司法部门在一定程度上应该尊重这种“专业性”，这是行政主体的优势，其通过行政程序证据制度可以得到很好的体现。

四、行政程序证据具有形成性

行政程序证据的“形成性”是相对于行政诉讼证据所具有的审查性特征而言的[①]，其特指用于初次确定权利义务、产生新的行政法律关系的属性。由于在行政机关作出具体行政行为之前，公民、法人或其他组织的权利义务处于抽象、静止的状态，仅仅是法定权利，而不是具体权利，在行政机关和相对人之间不存在现实的行政法律关系。因此，只要行政程序证据起到了相应的证明作用，就可以作出确定相对人权利义务和形成行政法律关系的具体行政行为。行政程序证据具有“形成性”的特征，有助于我们区别将其于行政诉讼证据所具有的审查性特征。

五、行政程序证据具有间接影响权益性

行政程序证据的“间接影响权益性”是指行政程序证据本身并不会对行政相对人的实体权利义务产生直接的影响，因为证据活动仅仅是为最终作出行政决定服务的，而只有最终的行政决定才有可能对相对人的实体权利义务作出处分。正是由于行政程序证据的这一属性，针对行政程序证据活动的法律救济手段也有所不同。通常情况下，行政相对人只能在针对行政决定所提出的争讼中“附带”地要求对行政程序证据活动（如证据收集、说明理由、听证等活动中程序性行政行为）进行审查，即不能单独就行政程序证据活动直接提出法律救济请求，除非行政主体在证据活动过程中“额外”地侵犯到了行政相对人的实体权利。一些国家和地区的行政程序法也对此作出了相似的规定。例如，我国台湾地区“行政程序法”第一百七十四条规定，“当事人或利害关系人不服行政机关于行政程序中所为之决定或处置，仅得于对实体决定声明不服时一并声明之。但行政机

① 行政诉讼证据的审查性是指对行政程序中已经使用过的证据进行复查，以查明是否存在不合理或者不合法的情况。对行政机关已经确定的权利义务和建立起来的行政法律关系进行审查是法院作出维持、撤销、变更或履行等判决的基础，而行政诉讼证据的作用是对行政程序证据进行事后的证明，是对行政机关使用行政证据情况的复查。参见韦爱华：《论行政证据与行政诉讼证据的区别与联系》，http：//www. cncasky. com/get/lltt/fxlw/20071226000436622. html，访问日期 2009 年 11 月 12 日。

关之决定或处置得强制执行或本法或其他法规另有规定者，不在此限。”行政程序证据的“间接影响权益性”特征导致行政机关在实践中往往忽视证据活动中的微观法治问题，甚至漠视证据规则，因此有必要在法治的理念指导下系统地研究行政程序证据制度，提升全社会对行政程序证据制度、规则的重视。

以上是行政程序证据的主要特点，而行政程序证据制度及其相关规则也必须体现这五大特点——这显然是一般诉讼证据规则不可能代替的。行政程序证据存在这些特征的根本原因还是法院与行政主体分别行使不同的国家权力，行政与司法的分工自然导致其在证据问题上有着各自的视角和优势。这表现在：第一，行政程序相较于其他国家权力行使程序，尤其是司法程序，最显著的不同在于行政机关在行政程序中既是当事人（程序的主体），又是决定人（决策的主体），有“球员兼裁判”的特征。行政程序是审问式程序，行政机关在其中起积极主导作用。与再现已经发生的事实的审判程序不同，它具有探索未知的科学调查程序的某些特征。如何避免行政主体的“球员”和“裁判”这两个角色之间发生利益冲突，确保决策的公正，是在行政程序设计上需要普遍考虑的问题。第二，行政程序的主体是行政专家，有专门的业务分工，具备法律和技术的专长和处理日常事务的丰富经验，不应完全受烦琐复杂的诉讼证据规则的约束。第三，行政事务（即行政程序证据的证明对象）数量大、种类多，远非法院能及，采用法院的证据规则会严重妨害行政效率，不能适应行政机关经常要作出大量行政裁决的需要。因此，行政程序证据势必具有自身的特点。当然，行政程序证据规则的独立性是相对的，而非绝对的。例如，美国《联邦法院和司法官证据规则》为诉讼规定了严密科学的证据制度，同时还在行政程序法中设立了专门的证据规则，如官方认知范围、证明成熟性原则等。但是，美国的判例和法律并不禁止行政机关在一定条件下参照法院的证据规则，行政机关在证据问题上具有相当的自由裁量权。

总之，行政权与司法权本质的差异导致行政机关和法院的性质和职能各不相同，要遵循不同的认识活动规则，这也导致行政程序证据具有区别于一般诉讼证据的独特特征。认识行政程序证据的独特特征有利于发挥行政程序在保证事实认定正确性和准确性上的作用，有利于构建独立的行政程序证据制度体系。

第三节　行政程序证据属性的讨论

一、学界关于证据属性的争论

因与证据概念唇齿相依、密切相关，有关证据属性的争论也从未停止过。自20世纪50年代以来，法学界对证据的属性有很多争论，其中争议最大的莫过于“两性说”和“三性说”。“三性说”即证据的属性包括客观性、关联性和合法性。“两性说”则认为证据的属性只包括客观性和关联性。

（一）证据“三性说”

目前，我国大多数学者仍认为任何证据都必须同时具备客观性、关联性和合法性这三个属性，因为“证据的客观性、关联性和合法性是相互联系的，缺少其中任何一点，都不能作为证据”。[①] 客观性是指作为案件证据的客观物质痕迹和主观知觉痕迹，都是已经发生的案件事实的客观反映，不是主观想象、猜测和捏造的事物。关联性也称相关性，是指证据必须与案件事实有实质性联系，从而对案件事实有证明作用。合法性也称法律性，是指证据的形式、收集、出示和查证都由法律予以规范和调整，作为定案根据的证据必须符合法律规定的采证标准，为法律所容许。[②] “三性说”坚持认为合法性是证据必不可少的属性之一，认为合法性是客观性和关联性的保障，是证据内容与形式的有力结合，失去了合法性，就失去了证据的意义。

（二）证据“两性说”

“两性说”只承认证据的客观性和关联性，认为合法性不是证据的特征[③]。坚持“两性说”的学者们认为，证据具有法律效力，但是证据本身不是法律事实，本身不具有法律性。证据的真实与否与收集的手段是否合法不是一回事，如果仅认为被法官用来定案的依据是证据，而那些没被法官采纳、收集

---

① 张仲麟主编：《刑事诉讼法新论》，中国人民大学出版社1993年版，第231页。

② 陈光中、徐静村编：《刑事诉讼法学》，中国政法大学出版社1999年版，第163－165页。

③ 参见陈一云主编：《证据学》，中国人民大学出版社1991年版，第104－107页。

手段不合法的证据就不被当作证据的话，很明显否定了证据的客观性，也不利于发现案件真相，违背了证据证明活动的根本目的。

二、关于证据是否应具有“合法性”的讨论

“两性说”与“三性说”争议的焦点在于“合法性”应否成为证据的属性。笔者以为，强调证据合法性将带来很多的问题：

第一，坚持证据的“合法性”将陷入“白马非马”的尴尬境地。[①] 因为，如果合法性是证据的基本属性，则必然得出“非法证据因其不具有合法性，所以不是证据”的结论，即“非法证据（白马）不是证据（马）”。又因为证据是否具有合法性是由掌握国家审判权的审判人员来进行审查判断的，经审查判断后，法官对认为具备“三性”的证据依法采信，但对于虽然具有客观性、关联性，但不具有合法性的证据，依法不予采信。因此，司法实践中又有被采信的证据和未被采信的证据之别。例如，有观点认为，“在现实生活中，人们往往从两种意义上使用证据一词，一种是当事人向法院提供的或者法院调查收集的而尚未经质证、认证的书证、物证、视听资料等，另一种是法院判决中用来认定事实的书证、物证等。前一种尚未经法庭审核，是否符合证据的条件尚不能确定，因此称之为证据是不确切的，准确的名称应是证据材料。后一种才是确切意义上的民事诉讼证据。”[②] 其实这仍然没有跳出上述的逻辑悖论，因为这又陷入“未被采信的证据（白马）不是证据（马）”的困境。

第二，证据“合法性”极易造成人们对“证据”一词在使用上的混乱。例如，当事人提交证据、法院采信的证据、新证据、非法证据的排除等，在不同语境中“证据”的含义有别。所以，即使是权威的诉讼法学教科书，作者也只好尴尬地告诫读者：“由于人们已习惯于用证据一词来称呼证据材料和证据，本书在使用时也不作区分，但读者应注意它在特定语境中的含义。”意即作者在教科书中所说的“证据”并不一定都是证据，有的应该称为“证据材料”。[③] 本来，证据的概念并不那么晦涩难懂，就连一般老百姓也知道“捉

---

① 参见袁源：《我国证据制度的“白马非马论”——浅谈证据的概念和属性》，《辽宁行政学院学报》2009 年第 9 期。

②③ 江伟、汤维建编：《民事诉讼法》，中国人民大学出版社 2004 年版，第 163 页。

贼捉赃”，“赃”即是证据，是能够证明“贼”的事实。可是现在，如果“捉赃”违法，这“赃”就不是证据了。理论研究中“证据”的含义与人们日常所说的“证据”看来相去甚远。

第三，证据“合法性说”极易导致证据的客观标准丧失，而代之以证据的主观标准。坚持证据的合法性要求判断某“证据材料”是否为证据的标准应具备这样两个相互关联的条件：一是该证据材料是否符合法律关于证据的规定；二是该证据材料能否被法官采纳并作为裁判的依据。可见，证据本来有其自身的客观标准，但仅符合客观标准是不行的，它们“还必须经过法律的选择”，或者说必须经过法官的选择。然而法律标准是人定的，是人的主观意志的产物。虽说立法也要遵从客观规律，诉讼法应该遵从诉讼规律，但各国关于证据的立法并非完全一致，而是差异很大，足见其主观性。而法官的选择，依“法”选择之“法”就是主观标准，再对法律进行解释，对证据材料进行分析判断、决定取舍的过程就更具主观性了。

第四，证据“合法性说”将使得证据的外延被大打折扣。若依客观性、关联性标准来界定证据的外延，则凡是能够证明案件事实情况的一切信息资料都是证据。而按照证据“合法性说”，则能够证明案件事实情况，具有客观性、关联性的信息资料也不一定都是证据。“合法性说”顺理成章地将那些不具有合法性的信息资料排除在证据之外。在我国目前条件下，法律没有赋予当事人及其代理律师足够的取证能力，辩论原则、处分原则等在规定上存在缺陷和不足，尚不能形成对法官行使裁判权的有效约束机制。裁判规则简陋导致有时是以证据比较代替事实依据来下判决的。虽然法律追求的客观真实（绝对真实）有时只能是一种理想状态，法律真实（相对真实）才是现实的，但要使法律真实尽可能地接近客观真实，没有足够的证据是不行的。

第五，坚持证据属性的“合法性”，将会造成与“非法证据排除规则”在理论、实践上的矛盾和冲突。证据属性是研究证据不可回避的基本问题，对证据属性的界定也是构建证据学说及制定证据法的理论基础。如果承认“合法性”是证据的属性之一，那么不具有“合法性”的一切文字、实物、证人证言、视听资料等，都不是证据，不能作为判案的依据。如此一来，“非法证据排除”问题其实在证据属性的研究中就已经解决了。可事实上，尽管并非每个国家在证据法中都建立了“非法证据排除规则”，但有诸多国家的学者和司法实践致力于在实践和理论上就这一问题进行研究和应用——至少反映出这是必要的。在我国，“非法证据排除规则”也是证据法学理论体系的重要组成部分。退一步说，如果将“非法证据排除规则”视为对证据“合法性”的进一步界定，未免有些牵强，也不是“非法证据排除规则”的本来含义。况且，“非法证据排除规则”不仅规定了非法证据的排除规则，还规定了一些例外规则，即确立不同情况决定排除或采信的“规则”（后文将详细论述）。如此，显然与证据属性包括“合法性”理论存在矛盾与冲突。

基于以上分析，笔者倾向于证据的“两性说”，即只要具有客观性、关联性，也就具备了证据实体意义上的属性，就是证据。证据本身其实不存在合法与不合法的问题，它只是客观存在的一个事实，没有必要为了强调证据能力，人为地强把证据“合法性”拉进来作为证据的属性。正如有学者所言，行政程序证据的证明对象是行政事务，而对行政行为是否合法、是否适当的证据，行政主体是不侧重的。一般来讲，行政主体收集到证据以作出行政行为，它不再刻意收集证明这些行政行为是否合法的证据。[①] 事实上，证据是否具有合法性探讨的是证据能力和资格的问题，证据能力完全可以由法律设定条件，规定只有具有合法性的证据才具有证据能力，这与证据属性并不是一回事，不能混为一谈。

三、本书关于证据属性以及行政程序证据属性的进一步分析

以上关于证据属性的讨论，其实细究起来，探讨的只是证据的实体属性，它只是证据基本属性之一。笔者以为，证据的基本属性包括证据的实体属性和程序属性。前者指的是证据本身所具有的证明力的性质，它包含证明案件实体上的证明力和案件程序上的证明力。在证据的实体属性中，证据应具有客观性和关联性。[②] 而后者指证据具有能否成为定案证据的性质。证据的程序属性要求：①证据的形式必须符合法律规定的形式；②证

① 参见才凤敏：《浅析行政证据与行政诉讼证据》，《甘肃行政学院学报》2004 年第 1 期。

② 基于上文分析，证据实体的内容与来源的合法性不应列入其内，如民事合同中因违反法律、行政法规的强制性规定而无效合同应列为定案的证据，作为证据的无效合同证明了当事人之间的关系，也是证明合同无效的证据，由此可以得出证据的实体合法与否不影响证据作为定案证据的效力。

据的来源不违反法律。以此来看，行政程序证据虽然是行政程序中运用的证据，但也是实体行政决定赖以作出的根据，因此可以说行政程序证据具有证据一般的基本属性，即实体属性和程序属性。行政程序证据的实体属性指的是行政程序证据实体上产生的证明力的性质。其实体属性中的证据具有客观性和关联性。行政程序证据的客观性是指行政程序证据必须真实，包括证据形式上的真实和内容上的真实。其中，形式上的真实是内容真实的前提和保证，真实性的核心是内容的真实。行政程序证据的关联性是指行政程序中证据与行政机关作出行政决定需要的待证事实之间的逻辑关系，即只有对待证事实有证明作用的材料才能成为行政程序证据。与待证事实无关的材料自然不具有行政程序证据的意义和价值。行政程序证据的程序属性是指行政程序证据具有能否成为行政机关作出行政决定依据的性质。其程序属性中的证据应具有以下特点：①行政程序证据的形式必须符合法律规定的形式；②行政程序证据的来源不违反法律规定的程序要求。

退一步讲，如果我们承认证据的“合法性”，并预设行政程序证据的“合法性”，将至少导致行政程序证据属性与行政诉讼证据属性的逻辑冲突。我们知道，行政诉讼中法院审查的对象应该是行政程序中认定的证据，但这些证据还不一定是行政诉讼中的可定案证据。行政诉讼中仍需要对这些形式意义上的证据进行一番“去粗取精、去伪存真、由此及彼、由表及里”的审查，才能使其具有法定形式，被纳入行政诉讼程序来证明案件真实情况。如果行政诉讼通过审查否定了行政程序证据，将导致行政程序证据坚持的“合法性”也只是处于一种不稳定的状态，即在证据具有“合法性”的大逻辑前提下，存在用行政诉讼证据的“合法性”来否定行政程序证据“合法性”的逻辑悖论。[①]

因此笔者以为，合法性也只能是行政程序证据的可采性标准，而不是行政程序证据的属性，这是客观认识证据的结论。不将“合法性”作为行政程序证据的实体属性，并非取消合法性，也非合法性不重要。合法性的

---

① 在2002年北京大学公法研究中心组织的《行政程序法（试拟稿）》理论研讨会上，针对姜明安教授主持起草的行政程序法试拟稿，周卫平提出，应采纳学界对于证据的一般认识，规定证据的三种属性：客观性、关联性和合法性。对此，钟瑞友则主张第五十二条的“合法”应改为“依法”，因为合法与否最后只能依赖法院的审查。参见毕洪海等：《〈行政程序法（试拟稿）〉理论研讨会综述》，http：//www. publiclaw. cn/article/Details. asp？ NewsId = 70&classid = 6&classname = 中心动态，访问时间2009年11月20日。

重要意义在于，强调行政机关在作出行政决定过程时，必须按照法律规定的条件采信证据。这里的合法性要求准确地说应该是“依法性”，即依法采证。也就是说，凡是与作出行政决定依赖的事实具有客观性、关联性的信息材料都是行政程序证据，原则上都可以用来认定案件事实，但是法律出于平衡各种利益的需要，有必要构建行政程序中“非法证据排除”的认证规则。根据该规则，被排除的行政程序证据不能作为作出行政决定的裁定依据。对此，《最高人民法院关于行政诉讼证据若干问题的规定》第五十七条明确规定，“严重违反法定程序收集的证据材料”、“以偷拍、偷录、窃听等手段获取侵害他人合法权益的证据材料”、“以利诱、欺诈、胁迫、暴力等不正当手段获取的证据材料”不能作为定案依据，由于行政诉讼证据是对行政程序证据的复审和再现，因此基本确立了我国的“非法证据排除规则”。对此，后文将进一步详述。

第四节　行政程序证据的种类

为了科学地说明并认识行政程序证据，我们有必要对行政程序证据及其表现形式进行科学的分类研究。一般而言，证据的分类是指在理论上根据不同的标准将证据划分为不同的类别，其目的在于研究不同类别证据的特点及其运用规律，以指导具体的办案工作。例如，按照证据来源的不同可以将证据划分为原始证据和传来证据；根据证据与主要案件事实的关系可以分为直接证据与间接证据；等等。[①] 而法律上规定的证据种类，虽然也是对证据的一种分类，但更是立法者根据科学技术的发展水平以及证据的存在和表现形式，对证据所作的法律上的划分。其目的在于使具有共同本质属性的证据材料归为一类，然后予以抽象概括，这样便于人们对其的认识、理解和运用。因此，行政程序证据种类的划分是相关证据制度成熟与否的重要标尺之一。

---

① 原始证据是指直接来源于违法行为等案件事实的证据，也就是第一手证据；传来证据是指间接来源于案件事实的证据，如转述、转抄、复制的材料。直接证据是指能单独直接证明案件主要事实的证据；间接证据是指不能单独直接证明，而应与其他证据相结合才能证明案件主要事实的证据。

一、域外有关行政程序证据种类的立法状况

由于司法审查程序后置于行政程序，因此行政程序中采用的证据种类应当与诉讼证据种类大体一致，但行政程序的特殊性决定了行政程序证据种类不可能与诉讼证据种类完全一致。大陆法系国家一般将行政程序证据种类规定在行政程序法法典中，英美法系国家则往往通过判例或通过单行法规对行政程序证据进行一系列规定。从已有的各国行政程序法的规定来看，行政程序中的证据范围往往较宽，被排除的证据较少。例如，奥地利《普通行政程序法》第 46 条规定，“凡适于确定主要事实，并依各个案件之情况有助于达成目的者，皆得视为证据。”美国《联邦行政程序法》第 556 条则规定，“任何口头或书面证据均可采用”。除此之外，美国法院还认可了行政机关在行政程序中采用传闻证据，而传闻证据在诉讼程序中是被排除的，是不能作为证据使用的。美国关于证据的规定与大陆法系国家还有一个明显的区别：大陆法系国家一般在行政程序法中规定了证据种类，而不规定应当排除作为证据的情况；美国在其《联邦行政程序法》中未规定证据的种类，但规定了应当排除作为证据的几种情况。

在大陆法系中，奥地利《普通行政程序法》规定行政程序中的证据主要有：文书；证人证言；参与人陈述；鉴定结论；勘验结果；间接搜集与调查证据。瑞士《行政程序法》第 12 条则规定，“官署依职权确定事实关系，必要时得使用下列证据：证书；当事人的报告；第三人的报告或证书；勘验；鉴定人的鉴定。”德国《联邦行政程序法》第 26 条规定，“行政机关可使用其根据合目的性裁量，认为对调查事实为必要的证据的方法，尤其是：收集各种资料；对参与人听证，询问证人和鉴定人，取得参与人、鉴定人和证人的书面声明；调阅书证和案卷；组织勘验。”同时，德国《联邦行政程序法》还规定了担保代宣誓制度，即证人的宣誓证言应当是一种证据类型。从这些国家的法律规定来看，行政程序中的证据种类有书证、当事人陈述、证人证言、勘验笔录、鉴定结论和行政机关调查的其他证据，物证一般未被列入证据种类。由于西方国家强调听证在行政程序中的作用，并规定听证笔录在行政决定中具有重要作用，因此听证笔录在西方国家通常被认为是一种证据类型。

二、我国行政程序证据种类的探讨

我国尚未制定统一的行政程序法，有关具体行政行为作出过程中的证据种类由于分散在众多部门行政法中，因此很难归纳。相对而言，我国三大诉讼法都对证据的种类进行了明确规定，考虑到行政程序具有司法程序类似的裁决性，因此诉讼法中的证据种类对行政程序证据种类的研究具有一定参考意义。

（一）三大诉讼法中的证据种类

我国《刑事诉讼法》第四十二条规定我国刑事诉讼中的证据有七种类型：物证、书证；证人证言；被害人陈述；犯罪嫌疑人、被告人供述和辩解；鉴定结论；勘验、检查笔录；视听资料。我国《民事诉讼法》第六十三条规定我国民事诉讼中的证据有八种：当事人的描述；书证；物证；视听资料；电子数据；证人证言；鉴定意见；勘验笔录。我国《行政诉讼法》第三十三条规定的行政诉讼中的证据共有八种，分别是：书证；物证；视听材料；电子数据；证人证言；当事人的陈述；鉴定意见；勘验笔录、现场笔录。

我国三大诉讼法在证据种类上的划分有同有异，相同的证据有：物证、书证、证人证言、鉴定结论、视听资料。刑事诉讼特有证据种类为被害人陈述与犯罪嫌疑人、被告人供述和辩解。民事诉讼和行政诉讼证据种类基本相同。三大诉讼法如此划分种类是否具有科学合理性？如果不具有科学合理性，我们又应构建一个怎样的行政程序证据种类？

（二）有关我国行政程序证据种类立法方式的讨论

首先，我国三大诉讼法关于证据种类的不合理性体现在它的封闭性上。目前，我国证据种类采用列举式似乎反映了我们在面对证据种类时的“自信”——相信我们的认知能力。但是正如有学者所言，“世界上的事物是无限的……怎么可以用当时立法者的认识程度限制无限的证据形态呢，这无疑将许多证据排除在证据之外。”① 而且，“伴随着过去五十年惊人的科学技术进步，新的事实确认方式已经开始在社会各个领域（包括司法领域）挑战传统的事实认定方法。越来越多对诉讼程序非常重要的事实现在只能通

① 樊崇义：《诉讼法学研究》（第七卷），中国检察出版社 2004 年版，第 319 页。

过高科技手段查明。随着人类感官察觉的事实与用来发掘感官所不能及的世界的辅助工具揭示的真相之间的鸿沟的扩大，人类感官在事实认定中的重要性已经开始下降。”[①] 所以“随着社会的进步和科学技术的发展，总会有新的证据形式出现”。[②] 可见，对于证据种类的规定，必须要具有前瞻的视野，开放的心态，而不应仅以现在所认知的范围为限。“对证据的探索，是一种最贴近实际的命题，不能随心所欲地创设一种系统的或一成不变的定式，而是适应现实生活的不同情况和需要。”[③]

其次，在立法中采用封闭式的列举法与法律本身相冲突。我国《刑事诉讼法》第四十二条第一款规定，“证明案件真实情况的一切事实，都是证据。”第二款紧接着就罗列了证据的七种形式，而这七种是证据的常见种类，并非全部。“既然证明案件真实情况的一切事实都是证据，那么这些‘事实’的载体和表现形式显然是多种多样的，而随着时间的推移和社会科学水平的发展，能够证明案件事实的证据形式越来越多，因而，对证据方法进行列举式的规定，是不够合理的，限制了证据方法的发展变化。”[④] 这样，本来为了起到明示作用更好地引导人们使用证据反而限制了证据的范围。可见，采用列举法也是同刑事诉讼的真正意图相抵触。

最后，我国证据种类的不合理性表现在证据种类划分标准的多样性上。物证、书证和人证是按照证据的外部表现形式对证据所作的法律分类。而书证、鉴定结论（仅指鉴定结论本身，而不涉及鉴定人）、勘验检查笔录则是按照制作证据的主体不同进行的分类：书证是一般主体；鉴定结论的制作主体是鉴定人；勘验、检查笔录的制作主体是侦查人员。书证和视听资料划分的标准是按照载体不同进行的划分：书证是普通载体（纸张、金石等），视听资料的载体是科技载体（录音带、录像带、光盘、磁盘等）。另外，证人证言和被害人陈述、犯罪嫌疑人、被告人供述和辩解则是按照证据的来源不同进行的划分：证人证言来自于证人，被害人陈述来自于被害人，犯罪嫌疑人、被告人的供述和辩解来自于犯罪嫌疑人、被告人。可见，我国证据种类内部的划分标准是多重的，这违反了逻辑划分在同一次划分

① 米尔建·R. 达马斯卡：《漂流的证据法》，李学军等译，中国政法大学出版社 2003 年版，第 200 页。

② 何家弘：《证据学论坛》（第一卷），中国检察出版社 2000 年版，第 411 页。

③ 转引自毕玉谦：《民事证据法及其程序功能》，法律出版社 1997 年版，第 34 页。

④ 章武生、段厚省：《民事诉讼法学原理》，上海人民出版社 2005 年版，第 304－305 页。

时应秉持的单一标准原则，证据种类之间存在相互包容、相互交叉的情况，这违反了被划项各自独立、彼此相离的要求。

可见，三大诉讼法的证据种类划分欠缺一定的科学性和合理性，行政程序证据种类立法方式就更不能萧规曹随。从比较法角度来看，大陆法系国家一般将证据种类规定在行政程序法法典中，英美法系国家往往通过判例或通过单行法规对证据进行一系列规定。但是从已有的各国行政程序法的规定来看，行政程序中的证据范围往往制定得比较宽泛。例如奥地利《普通行政程序法》第 46 条规定，“凡适于确定主要事实，并依各个案件之情况有助于达成目的者，皆得视为证据”。再如德国《联邦行政程序法》第 26 条规定，“行政机关可使用其根据合目的性裁量，认为对调查事实为必要的证据的方法，尤其是：收集各种资料；对参与人听证，询问证人和鉴定人，取得参与人、鉴定人和证人的书面声明；调阅书证和案卷；组织勘验”。德国的相关立法方式就是一种开放式列举，并没有排除行政程序其他证据种类的存在。

如前文所述，由于我国三大诉讼法证据种类划分标准的多样性，证据种类之间相互交叉、相互包容。以书证与视听资料、勘验检查笔录、鉴定结论为例，这些都是以记载和表达的信息来发挥其作为证据的作用，因此完全可以将它们归为一类，合称“物证”。而证人证言、被害人陈述、犯罪嫌疑人被告人供述和辩解，都是以其自身就案件事实的感知来作为证据使用，故可合称为“人证”。可见，证据种类完全可以按照证据的外部表现形式来进行法律分类。如果说对证据进行种类划分确有必要的话，笔者以为最好的分类标准莫过于按照证据的外部表现形式划分。因此，如果以证据形式进行彻底的分类，证据种类应该只有物证和人证。

人证是指以人的陈述为存在和表现形式的证据，主要有当事人陈述、证人证言等；物证是指以实物形态为存在和表现形式的证据，包括书证、视听资料、勘验笔录、现场笔录等。其中，勘验笔录和现场笔录是执法人员对有关场所、状况的客观记载，而不是执法人员的意见和判断，故被归入物证。

与人证相比，物证具有客观性、稳定性强，不易失真的特点。在行政行为作出过程中，仅靠言词证据定案是不可靠的，仅凭当事人陈述来认定违法事实的存在更是错误的。因此在办案过程中，应把人证与物证结合起来使用，相互印证，相互补充，最终达到证明案件事实的目的。

此外，随着电子信息技术的飞速发展，以互联网为载体的电子数据也被行政执法实践所广泛采用，如在2010年受到广泛关注的“兽兽门”事件中，一名李姓男子通过邮箱发送视频链接（注意不是视频文件）来传播“兽兽门”的3段色情视频，警方掌握其传播视频的相关证据，并予以行政拘留。[①] 这样的视频链接显然不能划归于视听材料之类的证据种类，相关网上数据、电子化材料等信息虽然具有一定虚拟性，但同样具备了一定的法律证明作用。电子数据证据价值在法学研究中也得到相当的肯定，新《行政诉讼法》将电子数据作为证据的一种形式加以规定，确立了电子证据的法律地位，体现了证据制度回应社会的发展。

对行政程序证据的种类予以明确规定无疑使行政程序立法更加完善、更加科学合理。关于相应的行政程序证据分类的立法模式，在应松年教授主持的《行政程序法》试拟稿“证据”一节的制定过程中存在两种方案：一种是在第一款明确规定证据的定义，同时在第二款明确列举行政程序证据的形式；另一种是只界定行政程序证据的定义，对行政程序证据的形式不作列举的规定。笔者以为，参照国外（特别是奥地利和德国）行政程序法的立法经验，“概括+开放式列举”不失为我国未来行政程序法证据种类立法的一种理想模式。“概括”的立法方式就是要确立“行政程序中证明主体提出的欲证明自己主张的材料都是行政程序证据”的一般规定，也就是说行政机关在行政程序中可以接受任何证据。此外，可以通过按照人证、物证、电子数据的划分方式和具体表现形式对主要行政程序证据形式进行列举规定。

第五节　行政程序证据制度的界定及其功能分析

所谓证据制度，一般是指规定证据的形式、证据收集、审查判断以及如何运用证据证明案件事实的法律规范的总称，是一国关于证据的一系列的规定、规范的总和。证据制度在整个法律制度中特别是诉讼程序中具有

---

① 参见《车模“艳照门”追踪：传播兽兽不雅视频者已被拘》，http：//www. china. com. cn/news/ent/2010－03/02/content_ 19501554_ 2. html，访问日期2010年3月4日。

举足轻重的地位，罗马法谚有云："举证之所在，败诉之所在。"俗语也有"用证据说话"、"打官司就是打证据"等说法，这些讲的都是双方证据力量的对比，但作为支撑和基础的还是证据制度。证据制度规定了如何收集证据，决定了何种事实该由哪方当事人承担证明责任，决定了何种证据可以作为定案证据及证明力的大小，决定了证明到何种程度时承担证明责任的当事人才卸下证明负担，决定了事实真伪不明时哪方当事人承担不利的后果。上述种种问题分别由证据收集、举证责任分配、证据认证、证据审查标准等具体制度及证据规则来解决的。以上涉及具体证据制度的问题是按证据活动本身的步骤、顺序来划分的，一定程度上对于认识行政程序证据具体制度同样具有帮助。

一、关于行政程序证据制度的讨论

行政程序作为一种典型的法律程序，其中的证据制度有着同样的重要性。正如我国台湾地区行政法学者罗传贤所言，"行政机关行使公权力作为各种行政行为，首先确定其所欲规制之事实关系，而事实关系则端赖调查事实及证据"。[①] 因此，行政程序证据制度势必与行政程序过程中围绕证据的一系列行为相关。至于"行政程序证据制度"概念的界定，应松年教授主编的《比较行政程序法》一书认为，"行政证据制度"是指由行政程序法规定的、有关行政程序证明的专门法律制度，并认为"行政证据制度"包括证明的主体、证明的手段、证明的客体、证明的程度、证明的方式、证明的效果等六要素。笔者以为该定义虽然抓住"证明"这一证据制度的典型特征，但是并不能反映行政程序证据制度的全部内容，而相应的"行政证据制度的六要素"大多仅从行政程序证据静态意义上的视角来观察，也不能全面客观反映若干行政程序证据具体制度。[②] 此外，以在中国期刊网搜索到的关于行政程序证据制度的论文来看，当前大多数学者对于行政程序证据制度的研究要么只抓住静态行政程序证据规则，如证据种类、证明对象、非法证据排除规则等，要么仅关注行政程序证据证明活动中某一些证

---

① 罗传贤：《行政程序法论》，五南图书出版公司 2002 年版，第 111 页。

② 例如应松年教授主编的《比较行政程序法》一书中对行政程序证据制度具体内容的讨论只涉及"证据种类"、"行政举证责任"、"行政证据的审查判断"三个具体制度。参见应松年编：《比较行政程序法》，中国法制出版社 1999 年版，第 295 页。

明规则，如举证责任分配规则、证明标准等，相关涉及的证据规则或者证明规则也没有反映出相互之间的逻辑关系，因此不能科学、全面地说明和反映行政程序证据制度内部结构和逻辑体系。

笔者以为，行政程序证据制度不仅应包括静态的行政程序证据规则（如证据种类、证明主体、证明对象等），还应包括动态的证据证明活动。以动态的证明程序来建构行政程序具体证据制度已引起一些学者的关注，并且他们进行了有益的尝试。例如章剑生教授早在《行政程序法学原理》一书中尝试将行政程序证据制度划分为“收集证据”、“运用证据”、“举证责任”三个具体制度，其中“运用证据”制度包括“印证”、“质证”、“定证”三种方法。此外，徐继敏教授在其《行政证据通论》一书中将证明过程划分为“调查和当事人提供证据”、“查证与核实”、“行政程序参与人陈述、申辩和质证”、“综合判断”以及“认定案件事实”几个环节。一定程度上较为全面地反映了行政程序证据证明活动的过程，当然仍然存在进一步完善的空间。笔者以为，行政程序证据制度作为行政程序的基本制度，而且行政程序一定程度上都是围绕证据问题展开，因此行政程序证据的证明过程一方面应该如实反映行政程序的运行过程，另一方面应如实反映证据证明活动的若干独立的具体证据制度。既不能以行政程序的步骤、环节代替行政程序证据证明活动的程序步骤、环节，也不能在论述具体证据制度时脱离自身程序的先后顺利和逻辑关系。对于从证据证明活动动态的角度对行政程序证据制度的内容结构进行的研究，必须以有关证据证明活动自身的运作程序性来安排行政程序证据制度中具体制度的逻辑关系。

因此，行政程序证据的证明过程理应包括完成证明任务的所有相关环节，并且应当采用科学方法，遵循逻辑思维的规律，最大限度地反映证明过程的客观实际。一般而言，行政机关作出一项行政决定所经的程序为：行政机关调查相关事实—行政机关说明理由依据—行政机关听取意见（包括听证程序）—行政机关作出决定。与该程序相对的，行政程序证据制度包括如下几个部分：取证制度（证据收集规则）—举证制度（证明责任分配规则）—质证制度（证据质证规则）—认证制度（证据认证规则）—证据审查制度（证明标准规则）。为后文行文论述的需要，以及基于前述行政程序概念的界定，笔者这里将行政程序证据制度界定为：行政主体主动调查、收集一切能证明案件真实情况的证据材料的活动，其他程序参与人提交能证明案件真实情况的证据材料的活动，以及行政主体对所有的证据材

料进行认证、审查等活动必须遵循的方法、步骤规则等一系列法律规范所构成的行政程序基本制度。对于行政程序证据制度这一概念，可以从以下几方面进行理解：

（1）行政程序证据提交的主体是行政主体与其他程序参与人。如前所述，行政程序的主体不仅仅是行政主体还包括相对人和第三人等其他程序参与主体。行政行为虽然只能由行政机关作出，但行政程序的证明主体则包含行政机关、相对人和第三人，对于行政相对人和第三人提交的行政程序证据，行政机关必须审查，不能仅仅因为是相对人或第三人提交的证据而加以歧视，这在行政程序中显得非常重要。在行政程序中，以上三者各自承担相应的证明责任，以及不利后果的负担，所以应特别保障相对人和第三人所提出的证据不受歧视。相反，如果不是证明主体，不得直接参与证明活动，如果掌握相关证据，只能由证明主体进行调取，而后由证明主体提出，从而进入证明程序。

（2）行政程序证据制度是系统研究行政程序中围绕证据的一系列证据活动的制度体系。行政程序证据制度是有关行政主体取证、举证、质证、认证、查证等证据活动，其他程序参与人提交证据材料以及程序参与人各方质证的活动规范。相关证据行为是行政程序中的程序性行为、事实行为或者是程序参与人的公法行为[①]，它们是行政程序证据制度的表现形式，直接推动着相关具体证据制度的运作和功能的发挥，因此也是研究行政程序证据制度不可或缺的内容之一。

（3）行政程序证据制度是行政程序基本制度。行政程序法律制度的构建在形式上着重规定行政主体实体权力运用必须遵循的过程，相应的行政程序法也需要设计一系列的制度，如行政公开制度、听证制度、证据制度、回避制度等，这些相关制度是行政程序法中的基本制度。从行政程序法理论体系的角度来看，行政程序若干具体制度体系化、系统化构成的法律规范体系是行政程序法中的基本制度。行政程序证据制度也是围绕行政程序证据若干具体制度展开的。

（4）行政程序证据制度包括若干具体证据制度，与前述取证、举证、

① 相对人的公法行为，与私法行为不同，是指相对人以公法效果的发生为目的、以相对人的资格所为的行为。参见罗豪才、湛中乐：《行政法学（第二版）》，北京大学出版社 2006 年版，第 105 页。

质证、认证、查证等证据活动相对应的相关具体制度包括行政程序证据的证据收集制度、证明责任制度、质证制度、认证制度、证据审查制度等。证据的收集是认定事实的前提，证明责任制度是确认举证责任的分配，质证制度是证据对质过程，认证制度是确立证据能力的过程，证据的审查是认定事实的过程，通过该一系列证据行为实现了证据从程序意义到实体意义的转变。因此证据的取证、举证、质证、认证、查证都是典型的证据活动。进而，行政程序证据收集制度、证明责任制度、质证制度、认证制度、证据审查制度等是行政程序证据制度不可或缺的一部分。若干具体证据制度是行政程序证据制度的核心内容，因此研究行政程序证据制度必须对相关具体制度进行更为细致的研究。

二、行政程序证据制度的多元功能

行政程序中为什么需要证据制度？这似乎是一个非常简单的问题——行政机关在执法活动中要作出相关行政决定就必须依赖相关证据事实，于是就需要相应的证据规范，因而也就有了规范行政程序证据制度的系统法律规则。然而，这似乎又是一个非常复杂的问题——行政程序中的证据规则规范谁、规范什么、为什么要规范、如何规范？要具体回答这些问题，就需要对行政程序证据制度的功能进行全面的分析。

学界一般对“功能”一词使用频繁，但是其实质内涵和所指仍存在差异，主要有作用说、关系说、职能说等。其中，功能与作用的含义极为接近，因此大多数学者主张作用是功能的外化形式，功能是作用内在具有的功效和效能。[①] 探讨行政程序证据制度的各种功能，有助于全面揭示行政程序证据制度存在的正当性与现实性，并在行政程序中自觉运用行政程序证据制度，为实现行政目标服务。那么，行政程序证据制度具有或者应该具有什么样的功效和效能？笔者搜索了大陆近年来有关行政程序证据制度研究的文献，发现其一般都没有明确论述行政程序证据制度的功能，目前只有学者李牧阐述了行政（程序）证据的规制与保障功能。[②] 而徐继敏教授通过对证据制度在各国行政程序法中地位的考察，间接论述了证据制度对行

---

① 参见罗竹风主编：《汉语大词典》，汉语大词典出版社 1991 年版，第 769 页。

② 参见李牧：《论行政证据的规制与保障功能》，《武汉理工大学学报》2003 年第 3 期。

政程序的作用。[①] 笔者认为，行政程序证据制度是由人们制定出来的多种行政程序证据规则所组成的，虽然不同的国家以及同一个国家的不同历史时期，人们制定出来的行政程序证据规则可能具有不同的内容，不同的行政行为程序中的证据规则也可能具有不同的功能。但是，行政程序证据活动终究有其内在的要求与客观的规律，因此就整体而言，证据法应该具有基本的和相对稳定的功能。

另外，在分析行政程序证据制度的功能时，考察相关法律的立法宗旨是很有必要的。以美国为例，《美国联邦证据规则》第 102 条规定："解释本证据规则应注意到确保执法的公正，消除不合理的费用与拖延，促进证据法的成长与发展，以实现确定事实真相，公正处理诉讼。"[②] 《美国 1999 年统一证据规则》第 log 条 c 款"宗旨和解释"也规定："解释本证据规则必须要确保公正，消除不合理费用与拖延，促进证据法的成长与发展，以期最终能够确定真相，公正裁决争议。"[③] 此外，美国《加利福尼亚州证据法典》第 2 条和《新泽西州证据规则》第 5 条中也有类似的规定。通过上述规定，我们可以看出，立法宗旨所体现的一般司法证据法功能应该包括以下几个方面：①确定事实真相；②确保司法公正；③降低诉讼成本；④提高司法效率。[④] 行政程序证据制度同样作为一种裁决程序中的证据制度，一定程度上其功能也具有与一般证据制度类似的外部效果。

同时，在实现依法行政和程序正义背景下，行政程序证据制度的功能具有明显的时代特征。实现行政法治的理想和构建法治政府的目标要求行政执法过程顺应法治发展的时代潮流，依法行政和程序正义的理念赋予当代行政程序证据制度新的内涵和使命。行政程序证据制度在行政执法过程中扮演着越来越重要的角色，产生多重的积极功效。

当然我们也应考虑到，任何一个社会都会存在正负两方面的效用，行政程序证据制度也存在积极意义和消极意义两方面的功能。因此，我们需要扬长避短，推动行政程序证据制度积极功能的发挥，同时通过不断制度创新努力减弱其消极的功能。

---

① 徐继敏：《证据制度在行政程序法中的地位探析》，《河北法学》2004 年第 1 期。

② 何家弘、张卫平主编：《外国证据法选译》（下卷），人民法院出版社 2000 年版，第 566 页。

③ 转引自何家弘、张卫平主编：《外国证据法选译》（增补卷），人民法院出版社 2002 年版，第 13 页。

④ 参见何家弘：《证据法功能之探讨——兼与陈瑞华教授商榷》，《法商研究》2008 年第 2 期。

（一）行政程序证据制度的基本功能是为行政决定提供事实证明的根据

查明事实真相是任何证据制度的基本功能，证据法的绝大多数规则都将事实的导出作为其主要目标，因此证据法规范的就是一种认识活动，可以说，证据法基本上都是在围绕查明事实真相这个中心发展的。行政程序证据制度及其法律规范也不例外，所有可能影响相对人权益的行政行为都应该有客观、充足的证据加以证明，如果没有相关证据的支持，这个行政行为就是无效的或是违法的，甚至是不成立的。证据决定了行政行为的效力，决定了行政行为的合法性。因此，行政程序证据制度的健全有助于提高行政行为作出的精确性和确定性。首先，其有助于提高证据证明的精确性，确保作为行政决定前提的证据真实、可靠，这一点对于行政程序无疑至关重要。因为并非所有的证据都能将行政机关的认识带向正确的方向，行政机关作为事实审理者，为了避免其被错误的证据迷惑，理论界和实务界一般认为有必要将可用于证明的证据限定在一定范围内。这方面典型的就是行政程序中“关联性”证据规则。“关联性”（亦称“相关性”），是指证据与待证事实之间具有某种关联或联系，而且这种关联或联系可以作为证明待证事实存在与否的依据。而行政程序证据的关联性规则要求只有与行政程序中待证事实具有关联性的证据才可以被采纳，一切没有关联性的证据均不予采纳。例如，行政机关在对相对人作出行政处罚时，不得将相对人的犯罪前科或其他行政处罚的经历事实作为相对人是否事实违法行为的证据。其次，行政程序证据本身具有求真的本质，同时具有增进事实认定结果确定性、可预见性的作用，追求实体结果的理性成为行政程序证据制度发展的最初动力，对理性的追寻也构成了行政程序证据制度发展的主旋律。这方面的行政程序证据制度中的案卷排他性原则很好地反映了这一功能。在行政程序中，案卷排除规则要求行政行为只能以案卷作为依据，即以经过听证记录在卷的证据为事实根据，不能在案卷之外，以当事人未知悉的和未质证的证据为根据，行政认知除外。例如美国《联邦行政程序法》非常典型地规定了这一规则，该法第 556 条第 5 款规定：“证言、物证，连同程序中提出的文书和申请书，构成本编第 557 条规定的作为裁决依据的唯一案卷。”因此，我们可以说，保证行政人员准确地认定行政执法的事实是行政程序证据制度的基本功能。

（二）行政程序证据制度具有规范行政权有效行使的功能

法律是规范社会成员行为的准则。证据制度作为法律制度的组成部分，其基本功能当然也是规范人们的行为。一般证据法规范的是司法程序中的证据制度，英美法系国家证据法规范的对象首先是陪审员，其次是法官、检察官、警察、律师及其他诉讼参与人。大陆法系国家证据法规范的对象首先是法官，其次是各类诉讼参与人。而行政程序证据制度相应规范的是所有程序参与人，首先是行政机关，其次才是其他程序参与人，相应的行政程序证据制度就是规范行政权力行使的有效手段。如果说在证据制度产生之初，追求认识结果的正确和确定是证据法的唯一目标。那么随着法治的不断发展以及理论研究的不断深化，事实认定程序本身的重要性引起人们的关注。最初，程序的重要性仅从工具的角度被认识，因为科学合理的事实发现程序有助于得出正确的事实认定结果，但是，自“正当程序”这一法律概念于1215年第一次出现在英国的《大宪章》中以后，人们逐步意识到程序的意义还不仅限于此。程序不仅是引导我们认识过去的桥梁，更是使程序证明的结果获得正当性的必由之路。对证明程序独立价值的认识促使司法证明不断沿着制度化、技术化的方向发展，最终塑造了一个具有明显“形式化”特征的证明程序[①]，也相应影响着行政程序证据制度朝规范化、制度化方向去建构系统的“形式化”体系。行政主体在行政程序中是行政权的拥有者，在证据活动中具有优势和主导地位，但是这种“主导”并非“主宰”，其必须受到相关证据规则的约束。

行政程序证据制度规范行政权行使的功能表现为：第一，行政主体必须严格依据法律界定的身份行事，不能超越权限。第二，行政主体对事实的认识都必须按照法定的方式、通过法定的程序获得，在程序之外不允许形成认识。第三，证据提出的时间以及形式成为影响可采性或证明力的一个重要因素，表现为行政程序中举证时限制度对行政主体提出了限制。例如，行政主体在行政处罚程序中的取证时限为作出行政行为之前，在行政行为作出之后自行收集的证据不能作为行政行为合法的依据。而行政相对人和利害关系人提供证据却不在此限。第四，在证明的过程中，行政主体被要求严格依据法定的规则行事，不允许擅自解释、改变、创设规则，并且在形成对事实的认识过程中也不允许考虑规则以外的因素。

① 参见纪格非：《论证据法功能的当代转型——以民事诉讼为视角的分析》，《中国法学》2008年第2期。

（三）行政程序证据制度具有维护公共利益的功能

任何行政行为的作出必然涉及行政程序证据，没有行政程序证据的行政行为是无效的行政行为。这种执法势必导致损害公共利益而使少数人获取非法利益，或以侵犯个人利益来维护公共利益。最终公共利益与个人利益都得不到保障，这是与行政法精神相悖的。行政程序证据制度规范的不仅是行政主体还包括当事人、利害关系人等其他程序参与人的证据活动。行政程序证据制度基本上是在围绕查明事实真相这个中心发展的，因此行政程序证据制度不存在偏袒哪一方的可能和必要。以“非法证据排除规则”为例，“非法证据”具体表现形式很多，包括以偷拍、偷录、窃听等手段获取侵害他人合法权益的证据材料；当事人无正当事由超出法定期限提供的证据材料；未办理法定证明手续的域外证据材料；案件调查人、当事人无正当理由拒不提供原件、原物、又无其他证据印证，且对方不予认可的无法印证的复制件或者复制品；行政机关在作出具体行政行为后自行收集的证据；行政机关在行政程序中非法剥夺公民、法人或者其他组织依法享有的陈述、申辩或者听证权利所采用的证据等，其中既有针对行政主体也有针对相对方当事人等的证据要求，其根本目的在于维护行政程序中证据活动的客观、公正、合理，维护行政程序的稳定和广泛的认同，根本上在于维护公共利益。

行政程序证据制度的目标在于维护公共利益，维护法律程序的稳定、公正。降低行政程序中证明活动的成本和提高行政程序的效率都是行政程序维护公益的具体体现，也都是行政程序证据制度必须秉持的目标和原则。以“传闻证据排除规则”为例，行政机关对相对人作出的行政处罚依据原则上不得为道听途说的他人陈述。因为行政机关如果可以采纳传闻证据，那么它将不得不面对大量既不可靠、价值也不高的证据，势必造成行政程序时间上的拖延和行政资源的浪费。由此可见，“排除传闻证据规则”旨在维护公益，因此相对于行政机关来说，其有助于保证行政机关所采证言的可靠性，从而保证行政程序中事实认定的正确性，也降低行政成本和提高行政效率。同时，也兼顾了相对人一方，即有助于保障行政程序公正、保障人权，其根本在于行政程序证据制度是从维护公共利益的角度来设置的。

（四）行政程序证据制度具有保护相对人合法权益的重要功能

行政程序的本质在于维护程序的公平和正义，行政程序一定程度上提供了相对人在行政决定作出前权利救济的重要途径。正如英国那句古老的

法律格言所说："正义不仅要伸张，而且必须以看得见的方式被伸张。"相应的行政程序证据制度作为行政程序基本制度可以约束行政权力，保障相对人权利，其蕴含着深厚的人权保障色彩。从一定意义上说，行政程序是一种以特有的方式具体化尊重和保障人权的理念、保障权利实现的制度和秩序。从规范分析的角度来看，相对人在证明活动中的权利可以分为程序性权利和实体性权利。前者是为权利主体实现利益而设定的权利，后者是有直接利益指向的权利，两者是目的与手段、内容与形式的关系。相对人证明活动的程序性权利包括询问相对人时，相对人要求询问者出示证件的权利；在陈述时使用自己民族语言的权利；询问后核对笔录的权利等。实体性权利包括特定情形下拒绝作证的豁免权利、因作证遭受危险而请求人身保护的权利等。以行政程序中若干证据制度为例，典型的就是行政程序中案卷排除规则在证据制度中的广泛应用，这有利于排除行政主体在行政程序证明活动中恣意和妄为的可能，从而保障当事人的合法权益。而行政程序中排除以引诱、欺诈、胁迫、暴力等不正当手段获取的证据材料等也是从维护相对人程序权利的角度来保障证据收集符合程序正义。此外，行政程序中的证明责任制度、举证时限制度、听证中证据交换制度等都是旨在从制度设置角度维护相对人合法权益。可见，行政程序证据制度有助于保证行政程序自身的公正、正义，而且也从客观上维护相对人的合法权益，从而使行政程序法人权保障的功能不仅在制度上得以实现，也在实践中能够落到实处。

（五）行政程序证据制度的负面功能

行政程序证据制度作为一种行政程序制度，其效果、效能在实践中往往存在双面性。理想的行政程序证据制度的效能是积极的，但是在现实生活中，其显现的效能却可能是消极的。其负面功能表现在：

首先，行政程序证据制度精良的设计仍可能造成破坏公正、延误效率。通说认为：行政程序可以限制行政权行使中的恣意，尤其是自由裁量权行使中的恣意，可以有效地维护行政相对人的合法权益，保障行政权行使的效率，从而形成社会生活中的公平秩序。[①] 然而，现实的生活体验显示，通说的行政程序效能并没有完全实现，特别是在有关行政程序证据制度方面

① 马怀德：《行政程序立法研究：〈行政程序法〉草案建议稿及理由说明书》，法律出版社 2005 年版，第 4 页。

更是如此。例如，由于网络的发达，人们可以非常容易地获得国外的法律规章，而且很多行政人员具有良好的外语能力，可以独立阅读理解外文资料，迅速作出判断。但是，《最高人民法院关于行政诉讼证据若干问题的规定》对于涉外证据的一些形式要求①，条件非常严格，要经过“所在国公证机关证明—驻该国使领馆认证—附有具有翻译资质的机构翻译的或者其他翻译准确的中文译本”的三步走程序，如果遵循这一要求，审查效率会大大降低，但是不遵守这一规定，又会因证据不合法导致败诉的后果。此外，生活中还普遍存在着行政机关不自觉地遵从复杂的行政程序证据规则，从而在客观上损害行政相对人合法权益的事情。典型的就是在申请行为中，行政机关往往在实践中存在因为复杂、烦琐的行政程序证据规则造成许可时间拖延，给当事人带来不必要的麻烦。此种程序性要求造成的拖延耽搁，就可能使投资者失去市场，造成惨重损失；而像“非典”、地震、恐怖袭击一类突发事件的处置拖延耽搁，就可能使千百万人失去生命，造成重大社会灾难。对此，德国学者 Glaeser 指出，“即使有共同具体化公共福祉的目标，国家决定程序在实际进行过程中，亦可能变成个别分离的独立程序，而程序结果或多或少具有不完整的缺点，或甚至透过精良的拒绝战略拖延或裂解程序的进行。更糟的结果将导致国家权威的丧失以及公权力逐渐无法贯彻，以及公共福祉无法实现”。②

其次，行政程序中行政机关的优势地位使其极易操控程序运行，从而违背程序的目标。随着社会的发展，政府承担越来越多的行政职能和社会职能，面对纷繁复杂的社会事务，在行政过程中往往具有很大的自由裁量的空间。特别是证据收集过程中，由于调查职权主义的要求，行政机关往往由于缺乏法律依据具有很强的随意性，且多以公共利益为幌子，行政机关的调查取证具有极大的自由裁量空间，在实践中也极易造成很多弊端。

① 《最高人民法院关于行政诉讼证据若干问题的规定》第十六条规定：“当事人向人民法院提供的在中华人民共和国领域外形成的证据，应当说明来源，经所在国公证机关证明，并经中华人民共和国驻该国使领馆认证，或者履行中华人民共和国与证据所在国订立的有关条约中规定的证明手续。”第十七条规定：“当事人向人民法院提供外文书证或者外国语视听资料的，应当附有由具有翻译资质的机构翻译的或者其他翻译准确的中文译本，由翻译机构盖章或者翻译人员签名。”

② W. S. Glaeser，“Die Position der Bürger als Beteiligte im Entscheidung Verfahren gestalterder Vewaltung”，in P. Lerche，W. S. Glasesr，E. Schmidt – Aßmann，*Verfahren als Staat – und Verwaltungsrechtliche Kategorie*，1984，S. 62. 转引自萧文生：《行政执行制度中之当事人协力义务》，载台湾“行政法学会”编《当事人协力义务、行政调查、国家赔偿》，元照出版公司 2006 年版，第 76 页。

例如，在行政机关调查取证过程中，任意课予当事人协力义务，借以减轻行政负担、逃避行政职责，给当事人造成不必要的负担。甚至，行政机关在行政过程中刻意借助第三人协力，对相对方当事人进行处分，这个过程中就有可能出现“公私合谋”，行政部门借由合作的正当性恣意介入社会范畴、侵害公民利益，典型的就是行政执法中广泛存在的“钓鱼执法”现象。①

本章小结

行政程序证据制度主要是围绕行政程序证据展开的一系列证据制度，因此有必要对行政程序证据制度若干基本问题作相关介绍。行政程序证据作为证据的一种，和一般的证据属于种属关系，必然具有证据的一般属性。证据的“事实说”与“根据说”之争也影响到行政程序证据的认定。一定程度上“根据说”更能反映证据的本质，其从动态意义上不仅承认证据视为实现实体价值的依据，还有助于所有行政程序的参与主体关注证据活动的过程价值和程序意义。这样既可以让行政相对人、第三人等程序参与人充分参与程序活动，又可以有效制约和规范行政权力，从而在中国法治建设的进程中，有助于实现行政法治与正当程序的双重意义。行政程序与诉讼程序结构模式、价值取向的不同导致行政机关在行政程序中不可能完全采用法院的证据规则。行政程序证据势必具有区别于一般诉讼证据的独特特征。归纳起来，行政程序证据具有过程性、附属性、专业性、形成性、

---

① 2009 年 10 月，河南民工孙中界因被“钓鱼执法”而剁指自证“清白”，这一事件震动全国，上海交通管理部门乃至全国其他一些地方行政管理部门存在的“钓鱼执法”现象浮出水面，并招至社会舆论的一致“炮轰”。《人民日报》惊呼：“钓鱼式执法”危害猛于虎。《中国青年报》呼吁：砍掉“钓鱼执法”的指挥棒。与此同时，媒体还陆续曝光了西安市某派出所对嫖客进行“钓鱼执法”，深圳社保部门对医生进行的“钓鱼执法”……“钓鱼式执法”俨然成为近年来社会的热门话题，同时“钓鱼执法”也成了千夫所指、众人唾骂的行径。“钓鱼执法”不仅反映了某些行政执法部门利益背后的驱动效应，更反映了这些行政执法机关对公权力的滥用，对法律和良知的无视程度。“孙中界断指案”惨烈事实震惊民众的同时，也将质疑“钓鱼执法”合法性的矛头直指向相关执法部门。人们在质疑其执法合法性的同时，对于其提前锁定嫌疑人并利用不当手段“取证”的程序及过程是否触犯法律，也表示了质疑。

间接影响权益性等特征。关于行政程序证据属性的讨论，由于证据本身其实不存在合法与不合法的问题，它只是客观存在的一个事实，没有必要为了强调证据能力，人为地强行把证据“合法性”拉进来作为证据的属性。事实上，证据合法性的问题探讨的是证据能力和资格问题，证据能力完全可以由法律设定条件，规定只有依法采证的证据才具有证据能力，行政程序证据合法性与否还留由行政诉讼来审查。因此，证据的依法可采性要求与证据属性并不是一回事，更不能混为一谈。因此只要具有客观性、关联性，也就具备了证据实体意义上的属性，就是证据。况且，行政诉讼对行政程序证据的二次审查也表明行政程序证据不可能具有先验的合法性。对于行政程序证据种类问题的讨论，本书认为当前三大诉讼关于证据种类的划分不甚科学，按照证据的外部表现形式可以将行政程序证据划分为人证、物证、电子数据。此外，参照国外（特别是奥地利和德国）行政程序法的立法经验，“概括 + 开放式列举”不失为我国未来行政程序法证据种类立法的一种理想模式。“概括”的立法方式就是要确立“行政程序中证明主体提出的欲证明自己主张的材料都是行政程序证据”的一般规定，也就是说行政机关在行政程序中可以接受任何证据。此外，可以通过按照人证、物证、电子数据的划分方式和具体表现形式对主要行政程序证据形式进行列举规定。

行政程序证据制度是指行政主体主动调查、收集一切能证明案件真实情况的证据材料的活动，其他程序参与人提交能证明案件真实情况的证据材料的活动，以及行政主体对所有的证据材料进行认证、审查等活动必须遵循的方法、步骤规则等一系列法律规范所构成的行政程序基本制度。行政程序证据制度是行政程序的基本制度，同时行政程序一定程度上都是围绕证据问题展开，因此行政程序证据的证明过程一方面应该如实反映行政程序的运行过程，另一方面应如实反映证据证明活动的若干独立的具体证据制度。行政程序证据的证明过程应包括完成证明任务的所有相关环节，并且应当采用科学方法，遵循逻辑思维的规律，最大限度地反映证明过程的客观实际。一般而言，行政机关作出一项行政决定所经的程序为：行政机关调查相关事实—行政机关说明理由依据—行政机关听取意见（包括听证程序）—行政机关作出决定。与该程序相对的，行政程序证据制度包括如下几个部分：取证制度（证据收集规则）—举证制度（证明责任分配规则）—质证制度（质证规则）—认证制度（证据认证规则）—证据审查制

度（证明标准规则）。行政程序证据的功能有助于我们认识其功效，依法行政和程序正义的理念为当代行政程序证据制度赋予新的内涵和使命。行政程序证据制度在行政执法过程中扮演着越来越重要的角色，产生多重的积极功效。归纳起来，行政程序证据制度的功能具有为行政决定提供事实证明的根据的功能、规范行政权有效行使的功能、维护公共利益的功能、保护相对人合法权益的重要功能。同时，考虑到任何一个社会都会存在正负两方面的效用，行政程序证据制度也存在其消极意义方面的功能。因此，我们需要扬长避短，推动行政程序证据制度积极功能的发挥，同时通过制度的不断创新和完善来努力减弱其消极的功能。

第三章　行政程序证据制度价值分析

价值分析是针对相关问题的一个抽象理论分析，属于概然的评判范畴。价值分析方法有三种功能：一是引导制度本身的建构；二是在制度操作中的矫正、规范功能；三是制度运行后的总结、归纳功能。价值分析本身也是一个动态的分析过程。笔者这里借助行政程序证据制度的价值分析来探讨行政程序证据制度发展的追求目标和价值取向，以掌握规范和指引行政程序证据制度发展的内在尺度和标准。

第一节　行政程序的价值定位

行政程序证据制度作为行政程序基本制度之一，行政程序的价值势必对行政程序证据制度有着重要的影响，因此研究行政程序的价值对于深化认识行政程序证据制度的价值具有重要的指导意义。

一、行政程序价值的界定

“价值”一词本为经济学上的一个专门术语，指的是客体对主体生存、发展、完善的效应，其本质是客体主体化，是主客体相互作用中客体对主体本质力量的效应。[①] 后来在伦理学中被引申理解为“善”，即值得人们向往和追求的美好东西。从“善”的高度和意义上理解法的价值，就是指“正义”，正义就是政治学、法学中的“善”，其体现着人们对美好目标的向

① 参见王玉樑：《客体主体化与价值的哲学本质》，《哲学研究》1992 年第 7 期。

往和追求，而法律价值是价值的一种具体表现形式。行政程序隶属于法律程序。行政程序蕴含丰富、浓厚、宝贵的价值内涵，有必要深入阐发。行政程序价值，即行政程序的法律价值，是行政程序所具有的、能够满足人们某种主观需要的属性，又是在人与行政程序的关系背景中产生的，是行政法律价值的一部分。探讨行政程序的价值，就是探求行政程序证据制度的合理性及其对于达到某一行政行为所要追求的结果的有效性。

（一）行政程序的价值含义

从类型上看，“人们通常（将价值）区分为工具价值与固有价值，亦即作为方法的善和作为目的的善”。[①] 当然，作为法的价值，同样应包括实现正义的方法和法所固有的正义品质，即外在价值和内在价值。作为法的具体形态的程序法或法律化了的程序当然也有自己的外在价值与内在价值。因此，在对程序价值的理解中，也分为程序的工具性价值与目的性价值。

1. 行政程序价值的工具性价值

程序的工具性价值即程序在保障实体公正性方面体现出来的价值，即程序作为保障实体法规定的权利、义务得以合理、公平分配的手段出现。工具性价值强调行政程序是为保障行政实体的正确实施而存在的，它具有为行政实体服务的积极作用，是保障行政实体目标实现的工具和手段。工具价值是行政程序的一项重要价值。我们知道，规范社会各项权利义务关系的实体法律自身无法自动实现，从抽象的法律规范实现事实的权利、义务实际内容必须通过一定的步骤、顺序和方式，而程序法正是通过设定合理的步骤、顺序和方式为实体法的准确、及时实现搭设桥梁。程序的工具性价值是以实体法的实现为指向的，不是通过程序自身来体现的，因此工具价值实际上是一种结果价值。从行政程序的角度看，其工具价值是非常明显的。首先，行政程序的启动一般都以实现实体权利义务关系为目的，如环保机关对污染企业进行行政处罚是为了确保企业履行《环境保护法》各项义务，个人申报一项专利的许可是为了实现其《专利法》中规定的各项权利。其次，实体法权利义务的实现是以程序中查明、认定的事实为依据，因此行政程序应该确保在这一过程中能够及时、准确地查明事实。例如行政机关进行行政处罚要查明依据违法事实是否存在，是否授予公民某

① 《不列颠百科全书》，中国大百科全书出版社 1985 年版，第 4 卷，第 306 页。

项特定的专利许可要查明的申请人是否具有符合《专利法》第二十二至第二十五条规定的事实条件，因此程序中查明的事实是法律适用的前提和基础。最后，行政程序权利决定行政相对人的实体权利的获得。一项专利申请可能由于程序原因被驳回，但这个驳回决定对当事人的真正意义在于相对人取得专利的实体权利将无法实现。

从历史上讲，工具价值是程序最早被认可的价值，在一定时期内被认为是程序的主要价值甚至是唯一价值，以此为代表的就是程序工具主义理论。其认为程序只是实现实体法的工具和手段，程序的价值完全取决于是否能够实现实体法的内容。毫无疑问，程序的工具价值应该得到充分承认，而且程序这一价值也永远不会消失，这个事实并不会降低行政程序作用和地位。但承认程序工具价值绝不意味着程序只是实体法的附庸或附法，必须肯定程序自身具有独立的价值品质，其并不依附于实体法而存在。例如，正当程序充分尊重程序参与人的人格尊严、排除非法证据的使用等，都是程序工具主义理论无法解释的。而且，从现实上讲，随着行政程序理论和实践的逐步发展，程序的工具性依然被肯定，但对程序的价值关注更多地转移到其内在价值方面。

2. 行政程序的目的性价值

程序的目的性价值即程序自身所具有的内在价值。除了相对于行政实体所表现出来的工具性价值即外在价值之外，行政程序自身还具有其独立于实体之外的价值即行政程序的独立价值，鉴于这种价值是行政程序自身所表现出来、不依附于实体法而存在，我们也可以称之为“行政程序的内在价值”（Intrinsic Value），或称为“过程价值”（Process Value）。它是指法律程序作为一个过程所具有的、不依赖于其结果如何而存在并可以作为评价该法律程序作为一个过程是否“善”的那些价值标准。程序行政程序的内在价值有两个方面：一是其主观性方面，即行政程序作为法律制度在调节社会关系运行过程中满足了社会主体的哪些需要和期盼；二是其客观性方面，即行政程序赖以满足社会主体需要和期盼的性质和状况，换句话说，行政程序必须由哪些要素组成才能在运转过程中满足行政主体的需要和期盼。行政程序内在价值的主观性方面和客观性方面是相辅相成、互为条件的，没有价值的主观性，离开社会主体的需要，就无所谓价值存在；没有价值的客观性，忽略客体的性质和状况，社会主体的需要就没有载体。

因此，只有把主观的需要和客观的属性结合起来才能构成价值主体。[①]

行政程序目的性价值的发现一定程度上是现代程序正义理论的产物。20世纪70年代左右，在法哲学界曾经掀起一股研究程序正义的热潮，典型的就是罗尔斯《正义论》的出版。相关主张程序正义的学者[②]对功利主义将程序视为实体正义的手段或工具的立场进行了批判，提出程序自身具有不依赖于实体而存在的独立价值。另外，美国法学家罗伯特·萨默斯于1974年发表了具有深远影响力的论文《对法律程序的评价与改进——关于“程序价值”的陈辩》。其中提出，对法律程序的价值评价，除了“好结果效能”标准外，还存在一种独立的标准——程序价值。程序价值在此专指通过程序本身而不是通过结果所体现出来的价值标准。诸如当事人对程序的参与，程序所体现出来的理性、人道性、对个人尊严的尊重等就是用来对法律程序本身进行独立价值评价的程序价值。萨默斯认为，“程序价值是指我们据以将一项法律程序判断为好程序的程序价值，而这种价值标准要独立于程序可能具有的任何‘好结果效能’之外”。这样，萨默斯就为我们提供了两套各自独立的评价法律程序价值的标准：一套是“产生好结果”的价值，另一套是实现参与性统治、程序理性、对人的尊严予以尊重的价值。前者被称为服务于实体正义的价值，后者被称为程序正义本身的价值。[③]

行政程序自身所具有的内在价值是行政程序的独立价值，它既不同于行政实体价值，也不同于行政程序的工具价值，而是独立于二者之外的价值。原因有以下几点：第一，程序的合理性有其自身的评价标准。程序上的合理性判断，无须借助于法的实体内容就能够独立进行。第二，程序与实体法并不同步发展。实体法内容的优劣程度也并不必然决定法律程序内容的优劣，实体上好的结果并不表示符合程序善的要求，如采用非法证据作出实体上正确的法律决定。同样，满足了程序善的要求未必达到实体正确的结果。第三，法律程序在很多方面都保持其相对稳定性和历史的延续性。[④] 行政程序作为行政法的重要内容之一，理应具有法的一般共性，比照

---

① 参见杜一超：《行政程序的正义价值及其实现》，中国政法大学2009年博士学位论文，第16页。

② 除了罗尔斯，R. 庞德、朗·富勒、哈特、伯尔曼等也对程序不依赖实体而存在的独立价值进行系统研究，参见肖凤成：《行政程序与行政程序法》，载应松年主编《当代中国行政法》2005年版，第1244－1247页。

③ 参见王万华：《行政程序法研究》，中国法制出版社2000年版，第59页。

④ 参见张文显主编：《法理学》，北京大学出版社、高等教育出版社1999年版，第337－388页。

哲学上的价值概念，行政程序内在价值可以理解为行政程序内在品质对社会主体需要和期盼的满足与适应，它不依附于行政行为的结果作为衡量和判断标准，而以行政程序所具有的“善”或“好”的品质来承载主体的需求。它来自“程序自身的使人感到满意的东西”①，即使这些东西没有对行政处分结果的准确性提供正面影响，但因其符合了社会主体的需要，在调节社会关系的过程中保护和增进了社会主体珍视和尊重的内容，就依然是行政程序的价值。

3. 行政程序价值的反思

传统法学依内容与职能的不同，将法律区分为实体法与程序法两大类，“工具价值论”基本上就是从传统的程序概念那里衍生出来的。在程序与实体的关系定位方面，“工具价值论”认为程序从属于实体，只承认程序的外在价值，其唯一正当的目的是最大限度地实现实体法，它本身并没有任何独立的价值或其他非工具性价值目标。中国法学界长期受这种“工具价值论”观念的影响，“重实体、轻程序”，重程序的工具价值而忽视程序的独立价值，其结果是这种观念影响着立法进程、司法实践和人们的法律意识，不仅压抑了程序法学的繁荣，阻碍了程序立法，并且最终妨害了法律公正，动摇了法律的权威。准确地说，单一的、绝对的“工具价值论”已经不是一种现存的理论观点，而是学者普遍批评的对象，现在几乎没有人明确宣称自己持这样的观点。学界一般的观点都是认为工具价值和独立价值是行政程序价值统一的两方面，只有体现程序工具价值的程序才具有完整的独立价值，也只有体现独立价值的程序才能具有真正意义上的程序工具价值。因此，只有从行政程序的工具性价值和行政程序的目的性价值两个方面去建构行政程序价值体系，这个体系才能是科学而完整的。行政程序内在价值与外在价值本身没有轻重之分，既不能把程序法视为实体法的仆从，也不能脱离实体法而奢谈程序独立价值。行政程序的终极目标是程序公正，只强调实体结果的正确而不择手段固然难以达成程序公正，而不能产生或形成正当结果能力的程序意义何在？彻底地抛开实体法，程序法也就失去了存在的意义。所以，行政程序的工具性价值与行政程序的目的性价值应当被看成是一个相互契合的价值追求在行政实践中发挥作用，二者既相互配合、协调，同时又有各自的独立价值，不存在谁附属于谁的问题。

---

① 陈瑞华：《刑事审判原理论》，北京大学出版社 1997 年版，第 27 – 28 页。

当然，在不同的国家和社会以及不同的时期，基于各自所面临的问题不同，程序的设计应当在这两项价值之间有所侧重。首先，目前我国行政法治的实际使我们不得不更多地关注程序的内在价值。其次，程序正义本身是一个有着不同层次要求的价值。尽管追求绝对的正义是一个遥不可及的理想，但是程序的正义也的确有着一系列最低限度的要求和标准，在任何情况下，无论出于什么理由，立法者对程序的设计，行政机构对程序的实施，都不能低于这些最低的法律伦理底线。最后，必须将程序的内在价值和外在价值视为一个完整的有机体，而不能将二者割裂开来。

（二）影响行政程序价值定位的因素

行政程序的价值取向非常重要，它以主体的需要为指向，支配着行政程序的设计、运行和效果。而行政程序的价值以社会主体的需要为尺度，社会主体的需要是多层次、多维度的，而且是随着社会、历史条件的变化而变化的，因此行政程序的价值也是多层次、多元的，形成不同价值内容，如正义、效率、秩序等，它们形成一个价值体系，不同价值相互联系、相互作用且在一定条件下相互冲突，至于不同价值间如何取舍、如何排列，则涉及不同的价值评价标准问题。因此，行政程序的价值并不是一成不变的，定位行政程序的价值受到很多因素的影响。

1. 受生产力和民主政治发展的影响

行政程序法的兴起和发展，从其现实原因来说，是生产力和民主政治发展的必然结果。在 19 世纪末以前，行政程序没有引起人们的关注，其原因是生产的社会化程度不高，社会生活不复杂，国家对社会冲突的消解主要通过司法途径来实现。19 世纪后半叶开始，垄断资本逐渐形成，生产趋于高度社会化，社会生活也随之变得复杂起来，司法型的国家管理方式无法满足社会日益复杂、变动频繁的趋势，于是国家管理方式发生了重大变化：一是国家对社会的事后监督逐渐转向越来越多地进行事先和事中的监控。例如对生产经营活动，不只是在生产经营者发生纠纷或出现不法行为时才进行管理，而是在经营之前和之中就进行许可、登记、契约、监督、指导等管理活动。二是为了实现事先和事中监控，行政权力加强，行政机关的数量增加，对社会生活的干预程度大大加深。行政权的加强一方面有利于建立和维护新的社会秩序，另一方面也容易出现行政机关滥用权力、侵害公民利益、影响社会效率的问题。这样，就出现了控制行政权，保证相对人的正当利益，保证行政民主、公正的需要。相应地，构建正当行政程序的需求应运而生。由此历史发展过程可知，行政程序的核心价值不在于保证实体正义——尽管它客观上无疑有这方面的作用，而在于保证民主政治所需要的程序正义本身。

2. 受一国社会文化背景，特别是法治理念的影响

“法律的理念是法律的灵魂，它代表社会中公认的某种终极理想和价值，从渊源上讲，它是对现实社会中人的生存方式和生活态度的反映和确认；从思想上说，它是安排社会关系和指导法律操作的基本准则。”[①] 法治社会的价值取向决定了我们必须了解并接受其法理基础与法律价值。因此，当代行政程序法也必须由一个符合时代精神的法治理念来指导。对此，指导西方主要国家行政程序立法的法治理念包括英国的自然公正原则、美国的正当法律程序原则、法国的行政法治原则以及德国的法治国思想等。从法系的角度来讲，由于各自所属的法律文化传统、历史背景、社会条件等方面的差异，属于英美法系的英国、美国的行政程序观念与属于大陆法系的德国、法国的行政程序观念存在着诸多不同，如英国、美国注重程序的公正，而德国、法国则更多地注重程序的效率。但是，随着世界范围内法律文化相互交流的加快，特别是行政程序立法世界性潮流的推动，这种差异不是在日益扩大，而是在日益消融。因此，判断当代行政程序法正当、合法的标准就是一种融合两大法系行政程序的公正模式和效率模式的法治理念。这种公正和效率价值融合的现代法治理念深入影响着其他国家行政程序法的发展，如日本《行政程序法》（1993 年）既具有英美法系的特色，同时又体现了大陆法系的特色。总之，笔者以为当代行政程序价值是以实现公共行政为目的，追求公正与效率价值目标的统一，具有平等、民主、自由、秩序等时代特征。只有符合这样标准进行的立法才能制定出适应现代法治和时代精神的行政程序法。

3. 受行政程序价值体系调整的影响

不同层次或位阶的价值共同构成完整的价值体系。而且，不同的价值有其不同的政治和道德基础，但又形成、发展于每个社会的文化和社会背景，甚至同一社会的不同部分当中。行政程序的价值体系是指行政程序的诸个子价值之间的关系以及子价值相互构成的一个整体。换言之，行政程序价值体系研究的是行政程序究竟具有哪些具体的价值，以及这些价值之

① 郑成良：《法律·契约与市场》，《吉林大学社会科学学报》1994 年第 4 期。

间的相互关系。[①] 必须通过对该领域及其社会环境的深入分析来考虑既定领域内的价值。体现在不同法律程序里，价值的位阶可能不同。而且，在同一法律程序中，价值位阶也会随社会环境或历史时期的变化而有所改变。

（三）行政程序的价值内容

有学者认为行政程序价值包括的内容有以下几点：第一，公正性。他们认为公正是当代社会一大主题，行政公正是社会公正的重要内容之一。第二，准确性。他们认为行政行为作出之时，对公共利益的维护和分配应力求准确。第三，可接受性。他们认为行政行为尽管是行政主体单方面的意思表示，但最终仍依赖于相对人对行政行为的满意程度或所持态度。第四，效率性。他们认为行政主体的人力、物力、财力和时间都是有限的，因而就有必要提高行政效率，这对公共利益的维护和个人利益的保护都是有益的，效率性也是行政程序的重要价值。[②] 另外，有学者认为行政程序具有以下几个方面的价值：一是扩大公民参政权行使的途径；二是保护相对人程序权益；三是提高行政效率；四是监督行政主体依法行使职权。[③] 还有很多学者在谈到行政程序的价值时，认为"程序即是法"，强调程序正义，程序的价值只在于程序正义。[④] 更多的学者在其著作中则避免直接论述行政程序的价值，而是将有关行政程序价值的内容分散于行政程序的目标模式、功能、原则和基本制度之中。上述分歧产生的原因是从不同的角度对行政程序价值进行了梳理。总结学者对行政程序价值内容笔者以为，上述几种分类对行政程序价值的界定是存在交叉的。相应地从客观目标的角度来看，正当、效率两大价值元素基本涵盖了行政程序追求的价值目标。

二、当代行政程序的价值定位——"公正"与"效率"的平衡

从理想的状态来看，一个理想的法治社会及理想的行政程序法应当是

---

① 参见杜一超：《行政程序正义价值及其实现》，中国政法大学2009年博士学位论文，第16页。

② 参见叶必丰：《行政法学》，武汉大学出版社1996年版，第125－127页。

③ 参见姜明安：《行政法学与行政诉讼法学》，北京大学出版社、高等教育出版社1999年版，第263－264页。

④ 参见肖凤城：《论"法即程序"——兼论行政程序法的重要性》，《行政法学研究》1997年第1期，第5－6页。

兼顾公正与效率的。但是，公正与效率两种价值由于内涵不同，在一定程度上又是存在冲突的。效率是对投入产出比例的追求，要求行政过程是一个经济、迅速的过程，减少行政成本的开支和消耗，加强行政机关的裁量权，增加行政机关迅速处理事情的能力。相反，公正则追求对每一个主体权利义务的公平分配，需要行政程序以严格缜密的方式进行，这样就会使行政行为的效率在一定程度上受到影响。例如，根据英国古老的普通法中的自然公正原则，任何人不得为自己的法官，即任何人在裁决与自己有利害关系的事项时，应当予以回避。如果遵循这样的规则，行政机关大多数的行政执法都不得进行，而需要由真正的法官来裁决。这显然不符合行政执法实践的需要，而且也不符合公共目的的要求。所以在行政机关在制度设计中，为了保证公正，经常在行政机关内部作出分工。例如，调查人员与作出决定的人员分开，作出决定的人员与执行的人员分开等。因此，正如韦德所言，“行政官员往往把法律工作者发明的程序看成是效率的障碍，这是自然而然的。确实，自然正义规则限制了行政活动的自由，遵循这些规则须花费一定的时间与金钱。但如果减少了政府机器的摩擦，时间与金钱似乎用得其所。正因为它们主要是维持公正的原则，可减少苦怨，所以可以说自然正义原则促进效率而不是阻碍效率……不怀偏见并适当地考虑了受影响的那些人们的意见而做出的决定，将不仅更可接受而且质量也会更高。正义与效率并行不悖，只要法律不要过分苛刻”。①

正是由于公正与效率二者的冲突关系，行政程序的立法始终存在两种相互冲突的价值取向，即效率取向与公正取向，它们一起构成了行政程序法的灵魂。要追求行政程序的公正性，往往要求行政过程应遵循一定的方式、步骤、顺序、时限，而这些烦琐的手续必然会影响行政活动的效率；反过来，要追求行政效率，就意味着要以少量的投入获得最大的收益，这必然要求尽可能减少行政过程的成本消耗，简化行政程序，赋予行政主体一定的自由裁量权，迅速、及时、灵活地行政，但这必然会使行政程序的公正性受到损害。公正与效率的冲突是客观存在不可避免的，但二者又是统一的。设置一系列的程序规则的确对行政效率有一定的影响，但也应该看到，公正的程序规则防止了行政主体权力的滥用，“可以维护公民对行政机关的信任和良好的关系，减少行政机关之间的摩擦，又可能最大限度地

① ［英］韦德：《行政法》，徐炳等译，中国大百科全书出版社 1997 年版，第 93 页。

提高行政效率”。因此，公正并非绝对排斥行政效率。而公正作为一个价值判断，其含义在特定的历史条件下不断变化。在许多情况下，“判断一项活动是不是‘公正’或‘好’，应看它是否有利于国民收入提高来衡量的经济效率”。[①] 无论如何，一个毫无效率的行政活动过程决不能说是公正的，因为它意味着有限的社会资源的浪费，也不利于社会公共利益的推进。进一步说，公正从最终意义上也是促进效率，这是因为“自然正义规则限制了行政活动的自由，遵循这些规则需花费一定的时间与金钱。但如果减少了政府机器的摩擦，时间与金钱似乎用得其所。正因为它们主要是维持公正的原则，可减少苦怨，所以可以说自然正义原则促进效率而不是阻碍效率”。[②]

因此，当代行政程序的价值定位应该追求公正和效率的双重目标，将两者统一起来并且在两者之间作出平衡。正如季卫东教授指出：“程序一方面可以限制行政官员的裁量权、维护法的稳定性和自我完善性，另一方面也容许选择的自由，使法律系统具有更大的可塑性和适应能力。”[③] 相应地，为了保证行政行为的合法性，实现相对方的民主权利，保障相对方的合法权益免遭不法行政的侵害，行政相对方有权参与行政程序，并要求行政主体权力的行使必须置于严格的程序规范之下，即行政主体有义务使自己的行为严格遵守法定程序，否则行政主体要承担相应的法律责任。同时，为了有效地实现行政目的，行政主体也有权要求行政相对方依法定程序参与有关活动，即行政相对方也有义务遵守法定程序，否则同样会引起相应的法律后果，这两方面相互联系不可分割。

当然，仅知道行政程序中公正和效率价值的平衡还不够，因为还涉及一个重要问题，就是该如何掌握这种平衡的“度”？[④] 相应的程序制度上应

---

① 王名扬:《英国行政法》，中国政法大学出版社 1997 年版，第 152 页。

② ［英］威廉·韦德:《行政法》，徐炳等译，中国大百科全书出版社 1997 年版，第 94 页。

③ 季卫东:《法律程序的意义——对中国法制建设的另一种思考》，《中国社会科学》1993 年第 1 期。

④ 如何对程序公正实现中诸因素进行平衡考虑，是各国面临的共同问题。美国联邦最高法院在 1976 年的 Mathews v. Eldrige 一案中提出了如何根据特定情况来判断行政机关所提供的程序保障是否符合正当程序要求的方法，即权衡政府利益、个人利益的重要性，以及所适用的程序可能产生的利益，这一标准通常被称为“平衡标准”（The Balance Test）。在 1985 年的一个判例中，最高法院重申了这一态度，并且认为“正当程序并不是一个与时间、地点和形势不相关的技术性概念，它是灵活的，要求我们根据不同的情况提供适当的程序保障”。See 424 U. S. 319（1976）；470 U. S. 541（1985）。

当凭什么依据来安排？对此，有学者认为，在公正与效率平衡的制度安排和程序操作方面，应当考虑四个方面因素[①]：①行政过程所涉及的相对一方的合法权益。程序涉及的相对一方合法权益越重大，相应的程序保障也应当更严密公正。②行政过程所涉及的公共利益。公共利益越重要，行政过程相应的程序也应当越严密。③行政机关操作该程序以及相对一方参与该程序需要耗费的成本。如果成本太高，不论是行政机关还是相对一方可能都难以承受，不仅影响程序的效率，也将对程序公正的实现产生不利影响。④程序可能产生错误结果的危险性。程序产生错误结果的可能性越大，程序效率就越低。这对我国研究行政程序证据制度有着极其重要的指导意义。以非法证据排除规则为例，行政程序如果实行严格的非法证据排除可能会影响行政效率的提高，在对待非法性排除问题上，要兼顾公正和效率价值。这就是要求我们考虑非法性排除范围及确定非法性排除规则时应当考虑这样一些因素：非法性排除对案件事实查明的影响，认可非法证据对个人权利和程序正义的影响，行政效率原则对非法性排除的限制，等。因此，在保证最低限度的程序公正基础上，除侵害当事人合法权利或严重违法的情况外，非法证据在一定限度内也具有可采性。可见，正当程序的架构以及程序公正与效率的“平衡”体现的是一种法治艺术，其要求我们应根据不同的情况，适当、灵活地综合考虑以上因素以提供程序保障。

总之，行政程序法不仅保障公民权益，而且可以提高行政效率；不仅可用以防止行政权的滥用，而且可以积极发挥行政权的作用。当代行政程序的价值定位就应该努力实现公正和效率的平衡，促使行政权对社会的功能和影响从消极转为积极，特别是使行政组织效率的提高和行政相对方的自由选择巧妙、艺术性地连接起来，从而适应行政复杂多变的需要，积极推动社会的和谐发展。

---

① 王锡锌：《正当法律程序与“最低限度的公正”——从行政程序角度的考察》，《法学评论》2002年第2期。

第二节　行政程序证据制度对行政程序价值实现的作用

行政程序具有外在性价值和内在性价值（工具性价值和目的性价值）之分，而行政程序要实现其价值离不开行政程序具体制度的运作，作为行政程序基本制度的行政程序证据制度对行政程序外在价值和内在机制的实现提供了制度性的保障。

一、行政程序证据制度对行政程序外在价值的促进作用

行政程序证据制度是行政程序中证据的收集、出示、使用等环节应当遵循的规则和制度，为行政决策和行政决定提供证据支持。行政程序证据制度的目的和意义在于保障实体正义的实现，即行政程序证据制度本身是为了确保行政决策和行政决定的合法性、科学性而设立。行政程序证据制度对于行政程序正义价值的作用也主要体现在对行政程序外在价值的促进方面。[①] 行政程序证据制度对行政程序外在价值的促进作用包括以下三点：

第一，行政程序证据制度是行政决定的合法基础。行政程序证据制度有利于行政主体全面收集行政过程中的证据，保证行政决定与行政决策建立在充分的证据事实基础上，有利于保证行政决策的科学性。行政决策与行政决定都建立在证据事实的基础上，是实现实体正义的基本条件。首先，行政程序的启动一般都以实现实体法的内容为目的，实体目标的实现离不开证据制度的保障。例如，行政机关必须在审查相对人提交的资料的基础上决定是否赋予经营许可证、给予对方实体经营权，行政机关立案调查一个企业是否偷税是为了通过行政处罚保证税法的实施、企业纳税义务的履行，等等。其次，程序运行的核心任务是查明据以适用实体法、实施行政行为的事实，行政许可程序的任务应该是查明申请人是否具备应予许可的

① 参见杜一超：《行政程序的正义价值及其实现》，中国政法大学2009年博士学位论文，第67页。

条件事实，行政处罚程序的任务是弄清当事人是否存在应受处罚的事实，一项诸如修建公路的立项决定程序更需要立项事实的调查论证。最后，行政程序证据也决定了行政相对人实体权利的获得。一项专利申请可能由于提交的证据事实问题被驳回，但这个驳回决定对当事人的真正意义则在于相对人取得专利的实体权利将无法实现。

第二，行政程序证据制度是制约行政权的有效手段。行政程序证据制度要求行政机关在行政管理活动中必须遵循“先取证，后裁决”的基本规则，一定程度上限制了行政机关的自由裁量权，有利于维护公民的个人自由和权利。行政程序证据制度的首要目标就是追求行政程序结果的正确性，其追求的是公共利益。相应对于行政机关而言，很多证据制度如证据的收集对其来说既是一种权利也是一种义务，这也是在证据收集过程中采“职权调查主义”原则的原因。此外，在行政案卷排除规则与行政决定、记录制度，对行政主体收集证据并记录行政决定的过程提出了明确的要求，可以防止行政主体的恣意行为，有利于实现行政程序外在正义价值中“保护公民自由和权利”的价值。

第三，行政程序证据制度是当事人维护其合法权益的有效保障。查清案件事实有利于保护当事人的合法权益，并使违法行为及时得到追究。在行政程序证据证明活动中的证据收集、举证、质证、认证等环节，当事人一般拥有陈述权、抗辩权和知情权等。例如，当事人在行政程序中具有不可剥夺的举证权利，这项权利可以保证当事人一方面运用证据抵御、抗辩不利的行政决定，另一方面也向行政主体主张应赋予的权利。而当事人也可以对行政主体收集的不利证据进行质证，询问了解证据合法与否，从而从程序上维护其合法权益，实现程序正义，更有助于实现实体的公正、正义。

二、行政程序证据制度促进行政程序完善性的达成

本书这里的行政程序完善性是指行政程序自身符合正义要求的标准，它是行政程序自身独立价值的评判标准和要素。目前，学界有很多学者对程序的正义标准进行了开创性探究。有学者在将程序解构为对立面、决定者、信息和证据、对话、结果五个要素的基础上，将程序的正义标准归结

为“四项基本原则，即正当过程、中立性、条件优势、合理化”。[①] 另有学者将此标准称为程序的内在价值，提出了十项程序的内在价值编目，即参与统治、程序正统性、程序和平性、人道性与尊重个人尊严、个人隐私保护、合意性、程序公平性、程序法治、程序理性、及时和终决性。[②] 有学者更有针对性地提出了七项原则作为程序内在价值的要素：和平原则、自愿原则、参与原则、公平原则、可理解原则、及时原则、止争原则。[③] 在此基础上，有学者“将程序内在价值的基本要素归纳为参与、正统、和平、人道、合意、中立、自治、理性、及时、止争十个方面”。[④] 学者们的研究大都主要集中在审判程序领域。作为程序中的一种，行政程序也需要界定其正义标准。笔者以为，从程序的正义标准出发，行政程序至少应当符合下列五项基本要求：正确、可实现、参与、经济和迅速我们完全可以认为，它们是可以构成行政程序完善性的标准。同时，经由对行政程序完善性标准的分析，笔者认为行政程序证据制度有助于行政程序完善性标准的实现，行政程序完善性为行政程序证据制度提供了发挥的空间，行政程序证据制度是行政程序完善性的可靠保障。

（一）行政程序证据制度有助于实现行政程序结果“正确”的内在要求

正确，是行政程序追求“真”的价值、达成真理的目标，是实现实体结果客观、公正的有效保障。行政程序的目的，固然是要保障当事人的权利以及确保行政机关的依法行政。而“权利”是由“法律”所赋予和保障的法律上的地位或利益，行政程序如不能获取“正确”的事实依据，则很难保证权利的法律实现，更难保证实体符合真理的目标。这样说来，在行政程序中，如果没办法寻找到行政决定依据的事实和真相，自然也就无法得到正确的证据，必然导致实体错误。行政程序的裁决者（行政主体）虽然可以还原成现实中的人，但现实中的人都存在有限理性，不可能靠自身的知识、技能和力量等就能知晓一切，所以行政程序证据制度是作出尽可

---

① 季卫东：《法律程序的意义：对中国法制建设的另一种思考》，中国法制出版社 2004 年版，第 37 页。

② See Robert S. Summers, “Evaluating and Improving Legal Process: A Plea for ‘Process Values’”, *Cornell Law Review* , Vol. 60, No. 1, 1974, pp. 1 – 4.

③ 参见贝勒斯：《法律的原则——一个规范的分析》，张文显等译，中国大百科全书出版社 1996 年版，第 34 – 37 页。

④ 孙笑侠：《程序的法理》，商务印书馆 2005 年版，第 107 页。

能正确行政决定的工具。行政主体想要发现事实真相，并且寻找到正确的证据，如果没有获得事实真相，行政决定则显得不足和缺乏说服力。

（二）行政程序证据制度有助于促进行政程序目标的“可实现”

可实现，是指行政程序必须得以完全、迅速地实现。否则，空有权利存在的确认，也无济于事。任何不能实现的行政程序和没有程序并无两样。行政程序证据的收集有时仍然要仰赖程序当事人，甚至是关系第三人的协助（典型的如行政强制执行程序），才能真正实现实体行政决定所应该实现的权利义务内容。

（三）行政程序证据制度的参与机制正是行政程序“参与”原则的重要体现

参与，是指行政程序并非行政主体单方面作出、实施，它本质上是一种行政主体和其他程序参与人共同演绎的行政程序法律关系。参与既是对抗和监督行政权恣意妄为的重要手段，也是程序顺利高效运行的可靠保障。也就是说，人民参与行政决定程序不仅是基于人民主观权利保护的要求，也是基于维护他人利益乃至公共利益客观目的的必要。正如有学者所言，“实质正确决定共同目标的连接，在程序上无疑地是寻找公共福祉，若任何一项国家决定程序，包括行政决定程序，皆在具体化公共福祉，则人民参与行政程序同时亦表示在协助具体化公共福祉”。[①] 行政程序证据制度中有关参与机制表现在很多方面，如举证环节中当事人自愿或申请提供证据，质证环节中当事人参与的明辨证据疑点和证据效力等。

（四）行政程序证据制度促进行政程序“经济”目标的实现

经济，是指行政程序必须能够以最少的人力、物力及时间来达成最终和最佳的效果。“行政机关是国家和社会公共事务的管理者，追求效率是管理者的本性。在行政证据制度中，证据的搜寻过程（包括证据的收集、筛选、整理、提出和权衡证据证明力），证据的采纳及排除过程都将会消耗大量的成本（如发现事实的成本、社会成本、机会成本等），同时也会产生相应的收益。”[②] 为了避免当事人由于这种成本过高放弃参与而助长行政活动的瑕疵，有必要使行政程序遵循经济性原则。于是在行政程序证据规则中，

---

① 萧文生：《行政执行制度中之当事人协力义务》，载台湾“行政法学会”编《当事人协力义务、行政调查、国家赔偿》，元照出版公司2006年版，第75页。

② ［美］理查德·A. 波斯纳：《证据法的经济分析》，徐昕、徐昀译，中国法制出版社2001年版，中译版导言，第14－15页。

就有相关的措施或制度，如职权主义调查、简易程序、集中处理等，当然，最经济的作法是当事人能够发挥诚实信用原则，主动、充分地合作，而不是恶意对抗、扯后腿或制造障碍。

（五）行政程序证据制度有助于行政程序过程“迅速”运行

迅速，行政程序往往要求程序的迅速。正如英国的法律格言所云：“迟来的正义为非正义”（Justice delayed，Justice denied）。迟来的正义之所以为非正义，倒不是因为实体结论发生了错误或者造成了实体上的不公正，而是由于实体结论的过迟产生而造成了程序过程上事实的不公正。这种正义的“迟到”现象损害的甚至是追求实体结果的根本意义。正如有学者所言：“国家法律之所以设定行政权并赋予各级政府等行政部门以行政职能，目的就在于对经济、文化、教育、科技等方面社会事务实施及时、高效的行政管理，如果忽视行政权的及时性和高效性，即使行政机关作出的行政行为是公正的，也只能是一种迟来的‘公正’，既无益于对行政相对人和利害关系人合法权益的保护，也无益于社会秩序的安定和有序。”[①] 在实践中，行政程序证据活动中程序技术性的设计以及负担过重等因素常导致程序进程缓慢。为了改善这一情况，除了应加强行政机关及其公务员的素质之外，相关证据规则的明确及完备、程序的简化、程序当事人的协力、设备的科技化、（协商等）先行程序的过滤、负担的减轻、集中处理、程序的合并等都是可取的行政程序证据制度性安排。

可见，行政程序证据既是行政程序不可缺少的核心环节，也是行政机关作出具体行政行为不可缺少的核心要件，它是行政程序自身正义价值得以实现的重要保障。同时，行政程序证据规制着行政机关行政权力的运行状态，直接影响到行政相对人的合法权益，也是行政程序外在价值的集中体现。从某种意义上来说，行政程序证据制度是反映一个国家的执法水平和民主水平的标尺。正如应松年教授所讲：“行政证据制度健全是一个国家行政程序民主化水平的标志。凡是执法水平和民主化水平较高的国家，其行政程序法中有关行政证据的规定就比较全面，反之则较简单。”[②] 因此，我们应加强行政程序证据及其制度的理论研究，完善行政程序证据的立法。

① 吴鸿鑫、张正孝：《论司法权与行政权的关系及司法审查的有限性——以行政诉讼为视角》，《行政执法与行政审判》2008 年第 3 期，第 431 – 432 页。

② 应松年：《依法行政论纲》，《中国法学》1997 年第 1 期。

第三节　行政程序证据制度的价值定位

以上对行政程序证据制度在行政程序外在价值和内在价值的实现方面所体现出的作用和意义的分析，其实质也是分析行政程序证据制度本身相对于行政程序所体现的外在价值，而行政程序证据制度要具备或能表现出相应外在的价值，其本身也应适当进行（内在）价值的定位。笔者以为，行政程序证据制度作为行政程序法的基本制度，自然也应符合当代行政程序法注重公正和效率均衡的价值定位。①

一、行政程序证据制度的公正价值

行政权力扩大是世界范围内的趋势，为了防止行政权力滥用和控制行政权，很多国家建立了司法审查制度，并纷纷出台行政程序法。为了实现程序正义，就要求行政机关作出行为符合法治理念的证据规范。依法行政、依法控权、保障人权是行政程序证据制度产生、确立、发展的内推力。按照美国的心理学家 Tyle 的观点，在多元化的社会利益背景下，“由于人们通常无法了解正确的结果是什么，因此他们着眼于证据，保证程序是公平的……当不清楚什么是恰当的结果时，人们关注程序公正”。②

行政程序证据制度实现公正价值的本质要求就是规制政府，其最终目标就是促进政府转变职能，规范行政行为，推进依法行政，建立理性、法治和责任政府。为了实现这一目标，要求政府及其所属部门在行政管理和行政执法中的思路和观念应当切实调整和转变：一是要树立现代法治和正

① 有学者认为，行政程序中的证据制度区别于诉讼证据制度的重要原因在于行政程序相较于诉讼程序更强调效率，参见徐继敏：《行政证据通论》，法律出版社 2004 年版，第 4 页。笔者以为，与其认为行政程序的价值定位是行政效率、诉讼程序的价值定位是程序公正，不如说行政程序的价值定位较诉讼程序更为复杂多变，这是因为行政程序的实践极其丰富多彩，行政行为的多样化也决定不同行政行为的程序价值定位各不相同，但总体上应符合当代行政程序法注重公正和效率均衡的价值定位。

② 转引自谷口平安：《程序公正》，载宋冰编著《程序、正义与现代化》，中国政法大学出版社 1998 年版，第 378 页。

当程序观念。二是要加强学习，熟谙证据规定中的一切程序运作规则体系。加强证据理论研究。洞悉行政程序证据运行活动中涉及的证明标准、证明效力、证据有限采用规则、补强证据规则以及原始证据和传来证据的效力等证据理论和实践问题。运用证据理论指导执法实践。三是善于运用相关法律法规赋予的权利，依法充分行使自由裁量权，从容应对，变被动为主动，提高管理效能和执法水平。四是掌握执法规律，注意取证技巧，在实践中主动适应证据规定的基本要求，确保依法行政。

二、行政程序证据制度的效率价值

效率既是现代法所蕴含的基本价值，也是行政管理活动基本的目标追求。效率就其原始含义而言，是指“某项劳动、工作或物理运动的效果与投入的劳动量、工作量或物理能量之间的比率”①，即它所描述的是“在一定状态下总收益与总成本之间的关系”②。20 世纪以来，效率概念逐渐被运用到管理学、行政学和法学领域，同时在现代行政管理中被赋予了新的内涵。这是因为在物理学、工程学、经济学等学科中，可以用人力、物力、财力、时间等技术标准来直接对效率进行量度，但典型的政府机构的产出由于并不在市场上出售而很难被估价，一个机构的费用和它对公众服务的价值一般难以直接进行比较。③ 因此本书所述的效率在行政程序证据制度中也是就相对意义而言的，它是主要针对行政主体而言的，包括以下几方面的内容：

第一，行政程序证据的证明过程中应贯彻经济、便利原则，应尽可能地节约人力、物力、财力，消除不必要的成本消耗，以较小的成本获取较大的收益。在行政管理中，评判效率高低的主要标准是行政管理行为的准确化和速率。前者所表达的是效率的实质意义，而后者则是从形式意义的角度来对效率予以考量的。行政管理的准确化是指行政行为的方式、手段、效果与管理目标之间具有一致性或基本的一致性，而行政程序证据制度则

---

① 夏书章主编：《行政管理学》，中山大学出版社 1991 年版，第 291 页。

② ［美］理查得 · A. 波斯纳：《法律的经济分析》，蒋兆康译，中国大百科全书出版社 1997 年版，译者序言第 18 页。

③ 参见［美］理查得 · A. 波斯纳：《法律的经济分析》，蒋兆康译，中国大百科全书出版社 1997 年版，第 796 页。

属于保障行政程序实现行政目标的重要机制。行政管理的速率是指行政行为、过程或某种权能完成的速度。在绝大多数情况下效率与速度是成正比例关系的。[①] 因此，效率意味着时间的缩短，产出的增多。而行政程序证据制度中行政机关采取职权调查主义，一定程度上就是效率价值的重要表现。

第二，由于行政程序中证据活动的复杂性，绝对整齐划一的程序不仅是不可能的，也是不可取的。因此为保障行政程序的效率，必要的灵活性规定是必不可少的，为克服成文法的缺陷，行政主体一定程度上的自由裁量权也是同样必要的，如在行政程序证据中的证明标准中行政机关具有一定的“自由心证”就属于典型的自由裁量的范围。

第三，行政程序证据制度的可操作性与规范性。规范性要求行政程序证据规则应当是明确的、清楚的，可操作性要求这些规则具体而便于操作。以行政程序证据规则为例，若相关程序规则不能具备明确、清楚、可操作性等特征，则陷于模糊或空洞，使程序参加者无所适从，必然有损行政活动的效率。

三、行政程序证据制度价值的均衡——“平衡”和“衡平”

这里的行政程序证据制度的公平与效率价值的“均衡”包括公正与效率价值的“平衡”和“衡平”两方面。前者指行政程序过程中应兼顾公共利益和私人利益，充分考虑效率与公正价值的统一；后者特指针对个案的涉及效率和公正价值冲突时的具体衡平。

平衡总是在两个或两个以上事物之间相比较而言的，行政程序证据制度所蕴涵的平衡也不例外。行政程序中总是离不开公共利益与个体利益这一对矛盾及其平衡问题。为了维护公共利益，往往就要抑制个体利益；同样，为了维护个体利益，有时也要抑制公共利益。因此，对于公共利益与个体利益的矛盾冲突，只有确立平衡的理念，才能使二者的利益统一，才能使权力和权利兼顾。在行政法律关系中，为了保护公共利益，行政主体与行政相对人之间的实体法律权利和义务是不对等的，行政主体往往处于主动和优势地位，而行政相对人则处于被动和劣势地位。正是由于这种实

---

① 参见关保英：《行政法的价值定位》，中国政法大学出版社 1997 年版，第 84 页。

体上不对等的地位，为保证实体的公平、正义，必须对行政程序法律关系中行政程序当事人之间的法律权利和义务进行“反向”配置。典型的就是行政程序中的听证制度，通过程序制度的设置保障当事人的程序权利从而赋予行政机关相应程序义务，其目的是以新的“不对称”对抗原有的“不对等”，以实现真正有效的平衡。

衡平（Equity）一词起源于英国中世纪兴起的、与普通法或普通法院并列的衡平法和衡平法院，主要含义是公正、公平、公道、正义，也指严格遵守法律的一种例外，即在特定的情况下，若机械地遵守某一法律规定反而会导致不合理、不公正的结果，因而就必须适用另一种合理的、公正的标准。司法实践中的衡平原则，主要是以衡平的实质性含义为基础，吸收了衡平法的宗旨与精神，提炼出来的法官在审理案件和适用法律时所应普遍遵从的一种原则。衡平有抽象衡平与具体衡平之分[①]，本书所谈的衡平特指针对个案的具体衡平，特指我国行政机关和公务人员在行政决定作出过程中，在准确把握法律的精神和价值的前提下，结合行政决定涉及的具体事实，借助于公务人员的社会经验知识，从立法的主旨出发，以公平正义之心来行使自由裁量权，从而在证据的收集、举证、质证、审查、认定等证据行为上真正实现程序公正，达到公平公正作出行政行为目的的一种价值取向。

首先，从证据制度总体而言，行政程序证据制度价值应实现效率和公正价值的平衡和统一，行政程序证据制度是行政程序参与人权利义务平衡的有效机制。[②] 行政主体、行政相对人及其他行政程序参与人在行政程序中的权利义务配置状况，可以通过运用证据制度中证据规则的不同形态进行有效的调整和支配。它可以协调行政程序控制行政权力、保护公民权利的立法目的与保障行政权力、提高行政效率的立法目的之间的冲突，使之达到预期的平衡目的。这是因为，在行政程序法中，程序性规范多是对行政机关选择和决定行为程序的一种限制，在此意义上，对行政机关而言，行政程序规范更多的是义务性规范，而对相对方而言，则更多的是权利性规范。但是作为现代行政法中具有平衡行政实体法律关系功能的行政程序法律关系，不能仅仅看到行政机关是义务主体而相对方是权利主体，更要看

① 潘家祥、陈红：《衡平原则在证明责任中的运作与意义》，《社会科学》2004 年第 6 期。

② 参见姜明安编：《行政程序研究》，北京大学出版社 2006 年版，第 40 页。

到行政程序法中相对方当事人也承担相应的程序义务，即行政程序法中当事人也在行使权利的同时履行义务，只有这样才能保证行政程序法和行政实体法的动态平衡。这在行政程序证据制度中最为集中，提供证据不仅是当事人的权利，也是当事人的义务，行政程序要保证程序的高效和实体的正确无误，必须借助证据制度确保效率。另外，行政主体在行政程序中往往处于掌握信息的优势地位，为减轻行政相对人的证明负担，可以设置由行政主体来负全部证明责任的形式。再以“非法证据排除规则”为例，非法证据排除本身基于保护当事人的权利、限制公共权力的滥用等维护程序公正的要求，但是行政程序相比于行政诉讼程序更强调效率，行政效率也是行政程序的基本原则之一，如果实行严格的非法证据排除可能会影响行政效率的提高，因此在对待非法证据排除问题上，也要兼顾公正和效率的价值。可见，构建行政程序证据制度既要以迅捷、高效为基准理念，同时也要在强化当事人对抗主义的证据模式下，以证据公开为载体实现证据的程序公正，即要实现效率和公正价值的平衡。

其次，虽然行政程序证据制度总体上应实现效率和公正价值的平衡，但是从微观角度来看，行政程序中的证据制度也需要在应对具体个案情形时对公正与效率的价值进行衡平，以保证个案结果的正当合理。例如，N县药监局接到投诉电话，称辖区内何某无《药品经营许可证》从事药品批发业务。执法人员迅速赶往何某处，在其住所发现药品100余种，价值3万余元，其中一种（10%葡萄糖注射液）就有1000余瓶。调查过程中，何某称：“我无《药品经营许可证》属实，但我并没有搞药品批发，这批药品是我父亲的，我父亲是一名村医。”执法人员对何某的父亲进行了调查，何某父亲称：“该批药品是我购买的（并出示了票据），只是暂存在何某的住处。”执法人员又对辖区内20余家涉药单位进行了调查，结果有两家称曾在何某处购买过药品（何某否认此事），但药品已完全使用，也没有购进票据。鉴于在调查取证阶段获取的证据不能充分证实何某有无证经营药品行为，N县药监局最终决定对何某不予处罚。本案处置的关键就是能否认定何某有无证经营药品行为。但根据目前N县药监局收集的所有证据分析有两种可能：一是何某没有无证经营药品的违法行为，何某本人、何某父亲的证词、何某的父亲提供的购药票据都证明了这一点；二是何某有无证经营药品的可能，有举报电话和两家涉药单位的证词为证。但在本案中，因为没有其他物证或书证来证实两家涉药单位的证词和举报属实，所以其在本

案中的证明力较低，且数量稀少，有“孤证难立”的弱点，如果采信了这些证据，若遭遇行政复议、司法审查，能否维持处罚决定是个未知数。所以，即使客观上何某存在无证经营药品的行为，但在收集的证据不能充分证实这种“事实”的情况下，为保证行政程序的公正性，依法不能给予处罚。

同样是行政处罚程序中的证据问题，另外一种情形却可能要偏重效率兼顾公正。行政处罚中证据审查时，一般采取“排除合理怀疑标准”来保障程序公正，但是不排除在具体个案中灵活作出调整。例如，某商家进了300箱奶粉，在行政执法人员市场抽检中，检测发现此为含三聚氰胺的奶粉，就地查封200箱产品，余下的100箱该商家提出已经将之退货，但提供不出证据，也不承认进行了销售，双方僵持不下。因此行政机关笔录中记录该公司进奶粉300箱，查封200箱。同时，行政机关以此推定100箱为已销售，没收对方违法所得200000元。后续商家很快承认其已销售奶粉并在相关部门教育下，协助追缴售出的“毒奶粉”。显然此案中行政机关凭借可能性的推定及相对优势的证据就可以作出处罚，以保证行政程序的效率，否则秉持“排除合理怀疑标准”以及“清楚而有说服力的标准”对商家不予处罚势必对公众身心健康和财产安全造成极其严重的后果，再说本案中所谓“退货”的证明责任本来就在于该商家。

需要特别关注的是，当前我国证据法研究有一个倾向就是特别偏好证据的效率价值的探讨，特别是千篇一律地使用证据法的经济分析，崇尚效率的维度对证据法进行诠释。学界往往倾向于以经济分析作为主导性研究方法，以准确性、效率最优和成本最低为目标，从事实发现的效率维度切入，并使用成本分析、成本收益分析、社会成本分析、机会成本分析、激励分析等方法，推导出最优化证据制度的构造和理论基础有着内在微妙的经济逻辑的结论。这一价值导向也影响了行政程序证据制度的研究，如很多学者将效率作为行政程序证据的“原则”或“特点”①，典型的就是大量运用波斯纳以效率诠释正义、以法律引导效率的思想。一定程度上忽视了

① 例如徐继敏认为“（行政）证据制度的建立要反映行政效率的要求”，参见徐继敏：《行政证据通论》，中国法制出版社2004年版，第20页。张生湧主张“综合考虑证据的收益与成本，以效益为导向来定位行政证据制度的价值取向”，参见张生湧：《论行政证据》，西南政法大学2004年硕士学位论文。苑栋认为行政证据具有“效率性”特征，参见苑栋：《我国行政证据制度研究》，郑州大学2007年硕士学位论文。

行政程序证据制度作为行政程序基本制度理应以公正、正义优先的价值取向。笔者以为，如果行政程序证据制度以效率优先的话，就很难解释“非法证据排除规则”、“证据收集与听证人员分离规则”、“案卷排他性原则”等一系列具体证据规则。而且近年来，波斯纳主张的效率绝对主义的立场也遭到不少批评，甚至连波斯纳本人也逐渐对效率导向采取克制态度，注重实践理性和非经济性价值目标，研究方法也力求多元化。这种价值取向在《证据法的经济分析》一书中表现尤其明显。① 因此笔者主张，行政程序证据制度的构建也应秉持一种公正和效率均衡的价值取向。

本章小结

行政程序证据制度作为行政程序基本制度之一，行政程序的价值势必对行政程序证据制度有着重要的影响，因此研究行政程序的价值对于深化认识行政程序证据制度的价值具有重要的指导意义。行政程序法不仅保障公民权益，而且可以提高行政效率；不仅可用于防止行政权的滥用，而且可以积极发挥行政权的作用。正是由于公正与效率二者的冲突关系，行政程序的立法始终存在两种相互冲突的价值取向，即效率取向与公正取向，它们一起构成了行政程序法的灵魂。当代行政程序的价值定位应该努力实现公正和效率的平衡，当代行政程序的价值定位应该追求公正和效率的双重目标，将两者统一起来并且在两者之间作出平衡。行政程序有外在性价值和内在性价值（工具性价值和目的性价值）之分，而行政程序要实现其价值离不开行政程序具体制度的运作。作为行政程序基本制度的行政程序证据制度为行政程序外在价值和内在机制的实现提供了制度性的保障。在行政程序外在价值方面，行政程序证据制度是行政决定的合法基础、制约行政权的有效手段、当事人维护其合法权益的有效保障；在行政程序内在

① 《证据法的经济分析》一书的书名虽然是“经济分析”，但研究方法却是折衷性的，不仅局限于经济学分析，也运用了心理学、统计学、决策理论等方法。他还声称：“本文正如对法律体系的核心原则和重要制度进行实证经济分析的大多数文献一样，旨在法律与效率导向之间探求一种合理的、尽管是远非绝对主义的和谐。”参见［美］理查德·A. 波斯纳：《证据法的经济分析》，徐昀、徐昕译，中国法制出版社 2001 年版，第 167 页。

价值方面，行政程序证据制度有助于实现行政程序结果“正确”的内在要求、有助于促进行政程序目标的“可实现”、体现行政程序“参与”原则、促进行政程序“经济”目标的实现、有助于行政程序过程“迅速”运行。行政程序证据制度除了要具备或能表现出相应外在的价值，其本身也应适当进行（内在）价值的定位。因为行政程序证据制度作为行政程序法的基本制度，也应符合当代行政程序法注重公正和效率均衡的价值定位。而在处理公正与价值的关系上，既要在总体价值上实现效率和公正价值的平衡，同时从微观角度来看，行政程序中的证据制度也需要在应对具体个案情形时对公正与效率的价值进行衡平，以保证个案结果的正当合理。

第四章　行政程序证据具体制度讨论

一般而言，证据规则可以涵盖静态意义上的证据规则和动态意义上的证据规则。前者包括证据概念、范围、种类、证据属性等规定，后者主要是关于证据证明活动的规定。[①] 如果从动态意义上理解证据制度的概念并扩展视野，我们的考察对象可以包括取证制度（强制取证制度、委托鉴定制度、证据保全制度等）、举证制度（证据展示制度、举证责任分配制度、举证时限制度等）、质证制度（强制出庭制度、提出异议制度、交叉询问制度等）、其他认证制度（推定制度、证据认知制度、证据补强制度、证明力优先制度等）。但是，考虑到有些学者可能不赞成把上述具体制度都纳入证据法的范畴，因此本书仅把学界普遍讨论的、处于证据法核心位置的那些证据制度和证据规则作为行政程序证据具体制度的考察对象。[②] 与之相应，行政程序证据制度包括如下几个部分：取证制度（证据收集规则）—举证制度（证明责任分配规则）—质证制度（证据质证规则）—认证制度（证据认证规则）—证据审查制度（证明标准规则）。[③]

---

① 当然静态意义上证据规则和动态意义上证据规则划分不是绝对的。例如，作为证据属性的关联性也可以作为认证环节审查证据证明能力的标准之一。

② 最高人民法院行政审判庭《关于〈行政诉讼证据规定〉的起草说明》中说明：证据规定的内容分为一般规定、举证、调取和保全证据、质证、认证、证明标准和附则，其中质证被排除在举证之外，而质证显然也是证据证明活动的一部分。

③ 很多学者往往主张将行政复议中的证据制度也作为行政程序的重要内容，这是因为救济权也是行政程序中当事人的重要程序权利，也是行政司法程序证据规则的典型。但是考虑到行政复议证据制度与行政诉讼证据制度的相似性，且相关证据规则在我国尚算健全、充分，同时考虑到本书篇幅问题，笔者在此不作集中论述。

第一节　行政程序证据收集制度

行政程序中的证据并不会自动来到行政机关面前，必须由行政机关调查人员通过艰苦细致的工作加以收集。只有收集到有关材料，才能进一步审查辨别其真伪、适用认证规则和证明标准、追究证明责任，才能作为作出行政决定的根据来使用。证据的收集是认定事实的前提，因此证据的收集是典型的证据活动，也是行政程序证据制度不可或缺的一部分。

一、行政程序证据收集概述

证据的收集是认定事实的前提，事实的认定是以证据为基础的。行政机关在作出行政行为时，只有进行充分的调查取证、把握行政事务的本来面目，才能够做出正确的行政行为。“先取证、后裁决”是行政过程应当遵循的基本原则。没有行政程序中证据收集的行为就没有行政程序证据适用证据规则和证明标准的可能，因此行政程序证据收集制度也是具体行政程序证据制度之一。

（一）行政程序证据收集界定

行政程序证据收集，又称为行政程序取证，是指为了查明特定的案件事实，行政机关或法律、法规授权的组织，行政机关委托行使行政职权的组织运用法律许可的方法和手段来发现、采集、提取证据的活动。行政程序中的证据收集是行政机关查明公民、法人或者其他组织所涉及的法律相关事实的前提。只有行政相对人确实发生和具备了行政法律规范规定的事实条件，行政机关才能依据具体的行政法律规范对其实施行政管理，才能适用法律作出具体行政行为。可见，收集行政程序中的证据是行政机关正确进行行政执法、正确作出具体行政行为的首要工作，是行政法治中正确行政执法的重要基础和前提条件。

（二）行政程序证据收集与行政调查的关系

行政调查与行政程序证据收集一般都是各国行政程序法法典的核心内容，两者都是围绕着认定事实展开的。行政调查一般是指行政机关为达成某一特定的行政目的而作出收集资料的活动，虽然其调查对象不一定全是行政决定赖以作出的证据，但是至少需要完成证据收集的任务。而证据的收集也必须有赖于行政机关的调查活动来完成。行政调查对于行政程序证据收集而言具有决定性的意义，因为行政机关拟作出行政行为的合法性完全取决于行政机关对案件事实所进行的合法且深入的调查。而行政程序证据收集的存在及其内容的科学性又在很大程度上制约着行政调查的权限、范围和方式、方法。由于行政调查是一种包容性很强的程序制度，它不仅包括表明身份、告知、教示、受理、传唤等制度，还包括了听证、回避等相关制度，而且它所包括的这些制度都是围绕着如何调查收集证据以及如何评价和运用证据展开的，因此有的学者直接将行政程序法中的行政调查制度称为证据制度。[①] 从这个角度上讲，行政程序中的行政调查与行政程序证据收集存在着天然的密切关系。学界往往将两者不作严格区分，经常将它们混合使用。[②]

当然两者还是有明显的区别，首先，两者的主体不同，行政调查是一种准行政行为，其作出的主体是行政主体；而行政程序证据收集的主体则不同，除行政主体依职权调查收集证据外，当事人和其他行政程序参与人（如第三人、鉴定人、勘验人等）也是证据的收集主体。当事人和参与人有权依据法律、法规调查收集证据，并将这些证据在行政程序中提供。其次，行政调查是行政主体获取必要信息、取得证据材料以及查明事实真相的重要手段和措施；而行政程序证据收集则是行政决定作出过程中行政主体、当事人以及其他参与人搜证、取证、供证等证据行为和过程。前者强调行政行为意义上的活动，后者则是从证据理论角度论述的一系列证据行为（既包括行政主体作出的行政行为、行政事实行为，又包括当事人以及其他程序参与人的行为）；前者是行政机关为实现行政目标而作出收集信息、资料的行政行为，其对象不限于作出行政行为的证据，还包括非证据的其他信息和资料。最后，两者最大的区别在于其行为违法的法律效果不同。证

① 参见李海亮：《行政调查与证据制度比较研究》，《福建行政学院福建经济管理干部学院学报》2002 年第 4 期。

② 例如，应松年教授认为“行政调查程序的目的在于发现真实并正确作出具体行政行为，而探知事实真相与适用证据规则并非专属于诉讼程序。可行的思路是如何参照司法程序中的证据规则设置我国的行政调查程序，实现行政调查程序在一定程度上的‘司法化’”。参见应松年：《行政调查的现状与未来发展方向》，《江苏社会科学》2008 年第 5 期。

据收集过程中的程序违法将导致非法证据，搜集的证据将不具有证据能力和证据力，因此也不被采用；然而当行政调查违法时，对以该调查为基础实施的后续具体行政行为的影响却不能一概而论。一般而言，调查的违法并不当然构成后续具体行政行为的违法，不过当行政调查存在重大瑕疵时，经过该行政调查作出的具体行政行为可以解释为带有瑕疵的行为。关于违法行政调查的效果问题，日本的学说和判例倾向于把行政调查和具体行政行为切割开来，并认为通过“达到违反公序良俗的程度”或“重大违法性”的行政调查获得的资料，不得作为后续行政处分的证据加以使用。[①]

传统证据制度都是在司法程序中讨论的，因此司法调查和证据收集是同一概念。但是行政程序中涉及证据制度讨论时，将不得不应对其与行政程序理论中另一重要的程序制度——行政调查形成的竞争态势。如何处理两者的关系将有着重要的理论和现实意义。一些国家行政程序法将证据制度放在行政调查程序中加以规定，或在证据制度的章节里规定一些调查规则，这反映出它们二者之间存在着十分紧密的关系。不仅如此，一些国家的行政调查和证据制度还与行政听证程序、行政决定和行政诉讼法的证据规则存在着一定的联系，特别是有的国家行政程序法还与民事诉讼法的证据制度存在着某种关系。而就我国行政程序立法来看，《湖南省行政程序规定》的第四章第三节名为“调查与证据”，其采用的是混杂式的体例模式，而应松年教授主持的试拟稿则将行政调查和证据制度分节独立加以规定，这不可避免地涉及要对“证据”和“调查”各自的内容加以科学界定。因此，的确有必要加强这方面的理论研究，为我国行政程序法确立科学、合理的行政调查和证据制度提供理论依据。对此，笔者将在行政程序证据立法模式部分对两者关系作进一步的探讨。

（三）行政程序证据收集方式的法律要求

有关行政程序证据收集的方式，是行政机关进行证据收集的表现形式。从我国目前的立法来看，有很多具体的行政立法进行相关规定，归纳起来大概有以下几种方式[②]：

（1）调取书证、物证、视听材料和电子数据。行政机关在调查案件的过程中，有权向有关单位和个人调取证据，有关单位和个人有义务提供有

① 参见［日］盐野宏：《行政法》，杨建顺译，法律出版社1999年版，第187－188页。

② 参见金国坤：《行政程序法论》，中国检察出版社2002年版，第116－118页。

关的物品和材料，不得隐瞒、毁坏。例如，《治安管理处罚条例》第三十四条规定："公安机关收集证据材料时，有关单位和公民应当积极予以支持和协助。"

（2）询问当事人、证人或者关系人。如前文所述，一般可以根据证据事实存在和表现形式将证据分为人证、物证。法律上规定的物证、书证、视听资料以及勘验检查笔录、鉴定结论等都属于物证。勘验检查笔录和鉴定结论尽管是由一定的人员制作的，但不是人的陈述反映，而是存在于客观外界的摸得着、看得见的实体物体的反映。法律上规定的证人证言、当事人陈述、关系人陈述等属于人证。两者相较而言，物证的客观性较强，而人证掺杂的个人意志较多；物证是存在于外界的物质，行政机关提取、扣押、检查即可，而人证需要行政机关依法询问。询问当事人、证人或者关系人，行政机关应采取客观的态度，进行深入细致的工作，从保护证人和其他人员的合法权益出发，严禁采用引诱、欺骗、威胁的方法进行询问甚至刑讯逼供，以确保人证的客观性。此外根据《行政处罚法》第三十七条的规定，询问应当制作笔录。询问笔录由被调查人阅读或者向其宣读，并由执法人员和被调查人签名或者盖章。这是询问内容能够作为证据的法定形式要件。

（3）勘验检查物证或者现场。调查人员在证据收集过程中，可以采取勘验物证或者现场的方式。调查人员在勘验时，可以进入生产经营场所，可以对物证或者现场进行拍照或者检测，以收集有关证据。

（4）技术鉴定。在行政程序证据收集过程中，行政机关认为需要技术鉴定的，可以将同案件有关的某个或某些专门性问题交由法定鉴定机构进行技术鉴定，制作鉴定结论。为了查明事实，需要解决行政案件中某些专门性问题，如产品质量是否符合标准、食品有害细菌含量是否超标等。法定鉴定机构的鉴定对行政机关及时、准确地查明事实证实是否违法，能起到重要作用。

二、行政程序证据收集的原则

我国法律中至今没有一个对行政机关收集证据作出全面、统一规定的法典，有关行政机关对行政程序证据收集的规定只散见于众多的法律、法规、规章之中，且多为片言只语。在许多情况下，行政机关对行政程序证

据是根据行政管理的习惯和惯例进行收集的。即使在强调依法行政、实施行政法治的今天，行政机关及其执法人员仍然遵循着自己多年来形成的习惯和惯例进行调查取证。因此，及早确立行政程序证据收集的原则对我国行政程序证据立法的建立健全具有重要作用。参考有关国家和地区的立法，行政程序证据收集应遵循以下几个主要原则。

（一）依法调查、收集原则

行政程序中证据的收集作为一种证据活动，如果由行政主体来实施，其实质也是一种典型的行政行为，其对行政相对人的权利义务极易造成重大影响。所以，依法进行证据收集应当是首要原则。行政程序证据的收集必须符合法律规定，它包括证据收集的主体合法、程序合法、方法和手段合法等。

首先，收集的主体必须合法。行政程序证据收集的主要主体是行政主体和法律法规授权组织，其必须具有法定证据调查、收集的权力，也必须在法定的职权范围内行使相应权力。由于行政程序证据的收集是在行政主体作出行政行为的过程中作出的，因此凡是享有行政管理权的行政主体，不管法律法规有没有明确、具体的规定，该行政主体都自然享有相应的证据收集权。而行政程序中的当事人和其他参与人作为行政程序的参与方也可以提供相应的证据材料。此外，一定的社会组织和个人也可以运用法律许可的方法和手段，进行发现、采集、提取证据的活动。例如，前述深圳等地的交警部门为了制止违反交通管理法规的行为发生，曾允许公民进行DV拍摄以获取证据。[①] 这属于行政管理中的创新之举，只要在法律允许的范围内，且是在自愿、主动的情况下作出，此类参与调查举证的方式也符合合法性原则。

其次，收集证据还必须遵守法律规定的程序。违反法定程序的证据收集将导致非法证据，原则上不能作为行政决定的依据。总的来说，我国目前法律、法规中对行政程序证据收集的程序规定还比较欠缺。对证据收集主体来说，如果法律、法规对证据收集的程序已经作出明确规定，则必须

---

① 学界对这种第三方参与证据收集的方式仍存在很大的分歧，“广州市民被拍违章状告公安局”案件的判决结果驳回了赖先生的诉讼请求，并以调查取证是行政处罚权的组成部分而不能委托公民行使为由，认定市民“拍违”的照片不能直接作为处罚证据。参见莫于川、林鸿潮：《行政机关借助市民力量取证，证据是否有效——“广州市民被拍违章状告公安局”案评析》，《人民检察》2005年第4期。

严格遵守。即使没有法律、法规的明确规定，也要遵守行政程序的一般规则。

最后，收集证据必须遵守法定的方法和手段，使用非法方法和手段收集的证据是无效的。为保证行政机关及其调查人员有效地收集、调取证据，行政法律规范授予了行政机关及其调查人员采取相应的方法和手段收集证据的权限。例如《行政处罚法》第三十七条规定，行政机关在收集证据时，可以采取抽样取证的方法；在证据可能灭失或者以后难以取得的情况下，经行政机关负责人批准，可以先行登记保存，并应当在 7 日内及时作出处理决定，在此期间当事人或者有关人员不得销毁或者转移证据。《著作权行政处罚实施办法》第十六条规定，“办案人员取证时可以采取下列手段收集、调取有关证据：（一）查阅、复制与涉嫌违法行为有关的文件档案、账簿和其他书面材料；（二）对涉嫌侵权制品进行抽样取证；（三）对涉嫌侵权制品、安装存储涉嫌权制品的设备、涉嫌侵权的网站网页、涉嫌侵权的网站服务器和主要用于违法行为的材料、工具、设备等依法先行登记保存。”又如《行政监察法》第十九条规定，监察机构在调查、检查中，有权采取下列措施：①要求被监察的部门和人员提供与监察事项有关的文件、资料、账务账目及其他有关的材料，进行查阅或者予以复制；②要求被监察的部门和人员就监察事项涉及的问题作出解释和说明；③暂予扣留、封存可以证明违反行政纪律行为的文件、资料、账务账目及其他有关的材料。综合我国现行行政法律规范的有关规定，行政机关及其调查人员在收集证据时，可以采取的措施主要有：①向有关单位和个人调取证据，包括物证和书证、视听资料等，可以提取原物，也可以查阅、复制有关资料；②进入现场检查；③查封、扣押有关物品，或采取登记保存措施。[①]

（二）依职权调查、收集原则

所谓职权主义原则，是指行政机关依职权调查、收集证据，并决定其调查的方法、种类、范围及顺序，调查行为的采取不以当事人的申请为限。这里的依职权调查、收集原则是上述依法调查、收集原则的重要补充。在行政程序中，行政机关往往拥有很大的自由裁量空间，特别是涉及调查取证的过程时。这不仅是对行政机关的信任和尊重，也是出于行政程序效率的考虑。因此，不同国家和地区的行政程序法几乎都赋予了行政机关一系

① 参见金国坤：《行政程序法论》，中国检察出版社 2002 年版，第 115－116 页。

列的程序权力，如行政机关有权主动启动行政程序，并决定何时启动行政程序。在行政程序进行中，行政机关有权依职权主动收集、调查证据，传唤利害关系人，或命令相对人提供有关资料。在程序终结时，行政机关有权作出决定等。例如德国《联邦行政程序法》（1997 年）第 24 条（标题即为职权调查主义）规定："行政机关依职权调查事实，行政机关决定调查的方式及范围，不受参与人提供的证明以及证明要求的限制。"日本 1983 年的《行政程序法草案》第 3 项（标题为职权主义之原则）第 1 款规定："行政机关依职权调查事实关系。"葡萄牙和中国澳门也规定："即使行政程序由利害关系人主动提出，行政机关可采取其认为能方便调查的适当措施，该等措施得涉及在利害关系人的申请或答复内没有涉及的事宜；基于公共利益，行政机关得对并非所请求的事宜，或对较请求的事宜更广泛的事宜作出决定。"台湾地区"行政程序法草案"（1998 年）也规定："行政机关应依职权调查取证，不受当事人主张之拘束，对当事人有利及不利事项一律注意。"除此以外，奥地利、瑞士、美国、韩国等国家的行政法也都有类似的规定。我国很多行政立法也有类似规定，如我国《道路交通事故处理办法》第十一条规定："公安机关对交通事故的车辆、物品、尸体、当事人的生理和精神状态及有关道路状态等，应当根据需要及时指派专业人员或聘请有专门知识的人进行检查和认定。检查和认定应当作出书面结论。"

事实上，职权调查、收集原则要求行政机关积极主动调查、收集证据，并不意味着只有行政机关才能调查、收集证据。为了发现案件真实和保护当事人的权益，当事人在行政程序中可以自行提出相关信息及证据，也可申请行政机关调查、收集证据。例如，台湾地区"行政程序法"第三十七条规定："当事人于行政程序中，除得自行提出证据外，亦得向行政机关申请调查证据。但行政机关认为无调查必要者，得不为调查，但要说明理由。"

（三）全面、客观、公正的原则

行政机关必须全面、客观、公正地调查收集有关证据。根据《行政处罚法》的规定，行政机关发现公民、法人或其他组织有依法应当给予行政处罚的行为的，必须全面、客观、公正地调查、收集有关证据。所谓全面，是指要把能与案件有一定关联的事实材料尽可能收集齐。能够作为行政决定的根据，尤其是起到决定性作用的根据并不多，但在收集证据阶段，行政机关调查人员应该不辞劳苦、不厌其烦，绝不放过任何蛛丝马迹，或者主观地认为某一证据不重要而不加以收集。只有全面收集证据，才能为证据的审查和辨别提供充足的材料。所谓客观，是指要一切从案件的实际情况出发，按照客观事物的本来面目去了解它，并如实加以反映，绝不夸大，也不缩小，更不能歪曲或捏造。客观性原则反对事先有固定不变的主观框架，在调查中不是使主观认识符合条件的客观实际，而是要案件的客观实际符合主观框架。所谓公正，是指行政机关调查人员在收集证据时，既要收集能正面证明行政行为合法适当性的证据材料，又要注意从另一个侧面收集证明行政行为是否违法或对行政相对人造成不利影响的材料；既要收集对当事人不利的材料，又要收集有利于当事人的材料，做到不偏不倚，反对偏听偏信。

为了保证调查、收集证据的全面、客观和公正性，行政调查主体在收集证据时，必须符合以下要求：调查人员在调查、收集证据时有时限要求，如行政主体在行政处罚程序中的取证时限为作出行政行为之前，在行政行为作出之后自行收集的证据不能作为行政行为合法的依据。行政相对人和利害关系人提供证据不在此限；调查人员在调查、收集证据时，不得少于两人；调查人员在调查、收集证据时，应当向被调查人出示证件；调查人员与当事人有直接利害关系的应当回避。例如，根据《行政处罚法》第三十七条规定，行政机关在调查或者进行检查时，执法人员不得少于两人，并应当向当事人或者有关人员出示证件。执法人员与当事人有利害关系的，应当回避。

值得关注的是，姜明安主持的《行政程序法（试拟稿）》对此原则进行了相关规定。第五十二条规定：调查、收集证据必须合法、公正、全面、客观。第五十三条规定：行政机关或其他行政主体进行调查取证，可对证人进行询问，对违法行为嫌疑人进行讯问。进行询问和讯问时，执法人员不得少于两人，并应当制作笔录。第五十四条规定：行政机关为调查取证，可以依法调阅行政相对人的账册和有关材料进行审查，调取账册和材料时，应向行政相对人出示调阅证书，并出具收据。行政机关为调查取证，可以依法对行政相对人的工作场地、办公场所、住宅进行检查。检查时，执法人员不得少于两人，并应向相对人出示身份证件和检查证件。在检查过程中，行政机关可以采取抽样取证的方法，在证据可能灭失或以后难以取得的情况下，经行政机关负责人批准，可先行登记保存，并应在七日内及时作出处理决定。

（四）比例原则

比例原则作为行政法的一项重要原则，已经越来越受到各国的普遍重视，比例原则的主要内容即目的性、必要性和比例性，也越来越成为制约行政行为的重要规则。① 法治发达的国家或地区，均十分强调比例原则对证据调查、收集的规制作用。虽然证据的调查、收集必须要依法作出，但是任何立法都不可能做到事无巨细、全都包括，尤其像行政程序证据收集这样的证据行为作为一种微观执法往往更难细致地具体规范。因此，立法不可避免地要使用一些概括性的条款为行政机关的证据收集行为留有自由裁量的空间。这样，行政机关在具体实施证据收集时遵守比例原则就显得意义重大。具体而言，比例原则要求行政机关在证据收集时，所采取的方法、方式和手段应该有助于达成既定的行政管理的任务和目标；在有多种同样能达成证据收集目标的方法、方式和手段存在的情况下，行政机关应该选择对行政相对人的合法权益可能造成的损害最小的一种措施来作出；而且，行政机关在证据收集时所采取的方法和手段可能对行政相对人造成的损害必须与行政机关所欲达成的行政目标的利益合比例或相称，不得显失均衡。因此，比例性原则要求行政主体在实施证据收集时，即使依法可以限制相对人的合法权益、设定相对人的义务，也不应当使相对人所受的损失超过所追求的公共利益，也不得无故加重行政相对人的义务。

（五）及时原则

此外，行政程序中的证据收集还必须及时。违法人员为了掩盖违法行为、逃避处罚，往往想方设法破坏现场、销毁证据，甚至伪造证据。同时，自然条件的变化和其他原因也可能对物证产生影响或者使物证丢失，因此行政程序证据的收集必须要行动迅速、及时，才能收集到更多的、翔实的、符合实际情况的证据。在取证时效方面，我国当前的法律并没有明确的规定。而这个漏洞为某些行政机关怠慢行政提供了方便。在“行政国”时代，允许行政机关消极怠工显然是与行政管理活动追求的效率价值是格格不入的，所以在法律中规定行政程序证据的取证时限是相当必要的。

（六）自愿供证原则

虽然行政程序中证据的收集主要在行政机关的主持下进行，但是不得违反当事人自愿原则，在引诱或强制力等外力驱使下供证。普通法中“考

---

① 参见黄学贤：《行政法中的比例原则研究》，《法律科学》2001 年第 1 期。

门罗原则”认为，不当的自白或不自由的自白不应作为定案的证据。“考门罗原则”是证据法中极为重要的原则，其理论基础是：只有当事人在人身、财产处于安全的前提下作出自白，才能保证其内容的真实性。如果当事人在外力驱使下作出自白，则必然会自觉顺从外力驱使的要求，这种自白的真实性势必令人怀疑。因此，不当的自白或不自由的自白应当从证据中排除。“考门罗原则”要求当事人自愿供证是对行政机关片面追求行政效率的一种“反制”，这是程序公正、追求行政法治的基本要求。相应地，违反自愿供证原则所取得的证据规则在原则上应当从证据中排除，但对具有客观真实性的证据，有学者主张应当区别对待：在行政程序中如果有其他证据印证，应当认定；没有其他证据印证，则应当排除。①

三、行政程序证据收集的程序

以行政程序的视角来看，证据收集行为仅仅是整个行政程序中的一个过程、一个阶段。然而如果将视角限定在行政机关的收集证据行为本身，证据收集行为又有其自身的程序性问题。而认识清楚行政程序证据收集行为自身的程序性问题，对于在行政程序法中讨论证据制度有其积极意义。笔者以为，行政程序证据收集行为自身也应当符合正当程序理念，应该在正当行政程序原则指导下将其纳入法治的轨道。

（一）行政程序证据收集与正当行政程序理念

前文已经论述了正当行政程序理念对于行政程序证据制度建构的指导意义，正当行政程序不仅是行政程序法的一个根本原则和理念，也是指导行政程序证据各项基本制度的基本原则。因此，系统深入地研究正当行政程序指导下的行政程序证据收集制度具有重要的理论意义和现实意义。

1. 讨论行政程序证据收集程序问题的意义

首先，实践中涌现的问题亟待深入研究。行政程序中的证据收集作为一种微观执法行为往往受到理论界和实务界的忽视，然而实践中很多典型事例一次次提醒我们应当重视相关领域的研究。例如 2009 年 10 月，河南民工孙中界因被“钓鱼执法”而剁指自证清白震动全国，使上海交通管理部门乃至全国其他一些地方行政管理部门存在的“钓鱼执法”现象浮出水面，

① 参见章剑生：《行政程序法学原理》，中国政法大学出版社 1994 年版，第 190 页。

并招至社会舆论的一致炮轰。《人民日报》惊呼："钓鱼式执法"危害猛于虎。《中国青年报》呼吁：砍掉"钓鱼执法"的指挥棒。由此，"钓鱼执法"成了千夫所指、众人唾骂的行径。[①] 这不仅反映了某些行政执法部门利益背后的驱动效应，更反映了这些行政执法机关对公权力的滥用，对法律和良知的无视程度。"孙中界断指案"惨烈事实震惊民众的同时，也将质疑"钓鱼执法"合法性的矛头直指相关执法部门。人们在质疑其执法合法性的同时，对于其提前锁定嫌疑人并利用不当手段取证的程序及过程是否触犯法律，也表示了质疑。

其次，依法行政原则要求行政执法符合程序法治。国务院《全面推进依法行政实施纲要》提出，行政机关实施行政管理应当"严格按照法定程序行使权力、履行职责"，"完善行政决策程序"，依法行政包括"程序正当"的基本要求，等等。可见行政程序在建设法治政府中是一项不可或缺的重要内容，依法行政首先要"程序正当"。[②] 行政程序作为规范行政权、体现法治形式合理性的行为过程，是实现行政法治的重要前提，而行政程序发达与否是衡量一国行政法治程度的重要标志。因此，行政执法要符合法治的要求，必然要求程序法治。而良好的行政程序取决于它是否具有正当性，唯有正当的行政程序才能实现对行政权恣意的有效控制，保障基本人权。相应地，任何行政执法活动（当然也包括行政程序证据收集活动）要具有合法性的话，必须符合正当程序的要求。

最后，行政程序中证据收集自身的程序是否符合法治要求直接关系到收集到的证据的证明能力和证明力。收集证据的程序包括在人数上、收集证据人员的身份证明上、在重大行为上的领导批准、收集证据的步骤方法上、法定期限的限制上等。如果在这些方面不符合法律、法规、规章的规定，就构成了收集证据程序违法，那么违反法定程序收集的证据即使能够证明案件的事实，也不能作为证据加以使用，即违反程序收集到的证据不是证据，审查机关不能将其作为证据使用。在实践中，除了这些证据外，行政机关又不能找其他证据来代替，只得接受败诉的后果。

---

① 很多网民在互联网上发表了自己的观点，如徐爱民的《"钓鱼执法"：执法是幌子获利是根本》，莫清华的《"钓鱼执法"是公权在践踏法律和良知》等。

② 参见杨小君：《依法行政首先要"程序正当"》，人民网，http://www.people.com.cn/GB/14576/15177/3058886.html，访问日期 2009 年 12 月 20 日。

2. 行政程序证据收集的正当性要求

行政程序的正当性主要体现在程序的公开、公正和公平上，三者有机统一才能实现程序的正当性要求。[①]

（1）行政程序证据收集必须公开。英国有一句古老的格言："正义不仅应当得到伸张，而且应以看得见的方式得以伸张。"这句法谚的意思是说正义应当通过公开的程序加以实现。相反，"没有公开则无所谓正义"，公开是现代民主政治的基本要求。行政程序证据收集公开，要求将行政机关证据调查、收集的基本过程公之于社会，接受社会的监督，防止行政权被滥用。行政程序证据收集公开包括证据收集的依据公开、收集的信息公开、通过听证制度公开和调查结果公开四个方面的内容。

（2）行政程序证据收集必须公正、公平。这是指行政主体进行证据收集时必须公正、公平，尤其是公正、公平地行使行政自由裁量权。行政主体公正、公平地行使权力，对于行政主体来说，是树立行政权威的源泉；对于行政相对人和社会来说，是信任行政权的基础，也是行政权具有执行力量的保证。行政程序证据收集遵循公正、公平原则应当包括以下内容：①必须为行政相对人确立相应的程序权利，同时为行政主体设置相应的行政程序义务，才能确保程序公正、公平原则在证据收集过程中得以体现。②行政主体在证据收集中所选择的方法、方式和步骤必须符合客观情况，具有可行性。缺乏可行性的方法、方式和步骤既不能确保行政主体公正、公平地行使权力，也不能使行政相对人维护自身的合法权益。③行政主体所选择的方法、方式和步骤必须符合规律和常规，具有科学性。客观规律和常规体现了人们对客观事物的认同性。在行政程序的选择上，如果行政主体违背这种认同性，不仅难以达到证据收集目的，而且会引发相对方的不满和抵触情绪，增加行政主体管理社会事务的难度。④行政主体所选择的行政程序必须符合社会公共道德，具有合理性。社会公共道德不具有与法律一样的强制性，但它是一个社会正常发展的基本条件。人们的许多行为在受法律规范的同时，也受社会公共道德的约束。因此，行政主体的证据收集行为必须充分体现社会公共道德所蕴涵的公平内容，尽可能体现社会绝大部分人的利益和要求。⑤行政主体证据收集所选择的方法、方式和步骤必须符合一般社会公正价值，具有正当性。自古以来，公正始终是法

---

① 参见姜明安主编：《行政法与行政诉讼法》，北京大学出版社 2005 年版，第 372 页。

律内涵的基本价值之一。英国普通法中的“自然公正原则”的法律精神现已为民主宪政体制下的法律所接受，在程序法律中的影响尤其明显。它要求行政主体必须在公正原则支配下行使行政权。不考虑相关的因素或者考虑了不相关的因素，都是缺乏行政公正性的表现。由此可见，证据收集行为的正当性事关证据目标目的本意、事关行政执法目的的实现、事关客观规律和常规、事关社会公共道德、事关一般社会公正价值。

（二）行政程序证据收集中的程序要件

行政程序证据收集的程序要件是指行政机关在行政程序中进行证据收集应当遵循的程序步骤和环节。程序要件是行政程序中证据收集符合正当行政程序原则的重要保障。正如有学者所言，“程序规则是对行政机关行政调查行为进行控制的重要手段。不管什么类型的行政调查，符合法定程序要件是法治主义的必然要求”。[①] 不对证据收集自身的程序性步骤加以认识，也就忽略了在程序的层面上对行政程序证据收集中行使行政权的规制，以及对相对人相关权益的保障。这也是现代行政程序法治的重要体现。尽管行政程序证据收集行为因其目的、对象、方法及程度复杂多端，故其程序要件亦粗细有别，但似乎也没有必要对证据收集的程序步骤分门别类地加以研究，其实它们在一定程度上是相通的，而且也很难事无巨细地、详尽地对所有证据收集的程序步骤进行研究。因此不妨可以就一些重要的、普遍共通性的程序要件加以整理归纳，其他的则可以留待部门行政法加以深化研究。那么哪些要件才能称得上是行政调查的程序要件？笔者认为表明身份、说明理由、提取证据、告知结果、告知权利是行政程序证据收集的五大程序要件。

（1）表明身份。表明身份是指行政机关在进行证据收集时，应主动向对方当事人出示有效的身份证明，包括出示工作证件、授权证书或佩带公务标志等，以证明其所具有的进行证据调查、收集的主体资格和行为资格。行政主体表明身份往往意味着证据调查、收集活动的开始，其重要性不言而喻。有关证据收集的行政调查权并不是任何组织和个人都拥有的权力，其获得需来自于法律的规定或者行政授权、委托等。而法律的规定或者行政授权、委托等如何得以证明，就需要通过表明身份。表明身份是确认执

① 杨海坤、黄学贤：《中国行政程序法典化——从比较法角度研究》，法律出版社 1999 年版，第 266 页。

行公务的职权依据，并标志着行政行为的启动。表明身份制度通过行政机关自觉公开其身份的方式，可以使相对人免受不法侵害，有利于防止不法分子的假冒诈骗行为，维护社会正常管理秩序；同时有利于防止行政职权的行使者滥用职权、超越职权，使行政行为处于公众的监督之下。[①] 在行政法律制度中确立表明身份制度是许多国家的共识。我国现行行政法律中也规定了表明身份制度。我国《行政处罚法》第三十七条规定：行政机关在进行调查或者进行检查时，执法人员不得少于两人，并应当向当事人或者有关人员出示证件。《税收征管法》第五十九条规定：税务机关派出的人员进行税务检查时，应当出示税务检查证和税务检查通知书……未出示税务检查证和税务检查通知书的，被检查人有权拒绝检查。《公安机关办理行政案件程序规定》第三十七条规定：公安机关在调查时，办案人员不得少于两人，并应当向被调查人员表明执法身份。《公安派出所执勤执法工作规范》第七十八条规定：公安派出所民警执行治安检查时应当主动出示工作证或者其他执法证件，表明身份，提出检查要求。

（2）说明理由。行政机关在进行证据收集时必须认定事实、适用法律，并以事实为依据、法律为准绳。因此，按照民主、法治的要求，行政机关应当将作出行政行为在事实上和法律上的理由对行政相对人说明。这样，既增加了行政主体在作出行政行为时的义务，使其在证据调查收集行为作出前周全地考虑相关因素，在理由充分的情况下慎重行事，避免行政机关恣意擅断；又使行政相对人能够清晰地了解作出相关行为的事实和法律依据，减少抵触情绪和抗拒行为。在实施证据调查、收集时，除法律、法规有特别规定的以外，行政机关应当公开进行，并向当事人说明原因、依据、方式和方法。行政机关在作出调查结论前，尤其是在作出对行政相对人不利的调查结论之前或之时，应对行政相对人说明作出调查结论的理由，并以书面的方式通知行政相对人。

（3）提取证据。提取证据是指行政机关通过要求当事人陈述、进行统计、检查、现场勘察、鉴定等方法来了解事实情况、提取证据资料等的一个程序步骤。提取证据是证据收集的目的所在，也可以说是行政调查的核心。行政机关提取证据必须以合法手段作出，用非法手段提取的证据是无效的。在提取证据过程中，行政相对人为了保护自己的合法权益，可以主

① 张引、熊菁华：《行政程序法的基本原则及相应制度》，《行政法学研究》2003 年第 2 期。

动提供证据，而且还有权请求行政机关进行有关提取证据行为。行政机关提取证据应当客观、全面、及时，对行政相对人有利和不利的证据应当同样注意。提取证据必须符合法定程序，符合法定的特别要件和方式。例如，进入公民住宅进行检查必须持有特别检查证，行政人员需要对女性公民的身体特征、伤害情况、生理状况，或者所携带的物品进行检查时，应当由女性工作人员进行等。证据的提取还必须遵守法定时效，行政机关必须在作出调查结论之前提取所有相关的证据材料，而不能在结论作出之后补充，否则就失去了证据提取的意义。此外，还应注意所提取的证据材料必须与证据收集的目的相关。

（4）告知结果。由于证据收集的结果直接影响后续行政行为的作出，不仅会影响行政相对人的程序权利义务，也会影响相应的实体权利义务。所以无论证据收集以何种方式作出，都应当将调查取证的结果告知行政相对人。这既是行政机关在行政程序中履行的基本义务，也是行政相对人的一项基本权利。证据调查收集的结论原则上应以书面形式（调查笔录）告知对方。行政机关在调查笔录上应当记明调查的时间、地点、内容、在场人员，经被调查人或其代理人核实后，由参加调查的公务人员、被调查人或其代理人以及其他程序参与人，如见证人等签名或者盖章。被调查人或者代理人对记录有异议的或者拒绝签名的，应当注明，并且由参加调查取证的公务人员和见证人签字或者盖章。

（5）告知权利。与告知调查取证结果相关的是，行政机关在调查取证结束后必须告知行政相对人有关权利，包括对调查结果的申辩权，对调查行为不服的申请行政复议、提起行政诉讼以及请求行政赔偿的权利。在行政实践活动中，行政机关和行政相对人往往“信息不对称”，行政机关对于相关的行政法律制度和实务操作流程较为熟悉和了解，而行政相对人对于自己的权利和义务不一定清楚而处于弱势地位。尤其在我国法治建设不甚完善的背景下更要强调行政主体在行政行为中有及时告知行政相对人有关权利的义务。体现在证据调查收集过程中，行政机关在调查结束后告知行政相对人有关权利，有助于行政相对人全面、系统地掌握自己的合法权利，运用法律救济的武器维护自身的合法权益。

四、行政程序证据收集中的相关取证规则

行政程序中的取证规则是指行政主体为了查明案件事实，按照法定程序和方法发现、提取和固定证据的一种行为规范。尽管目前对行政程序中的取证规则没有统一的法律规定，但是分散的众多具体行政立法还是就行政程序证据收集规则作了很多较为详细的规定，同时行政诉讼作为行政程序的复审程序，行政程序中收集的证据理应也要符合《关于行政诉讼证据若干问题的规定》第二部分关于“提供证据的要求”的有关取证规则，同时还应关注域外有关证据收集中的特殊规则。

（一）原始证据优先收集规则

原始证据与传来证据相对应，前者是指直接来源于案件事实或原始出处的证据。例如，在违法行为发生的现场发现并获得的各种书证、物证，在调查、取证过程中获取的直接感知案件事实的证人的证言或当事人的陈述等。后者指不是直接来源于案件事实或原始出处，而是从间接的、非第一来源获得的证据材料。例如，有关书证的复印件、影印件，有关现场或物品的照片，证人转述他人感知事实的证言等。原始证据与传来证据的不同来源，决定了原始证据较传来证据更为可靠，有着更强的证明力。最高人民法院《关于行政诉讼证据若干问题的规定》第六十三条规定：“原始证据优于传来证据。”据此，行政执法人员在办案时收集证据应注意以下两点：

（1）在调查、取证过程中，应当收集、调取证据原件。只有当取得原件有困难或者可能给当事人的正常经营活动造成不便时，才能收集、调取原件的副本或复制件，并经当事人确认与原件一致后签名或盖章。例如，我国《海关办理行政处罚案件程序规定》第十五条规定，“海关收集的物证、书证应当是原物、原件。收集原物、原件确有困难的，可以拍摄、复制足以反映原物、原件内容或者外形的照片、录像、复制件，并且可以指定或者委托有关单位或者个人对原物、原件予以妥善保管”。第十六条规定，“海关收集电子数据或者录音、录像等视听资料，应当收集原始载体。收集原始载体确有困难的，可以收集复制件，注明制作方法、制作时间、制作人、证明对象以及原始载体存放处等，并且由有关单位或者个人确认后盖章或者签字”。

对于物证，应当收集、调取原物。原物不便搬运、保存的，才可以拍摄足以反映原物外形或者内容的照片、录像。对于证人证言，应尽可能寻找原始的证人证言。对于当事人的陈述，不能未经当面的询问或讯问就以当事人直接提供的书面证词或供词作为定案依据。

（2）在难以收集到原始证据的情况下，可以用传来证据代替原始证据。传来证据经查证属实，也可作为定案的依据。但是，如果只有传来证据，必须慎重定案，对案件事实不要轻易作出结论。否则，依此作出的行政决定在行政复议中很有可能被撤销，行政机关在行政诉讼中很有可能败诉。

（二）证据保全的规则

证据保全，是指行政机关在证据可能灭失或者以后难以取得的情况下，为了能够及时、正确地查明事实，可以依法暂时封存、扣押物证、书证等。例如，《中华人民共和国行政处罚》第三十七条第二款规定："行政机关在收集证据时，可以采取抽样取证的方法；在证据可能灭失或者以后难以取得的情况下，经行政机关负责人批准，可以先行登记保存，并应当在七日内及时作出处理决定，在此期间，当事人或者有关人员不得销毁或者转移证据。"

行政机关采取证据保全措施，必须具备下列法定要求：①必须经行政机关负责人批准；②应当先行登记，再采取封存、扣押的保全措施；③采取保全措施后应在一定时间内及时作出处理决定。证据登记保存措施是一种行政强制措施，应当严格依法实施，逾期的证据登记保存措施自行解除。同时，采取证据保全措施的行政机关在先行登记时应注意以下四点：

（1）必须出示行政机关的证明文件，以证明该行政机关有权力采取扣押措施，并已作出了扣押决定。例如，我国《药品监督行政处罚程序规定》第二十二条规定，"在证据可能灭失，或者以后难以取得的情况下，执法人员应当填写《先行登记保存物品审批表》，报药品监督管理部门主管领导批准。先行登记保存物品时，执法人员应当向当事人出具《先行登记保存物品通知书》"。

（2）必须邀请有关组织或者人员到场。例如，我国《烟草专卖行政处罚程序规定》第三十二条规定，"烟草专卖行政主管部门先行登记保存证据……当事人拒绝确认或者不在场的，应当有二名以上见证人在场确认；见证人不足二名或者拒绝确认的，执法人员应当在先行登记保存通知书上注明情况并签字"。邀请的有关组织或人员可以是当事人所在单位及负责人，住所地居委会（村委会），当事人及其家属等。

（3）必须查点清楚并开列清单。行政机关证据保全的物证、书证，应当会同见证人和当事人查点清楚，当场开列清单一式两份，由调查人员、见证人和当事人签名或者盖章。一份交当事人，另一份附卷备查。例如，我国《工商行政管理机关行政处罚程序规定》第三十三条规定，“先行登记保存有关证据，应当当场清点，开具清单，由当事人和办案人员签名或者盖章，交当事人一份，并当场交付先行登记保存证据通知书。”

（4）登记保全的物品，应当责成被调查人妥善保管，不得销毁或者转移，否则行政机关有权追究其法律责任。例如，我国《工商行政管理机关行政处罚程序规定》第三十三条规定，“先行登记保存期间，当事人或者有关人员不得损毁、销毁或者转移证据。”

（三）现场勘验的规则

行政机关为调查案件需要，有权依法进行现场勘验。但勘验物证或者现场必须符合以下法定要求：①必须根据法律、行政法规或者地方性法规的规定，执法人员才有权进行勘验，如《食品卫生法》规定，“食品卫生监督员在执行任务时，可以向食品生产经营者了解情况，索取必要的资料，进入生产经营场所检查，按照规定无偿采样；生产经营者不得拒绝或者隐瞒”。法律授予食品卫生监督员进入生产经营场所的权力是勘验的法定前提。②调查人员在必要时，即在收集证据、查明事实所必须时，方可行使这一权力。③调查人员进入生产场所、经营场所进行勘验，必须出示行政机关签发的统一制定的检查证。④勘验物证或者现场，调查人员应当邀请有关组织或者人员参加。⑤对勘验情况和结果应当制作勘验笔录，由调查人员、见证人和当事人签名或者盖章。调查人员在勘验时，可以对物证或者现场进行检查、检测或拍照。对于勘验的情况及其结果，调查人员必须认真制作笔录。勘验笔录是一种重要的证据。

除了法定条件外，执法人员在勘验检查时，应首先观察物证或现场是不是原始的，有无经过破坏或伪装。必要时，同时采取证据保全措施，扣押物证、封存现场。执法人员对与案件有关的物品或者场所进行勘验检查时，应当通知当事人到场，制作《勘验检查笔录》，当事人拒不到场的，可以请在场的其他人见证，不影响勘验的进行，但应当在勘验笔录中说明情况。勘验笔录应记载勘验的时间、地点、勘验人、在场人、勘验的经过和结果，由勘验人、当事人、在场人签名。勘验现场时绘制的现场图，应当

注明绘制的时间、方位、绘制人姓名和身份等内容。当事人对勘验结论有异议的，可以在行政机关作出行政行为之前申请重新勘验。

（四）特殊证据的收集规则

（1）关于域外证据的收集。我国已于1997年加入海牙国际取证公约。提取在中华人民共和国领域外形成的证据，应当说明来源，经所在国公证机关证明，并经中华人民共和国驻该国使领馆认证，或者履行中华人民共和国与证据所在国订立的有关条约中规定的证明手续。根据最高人民法院《关于我原驻苏联大使馆教育处出具的证明不具有证明效力的复函》的规定，我驻外大使馆具体行使涉外公证认证的职能部门是领事部，其他部门不具有该项职能，出具的涉外公证认证文书无效。如果调取在中华人民共和国香港特别行政区、澳门特别行政区和台湾地区内形成的证据，应当具有按照有关规定办理的证明手续。一般证明主要有四种方式：①我驻港、澳机构的证明；②当地工会联合会等团体的证明；③我司法部委托的港澳律师的证明；④台湾不冠以“中华民国”名义的公证机构或民间组织的证明。

（2）其他证据的收集。一是提取外文书证或者外国语视听资料，应当附有由具有翻译资质的机构翻译的或者其他翻译准确的中文译本，由翻译机构盖章或者翻译人员签名。二是调取的证据涉及国家秘密、商业秘密或者个人隐私的，应当作出明确标注。

（五）参与人协力规则

行政主体为查明行政相对人的有关情况，可以对行政相对人以及相对人以外的第三人依法调查和收集证据，被取证的单位和个人有义务对此予以支持和协助。例如，德国《联邦行政程序法》第26条第2项规定，“参与人应参加事实调查。参与人尤其应提供知道的事实和证据。其他协助事实调查的义务，尤其是到场或陈述的义务，仅存在于法律有规定的情况”。葡萄牙《行政程序法》第89条规定，“领导调查的机关，可命令利害关系人提供资料，以及就其他证据方法给予协助。”我国台湾地区“行政程序法”第三十九条规定，“行政机关基于调查事实及证据之必要，得要求当事人或第三人提供必要之文书、资料或物品”。瑞士《行政程序法》第17条规定，“被讯问之证人应提供其他相关之证据，尤其应提出其持有之文件”。等等。

目前学界对此证据收集规则问题关注较少，其实在我国借助公民调查取证首先具有宪法依据。[①] 其次，相关证据收集的法律规范在我国行政立法中广泛存在是不争的事实。《行政处罚法》第三十七条第一款规定，“当事人或者有关人员应当如实回答询问，并协助调查或者检查，不得阻挠”。《统计法》第三条规定，“国家机关、社会团体企事业组织和个体工商户等统计调查对象，必须依照本法和国家规定，如实提供统计资料，不得虚报、瞒报、拒报、迟报，不得伪造、篡改。基层群众性自治组织和公民有义务如实提供国家统计调查所需要的情况”。《中华人民共和国会计法》第三条，《中华人民共和国环境保护法》第二十七条、第三十一条以及《中华人民共和国水污染防治法》第十四条等也都有相关规定。2008 年颁布并生效的《湖南省行政程序规定》第六十七条规定，“当事人应当配合行政机关调查，并提供与调查有关的材料与信息。知晓有关情况的公民、法人或者其他组织应当协助行政机关的调查”。即规定了行政调查中的当事人协力制度。此外，江伟教授主持的《中国证据法草案建议稿》第一百二十九条规定：“当事人有根据对方当事人的申请或者人民法院的要求，提出任何证据的义务。对此项义务，当事人不能以自己不承担证明负担或者举证责任为由，拒绝提出。但法律另有规定的除外。”该条规定将当事人在一定条件下提出证据定性为义务。笔者以为，此虽为诉讼证据收集的有关规则，但其对行政程序证据的收集也有一定参照意义。

此种行政相对人和第三人予以支持和协助的义务在学理上被称为参与人“协力义务”（Duty to Cooperate；德语为 Mitwirkungspflicht[②]）。对此，宋

---

① 《宪法》第二条规定：“人民依照法律规定，通过各种途径和形式，管理国家事务，管理经济和文化事业，管理社会事务。”该规定为公民参与行政过程协助行政提供了宪法依据。《宪法》第二十七条第二款规定：“一切国家机关和国家工作人员必须依靠人民的支持，经常保持同人民的密切联系，倾听人民的意见和建议，接受人民的监督，努力为人民服务。”第一百一十一条第二款规定：“居民委员会、村民委员会设人民调解、治安保卫、公共卫生等委员会，办理本居住地区的公共事务和公益事业，调解民间纠纷，协助维护社会治安，并且向人民政府反映群众的意见、要求和提出建议。”

② 德国行政法在税捐稽征领域存在“纳税义务人之协力义务”（Mitwirkungspflicht）的概念，包括申报义务、记账义务、提示文据义务等。参见 H. W. Kruse，SteuerrechtI，3. Aufl.，München 1973，S. 240ff. 转引自吴庚：《行政法之理论与实用》，中国人民大学出版社 2005 年版，第 226 页。1988 年，陈敏教授首次在台湾地区发表了题为《租税稽征程序之协力义务》的文章。该文首次研究租税稽征领域的协力义务，并细腻地界定作为协力义务之义务人的“租税义务人”与“第三人”的范围。参见陈爱娥：《行政程序制度中之当事人协力义务》，载台湾“行政法学会”编《当事人协力义务、行政调查、国家赔偿》，元照出版公司 2006 年版，第 6 页。

雅芳教授认为行政调查中相对人有相关协力义务，而所谓当事人协力义务，“即行政当事人对行政主体及其工作人员依据职权执行公务的行为，有主动予以配合、协助的义务”。[①] 台湾地区学者洪家殷教授以行政处罚调查程序中的当事人协力为例，认为调查程序中的当事人往往处于被动地位，多只能配合行政机关，提供一定的协助。因此，在行政处罚的调查程序中，基于究明事实的必要，当事人依法即须参与并提供协力，才有协力义务发生。并认为，所谓行政处罚调查程序中的当事人协力义务，是指行政机关在进行违反行政法义务的调查程序中，为厘清事实，究明真相，依法由当事人提供协助，以确定违法构成要件的存在与否。[②] 关于行政程序中参与人协力其实既是一种参与权利也是一种参与义务，因此有学者认为参与人协力更多的是行政机关的自由裁量，参与人不予协力也不必然导致不利后果，当然参与人承担不予协力责任的情形必须“法律保留”。对此台湾地区学者罗传贤教授认为，为确保行政行为的合法性与正确性，宜规定当事人参与行政程序的责任。例如，到场陈述、提供物证、接受鉴定或勘验等责任。但基于期待可能性的合理考虑，此项责任尚非义务，故当事人如违反此项参与责任，在行政程序上尚不能强制执行，必须各个法律基于实际需要特别规定当事人有参与义务，才能依法律规定予以强制执行。[③] 因此，行政程序证据收集中的协力义务作为一种取证规则必须是一种法定的义务和责任，即行政程序证据的调查取证如果涉及当事人、利害关系人协力的必须由法律规定为限，否则相关程序参与人有不予协力的权利。当然此种“协力”也可以通过利益诱导机制来设定，2006 年 3 月，江苏省启东市公安局出台文件，规定各类车辆驾驶员如果协助公安机关进行社会治安管理，抓获或者扭送交通逃逸者或其他犯罪逃逸者等违法犯罪嫌疑人，或者有效制止违法犯罪，或者通过各种方式提供违法犯罪线索协助破案件，构成立功行为的，除了给予经济奖励，还根据立功程度相应扣减其交通违章处罚积分。[④]

　　行政程序中参与人协力制度作为行政程序中的公私合作制度极易滑向

---

① 宋雅芳：《论行政调查中相对人协助义务的限度》，《河南社会科学》2006 年第 5 期。

② 洪家殷：《行政处罚调查程序中之当事人协力义务》，载台湾“行政法学会”编《当事人协力义务、行政调查、国家赔偿》，元照出版公司 2006 年版，第 122 页。

③ 参见罗传贤：《行政程序法论》，五南图书出版公司 2000 年版，第 47 页。

④ 参见江苏省启东市公安局规范性文件《出租、客运车辆驾驶员维护社会治安有功行为奖励办法》。

"公私合谋"。随着社会的发展，政府承担越来越多的行政职能和社会职能，面对纷繁复杂的社会事务，在行政过程中寻求当事人、第三人的协助也合情合理。但是实践中参与人协力运作由于缺乏法律依据具有很强随意性，且多以公共利益为幌子，行政机关作出参与人协力的决定具有极大的自由裁量空间，在实践中也极易造成很多弊端。例如，行政机关任意课予当事人义务性的协力命令，借以减轻行政负担、逃避行政职责，给当事人造成不必要的负担。再如，行政机关在行政过程中往往存在诸如"钓鱼执法"这样借助第三人协力进行证据收集的现象，这个过程中就有可能出现"公私合谋"，行政部门借由合作的正当性的现象恣意介入社会范畴、侵害公民利益。[①] 因此必须立法限制行政程序中当事人协力的情形，特别是课予程序参与人协力义务的情形必须以"法律保留"。

第二节　行政程序证据举证制度

行政程序证据的举证制度主要是通过其证明责任的分配来安排的，其主要解决的是证明的主体，即"由谁来举证"的问题。证明责任一般是和裁决程序相伴相生的，只要发生案件事实真伪不明，证明责任就一定会起作用。[②] 张卫平教授所作罗森贝克《证明责任论》代译序的标题为"证明责任：世纪之猜想"，将证明责任的复杂性与数学上的哥德巴赫猜想相提并论，这种比照彰显了证明责任理论的重要性和复杂性。然而，证明责任作为司法裁决的重要规则，一般只是在讨论诉讼制度时才被提及，笔者认为

① 上海市委书记俞正声在2010年"两会"期间回答记者关于"钓鱼执法"产生的原因时，将"钓鱼执法"产生归结为"制度性错误"，他对记者答道："这种错误制度就是有奖举报。有奖举报不能笼统说是错误的，但是在这种情况下实行有奖举报的办法是错误的，它将导致职业举报人的产生。他们利用这种有奖举报的制度来挣钱，而执法部门采取相应的执法程序，这是错误的。"参见 http：//news. qq. com/a/20100308/000583. html，访问日期2010年3月12日。

② 证明责任规范与自由心证主义、证据裁判主义相结合，共同构成现代司法审判中法官裁判案件的裁判规范。所以说，证明责任是事关裁判全局的制度，这个制度出错，就会使整个案件诉讼的过程与结果都大不一样，甚至相反，因此证明责任几乎可以说是与"诉"俱来的问题，德国著名诉讼法学家罗森贝克就指出证明责任制度是"民事诉讼的脊梁"。参见［德］莱奥·罗森贝克：《证明责任论》，庄敬华译，中国法制出版社2002年版。

也应在行政程序中研究证明责任。因为事实判断和事实真伪不明也是行政行为作出过程同样要面对的问题。而且现代意义上的行政已经不单纯是执行法律，还集立法、执法、司法等多种功能于一身，研究行政程序证据证明责任不仅可以为行政程序本身的进行提供证据规则，并且对行政诉讼中证明责任的分配具有重大影响。

一、行政程序证据证明责任概述

建立现代证明责任理论是建立现代证明责任制度的前提，没有现代证明责任理论的指导，就无法建立现代证明责任制度。因此，本书将证明责任的概念及其机理引入行政程序，试图对行政程序证据举证过程中所涉及的证明责任问题作一个初步的探讨。

（一）行政程序证据证明责任界定

要建立行政程序证据证明责任理论，必须要借助一个科学的现代证明责任概念。证明责任是一个专业性、技术性很强，同时也极具复杂性的概念，它起到了联系实体法与程序法的桥梁作用，是证据制度的核心内容。

1. 证明责任释义

证明责任制度最早产生于古罗马法时代，古罗马的证明责任制度已经比较健全，对后世产生了极大影响。证明责任虽然是证据制度的核心内容，但是即使是证明责任的概念，至今仍存在很大的分歧。至少从英美法系和大陆法系的证明责任来看，它其实并不是一个一成不变的固定概念。

在英美法系中，证明责任（Burden of Proof）是一个总称术语，由说服责任（Persuasive Burden）和举证责任（Burden of Producing Evidence）构成。[①] 说服责任又称法定责任（Legal Burden），指当事人按照要求的证明标准，说服事实审理者基于全部证据确信有关争议事实为真实或具有充分盖然性的责任。当事人若无法依证明标准卸除其所负的说服责任，将在争议问题上承担败诉的结果。举证责任在中文中又翻译为“提供证据责任”、“提证责任”或可称为“证据责任”（Evidence Burden），指当事人就某一事

① 王名扬教授在《美国行政法（上）》一书中将 Burden of Proof 翻译成“举证责任”，并且进一步划分为提出证据的责任（Burden of Presentation of Evidence）和说服的责任（Burden of Persuation）。参见王名扬：《美国行政法（上）》，中国法制出版社 2005 年版，第 468 页。

实有责任提交足够的证据以证明其有理由获得有利于己的事实认定。[①] 举证责任的要素为：①当事人有义务提出适当的证据证明某些系争事实，以便法官在被证明的事实基础上作出对其有利的认定；②如果当事人未能适当履行举证责任，他就有可能承担在特定主张上失利的风险，这与说服责任履行不能的后果有所不同；③举证责任一旦由一方当事人适当履行，它便具有转移的效力，即他方当事人因此而承担举证责任；④举证责任是否已经适当履行，取决于证明标准是否达到。[②]

在大陆法系中，证明责任（德语为 Beweislast）被进一步区分为行为责任和结果责任。行为责任即行为意义上的证明责任，又称主观的证明责任、形式上的证明责任，指当事人为避免败诉的风险，负有提供证据证明其主张的责任；结果责任即结果意义上的证明责任，又称客观的证明责任、实质上的证明责任，指当案件系争事实最后仍处于真伪不明状态时，主张该事实的人要承担不利的。未尽结果责任的一方，当案件系争事实存否处于不明状态时，将受不利的裁判；但未尽行为责任，仅涉及法官的心证，不能为有利之影响，当案件系争事实处于不明状态时，并不当然受到不利的裁判。故结果责任不存在转换给对方当事人的问题，但行为责任则发生举证责任的转换问题。

在证明责任理论发展的初期，有相当长的一段时间，学者们都是从提供证据责任立场把握证明责任的本质。也许出于历史性的巧合，两大法系的学者在同一时期认识到了证明责任在诉讼结果方面的意义，并且形成一些共性的特征，主要体现在以下方面：①行为责任和举证责任与当事人的事实主张相伴相随，该种责任如不履行，必然直接导致不利的裁判后果。②在诉讼终结时，导致结果责任产生的条件是案件事实仍处于真伪不明状态，而导致产生说不服的责任的原因是当事人一方不能提供足够的优势证据，亦呈现出一种真伪不明的事实状态。③结果责任是对相对一方特定当事人而言的，尽管举证的行为责任可以在当事人之间反复转移，但结果责任始终不发生转移问题，它与一方当事人的事实主张固定相联系；而说服责任亦与特定一方当事人的事实主张相联系，始终不能发生转移问题，但举证责任会由于一方当事人提供足够的证据，使之转移至另一方当事人。

① 参见齐树洁主编：《英国证据法》，厦门大学出版社 2002 年版，第 171 页。

② 参见李浩：《英国证据法中的证明责任》，《比较法研究》1992 年第 4 期。

④两种责任的审判后果都是不利的。英美法系的诉讼在终结时，一方当事人因不能提供足够的优势证据而实际承担说不服的责任（或风险）；大陆法系的诉讼在终结时，一方当事人因不能提供充分的证据，而致案件事实仍处于真伪不明状态时，也要承担不利裁判的责任。[①]

“证明责任”一词在我国属于典型的“舶来品”，我国最初对证明责任概念的引入，是对日本法“举证责任”或“立证责任”的直接援引。但是“举证责任”的概念也不是产生于日本，而是来自德国，“举证责任”是对德国民事诉讼术语“Beweislast”的日译。所以我国的“举证责任”概念实际上是以日本为中介输入的德国术语。最初引入我国的“举证责任”指的是提供证据责任，而不是诉讼结果意义上的“举证责任”。在日本法学界就证明责任的双重含义达成共识后，日本专门研究德国证明责任理论的学者仓田卓次先生指出，“Beweislast 一直被译作‘立证责任’、‘举证责任’，但这种译法偏重于将 Beweislast 作为 Beweisfuhnungslast（履行证明责任），它忽视了 Beweis 的原本寓意。今天，在克服传统认识上的不足，已共识唯有 Feststellungslast（确定责任，该术语为罗森贝克在《证明责任（合订版）》初版中所提倡）才是 Beweislast 本质的情况下，应大胆地采用‘证明责任’这一表述”。[②] 然而，仓田卓次先生的主张并没有完全实现，“举证责任”的称谓仍然有很大的市场。在日本，最初“举证责任”、“证明责任”和“立证责任”三个用语是可以互换的，后来为了防止使用中产生混乱，似乎有些约定俗成地将实质上的“举证责任”称为“证明责任”，也就是说“举证责任”或“立证责任”有实质和形式之分，而“证明责任”只能等于实质上的“举证责任”，而没有实质上和形式上的分别，只要一提“证明责任”必然是指实质上的“举证责任”。

在日本出现的术语混乱也出现在我国学术界，国内学者当前对于“证明责任”和“举证责任”概念上的分歧使得对于证明责任问题仍无法用一个统一的概念来表述。在理论界，争论的焦点集中在如何认识证明责任与举证责任这两个概念之间的关系上，影响较大的观点有以下几种：第一种观点是同一说，认为证明责任就是举证责任；第二种观点是并列说，认为

① 参见毕玉谦：《民事证据法判例实务研究》，法律出版社 2001 年版，第 471 页。

② 罗森贝克：《证明责任（合订版）》，仓田卓次译，判例时报社 1987 年版，第 3 页，转引自陈刚：《证明责任概念辨析》，《现代法学》1997 年 2 月号。

证明责任和举证责任是两个完全不同的概念；第三种观点是大小说，认为不应将证明责任等同于举证责任，而是证明责任包含了举证责任；第四种观点是包容说，认为举证的目的是证明，而证明是举证的结果，因此，两者之间具有互相包容的特征；第五种观点是前后说，认为证明责任和举证责任是两个独立的概念，但两者之间存在着一种前后关系。

为规范法律术语的使用和避免无谓争议，有必要合理梳理两者之间的关系。目前我国学界所使用的证明责任有广义和狭义之分，广义的证明责任与举证责任是种属关系，而狭义的证明责任仅指“提供证据责任”，即“举证责任”。我国 1989 年颁布的《行政诉讼法》中首次采用了“举证责任”的概念，并确立了被告承担举证责任的制度。十几年来，理论界对这一规定的争论和司法界扩充解释的努力一直没有停止过。然而，我国法学概念中的“举证责任”只限于当事人向法院提供证据的责任，与大陆法系国家的“Beweislast”根本不是一回事。

目前，广义证明责任的含义中包含着一个重要的内容，即当事人利用提供的证据说服法官或陪审团对其所主张的事实形成内心确信，否则应当承受不利的诉讼后果。广义的证明责任包含着提供证据和利用证据进行说服的双重行为要求，提供证据只是完成说服义务的一个环节，而从现有的法律规定看，《行政诉讼法》第三十四条规定：“被告对作出的具体行政行为负有举证责任，应当提供作出该行政行为的证据和所依据的规范性文件。”举证被具体表述为提供证据。而最高人民法院公布的《关于执行〈中华人民共和国行政诉讼法〉若干问题的解释》（以下简称《若干解释》）和《关于行政诉讼证据若干问题的规定》（以下简称《证据规定》）中，除了保留《行政诉讼法》中关于行政举证责任的基本描述外，进一步规定被告不提供或者无正当理由逾期提供证据的后果，即“应当认定为”或“视为”该具体行政行为没有证据[①]，从而承担败诉的不利后果。举证责任明确等同于不提供或者无正当理由逾期提供证据的后果。现行立法与司法解释在实际上是将举证责任定义为提供证据的责任，虽然一些论述也提到“举证责任有两层含义，即行为责任与结果责任。行为责任是当事人就其诉讼主张向法院提供证据的责任，又称为主观的举证责任、形式意义上的举证责任

① 详见最高人民法院《关于执行〈中华人民共和国行政诉讼法〉若干问题的解释》第二十六条，最高人民法院《关于行政诉讼证据若干问题的规定》第一条。

等；结果责任又称为败诉风险责任客观的举证责任等，是指负有举证责任的当事人在不能提供足够的证据证明其主张的案件事实时所要承担的败诉风险”。[①] 但这里的结果责任仍然是未尽行为义务即未提供证据的责任，而不包括论证和说服和内容，总体上看仍属提供证据的义务及法律后果的范畴。笔者认为，仅对“举证责任”就事论事地讨论很难解决行政诉讼举证责任的分配、举证范围等诸多问题，结合证据证明的一般原理，从证明责任的视角进行研究更加合理。况且，作为证据制度中具体制度称谓来讲，使用“证明责任”更加全面和科学，本书也是从广义的证明责任的概念来论述。

另外，关于证明责任概念含义的争论，还可以从另外一个角度考察，即行为责任说、结果责任说和双重责任说。行为责任说认为，证明责任就是当事人提供证据进行诉讼的责任，至于当事人是否败诉，与证明责任没有直接关系。这种观点偏重于当事人的举证行为，而不顾及证明责任与诉讼后果之间的关系。结果责任说认为，证明责任就是法律预先规定，在案件事实真假难以确定的情况下，由一方当事人承担不利的后果。这种观点偏重于当事人的证明后果上，而不顾及诉讼后果与举证行为之间的关系。双重含义说认为，证明责任应当包括行为与后果两个方面，即行为意义上的证明责任与结果意义上的证明责任。

由于双重含义说比较客观地反映了证明责任和举证责任的关系，全面地说明了证明责任的含义和诉讼意义，也比较符合司法程序实际情况，因而得到了多数人的赞同。笔者也同意这种观点。

2. 行政程序证据证明责任

证明责任是在事实真伪不明的情况下，通过相关程序当事人举证行为的作出，从而在程序结果意义上承担相应义务和责任。只要存在事实真伪不明的情况，证明责任都要起作用，而事实判断和事实真伪不明是行政行为的作出者同样要面对的问题，所以笔者主张，完全可以将证明责任的概念及其机理引入行政程序。相应地，本书所述的行政程序证据证明责任是指在行政程序中行政法律关系主体双方对自己的主张是否有提出证据证明的义务以及提供证据义务的分配。从这个概念中可以看出，行政程序证据证明责任具有以下三个方面的特征：第一，行政程序证据证明责任发生在

① 孔祥俊：《行政诉讼证据规则通释》，《法律适用》2002 年第 10 期。

行政程序过程中而不是行政诉讼程序中，证明责任也主要是在行政法律关系中，而不是其他法律关系中。第二，行政程序证据证明责任是参与行政程序的行政法律关系主体双方根据法律规定对特定事实提供相关证据加以证明的责任。它既包括行政主体的证明责任，也包括行政程序当事人的证明责任。第三，行政程序证据证明责任是行政程序中参与主体根据法律规定应提供相关证据的义务以及相关义务的分配规则。

（二）行政程序证据证明责任与行政诉讼证明责任的关系

由于行政程序与行政诉讼都属于广义的法律程序，而且行政程序与行政诉讼在程序步骤上属于先后的关系，因此行政程序证据证明责任与行政诉讼证明责任的关系也极为密切，探讨两者的关系有助于深化对行政程序证据证明责任的认识。

首先，行政程序证据证明责任与行政诉讼证明责任所依据的实体法是同一的。无论是行政程序中的证明责任还是行政诉讼中的证明责任，都由行政实体法预先设定，而不是在程序法中单独设定的。这些行政实体法不仅是行政行为中分配证明责任的依据，而且是行政程序中分配证明责任的依据，同时也是行政诉讼中分配证明责任的依据。根据同样的实体法规则进行分配，必然导致证明责任分配的同一性。当然需要说明的是，在行政法领域，行政实体法与程序法一般不进行明确划分，或者说实体法与程序法一般共存。例如，美国《联邦行政程序法》中规定了证明责任分配，我国《行政复议法》、《行政处罚法》等法律中也规定了证明责任，这些都是由行政实体法与程序法密不可分的性质决定的。

其次，行政程序证据证明责任对行政诉讼证明责任具有重大影响，并且是行政诉讼中事实审查的主要内容。法院审理行政案件时，必须考虑行政程序中证明责任的分配是否正确。根据行政实体法确定的证明责任规则，作出具体行政行为是行政机关行使职权的方式，这种分配直接影响着具体行政行为的处理结果。例如，在行政许可中申请人承担举证责任，当申请人不能提供充分证据时，行政机关就会直接驳回其申请而不需要对其是否真正具备申请资格进行调查；但如果由行政机关承担举证责任，则其不仅要审查行政相对人的申请，还要审查决定是否应当颁发许可证书。又如在行政裁决行为中，如果行政机关承担证明责任，则它不仅要审查民事争议双方提供的证据，而且要自行调查收集证据为其裁决行为提供依据；但如果行政机关不承担证明责任，它就只需通过审查行政相对人提供的证据作

出结论。可见，行政行为的合法性与行政程序证明责任的分配是结合在一起的。法院审查行政行为的合法性，必然要确定行政程序证明责任的分配是否正确，然后才能决定行政诉讼中审查证据的范围以及如何确定证据的范围。行政程序中行政程序证据证明责任分配错误会成为法院撤销行政行为的理由。

再次，行政程序中证据的范围与行政诉讼中证据的范围基本一致。法律要求行政主体作出具体行政行为必须有充足的证据，并且这些证据必须是在作出行政行为之前收集的，这些基本要求可概括为行政程序中案卷排他性原则，表明行政程序证据证明责任是行政诉讼证明责任的基础，二者的证据范围基本一致。

最后，行政程序中证明责任的内容与行政诉讼中证明责任的内容基本一致。无论是行政执法还是行政诉讼，都要求对行政程序证据证明责任进行规制。根据案卷排他性原则，行政诉讼证据来源于行政程序，这是研究行政程序证据的重要原因。在一般情况下，法院在行政诉讼中主要审查行政程序证据，通过对这部分证据的审查来认定行政行为的合法性。当行政程序中行政机关承担举证责任时，行政机关在诉讼中只能提交行政程序中的证据。例如在行政处罚中，如果行政主体认为某个公民违法占用耕地，它就应当调查收集到足以证明行为人违法占用耕地的证据，否则不得作出处罚。相应地，它在行政诉讼中只能提交在行政程序中搜集到的所有证据。同理，在行政许可案件、行政裁决案件以及行政机关举行了正式听证程序的案件中，行政相对人在诉讼中也只能提交在行政程序中的证据。例如在工商登记申请案件中，申请人如在行政程序中因不能提交房屋使用证明而被行政机关认定为不符合条件，他就不能再以行政决定后拿到的房屋使用证明为依据而主张行政行为违法。①

二、行政程序证据证明责任的分配

证明责任是涉及法律程序中的当事人对自己的主张应当提出证据加以证实的问题。证明责任是证据制度中的核心内容，有关证据的内容都是以此为中心展开的。美国行政法学家伯纳德·施瓦茨教授认为："在实际诉讼

① 参见苟吉芝：《行政证据证明责任研究》，《中州学刊》2005 年第 5 期。

中，举证责任问题的实际重要性甚至比大多数律师认识到的还要大。确定举证责任问题常常就是决定谁胜谁负的问题。”在行政程序中，同样存在着与诉讼相同的情况，它需要通过证明责任的分配来解决有关争议的事实真相问题。当前对于证明责任分配的讨论主要在诉讼领域，诉讼的一大特点是其在模式上有对立的两造双方当事人。如果将行政程序中的行政机关从职能上作一个划分——作为行政程序中对立一方当事人和作为行政程序中的裁判者①，那么在诉讼中讨论的证明责任分配理论仍可适用于行政程序领域。

（一）证明责任分配理论

证明责任的核心问题是证明责任分配的问题，即当所争议的事实处于真伪不明的状态时，应当由哪一方当事人承担证明责任的问题。两大法系在有关证明责任分配问题的看法上各具特色。

当代英美法系的通说认为，证明责任分配不存在一般性标准（原则），只能在综合若干要素的基础上就具体案件进行具体性分配。在对具体案件进行证明责任分配时要考虑的要素包括：政策（Policy）、公平（Faimess）、证据所持（Possession of Roof）或证据距离、方便（Convenience）、盖然性（Probability）、经验规则（Ordinary Human Experience）、请求变更现状的当事人理应（承担证明责任）等，其中最为重要的要素是政策、公平和盖然性。由于英美法系实际上是综合各种程序参与方的利益，以实证方式分配证明责任，所以可以将这种分配证明责任的理论称作“利益衡量说”。

而当代大陆法系证明责任分配的通说是“规范说”（又称为“法律要件分类说”）。该学说为德国学者罗森贝克所创立。② 他在《证明责任论》一书中主张以法规要件分类为出发点，并主要以法律条文的表义和构造为标准分析法律规定的原则和例外，以及基本规定和反对规定之间的关系，以此分配证明责任。相应的证明责任分配原则是，如果没有一定的法规可以适用，则无法获得诉讼上请求效果的当事人，应就该法规要件在实际上已经存在的事实予以主张和举证。简而言之，各当事人应对其有利自己的规

① 在有些行政程序类型中，如行政处罚程序、行政强制程序、行政许可程序、行政命令程序，行政机关可以说“既是球员也是裁判”，当然也有一些行政程序类型，如行政裁决程序、行政复议程序等，行政机关可以与程序当事人的角色和功能分离。

② 罗森贝克的规范说在传入日本后，日本学者将以此为基础建立的学说统称为“法律要件分类说”。参见陈刚：《证明责任法研究》，中国人民大学出版社 2000 年版，第 184 页。

范要件加以主张和举证。①

两大法系证明责任分配标准的区别及其长短之处主要由诉讼方法论上的差异引起。英美法系采用事实出发型诉讼，强调法官在具体诉讼中发现法、创造法的作用，以判例法优位为本旨。因此，英美法系的证明责任分配法则表现为多元要素的集合（利益衡量说），具有灵活性、司法对策性强的特点，但存在着任意性、不统一性的缺点。大陆法系采用法规出发型诉讼，按照裁判三段论强调法官在诉讼中实现法、确证法的作用，奉行制定法为裁判规范原则。因此，大陆法系的证明责任分配法则主要依附于实体法规范。如同法规出发型诉讼固有的特点（机械性）一样，“法律要件分类说”虽具有分配标准明确、便于司法运作和与实体法调和的优点，但在灵活性、司法对策性方面则暴露出明显的不足。为弥补各自证明责任分配标准的天然不足，两大法系正在不断互相靠拢，吸收对方优点进行互补。但由于两者诉讼方法论的不同，从常识上分析，在目前的条件下，英美法系还难以割舍“利益衡量说”而取“法律要件分类说”，大陆法系也绝不会全面抛弃“法律要件分类说”而适用“利益衡量说”。

（二）行政程序证明责任分配的特殊性

上述证明责任分配学说基本是在诉讼程序领域中的讨论，但这些学说对于讨论行政程序中的证明责任分配具有重大的借鉴意义。行政行为的构成要件要求，行政行为符合程序的一个基本规则是先取证后裁决，即行政主体在作出行政裁决前，应当充分收集证据，然后根据事实、对照法律作出裁决。而不能在毫无证据的情况下，对公民、法人或其他组织作出行政行为。因此，当行政机关作出行政行为时，应当能够有充分的事实材料证明其行政行为的合法性。而在行政程序中，行政机关只要涉及事实的判断问题，就不可避免地出现事实无法证明，发生事实真伪不明的情形，此时由谁承担不利后果，就必须运用证明责任分配理论来解决。当然，行政程序中的证明责任分配具有区别于诉讼程序中证明责任的特殊性，笔者认为其特殊性来自以下几个方面：

（1）来自行政行为的内容。根据对行政相对人实体效果的影响的不同，行政行为可以分为负担性行政行为和授益性行政行为。前者给行政相对人

---

①［德］莱奥·罗森贝克：《证明责任论》，庄敬华译，中国法制出版社 2002 年版，序言第 5－7 页。

带来不利结果，后者带来有利结果。而行政相对人相对于行政机关，又处于相对的弱势，这就决定了在证明责任分配上必须向弱势方进行适当倾斜。

（2）来自行政机关的双重身份。在行政程序中，行政主体一定程度上既是“运动员”又是“裁判员”，他既是证明责任的主体，又是证明结果的裁判者。这种双重的身份决定了必然要加重行政机关的证明责任和提高其证明标准，才能从制度上控制行政机关权力的滥用。

（3）来自证明能力的不对等。行政法律关系中，行政主体处于主动地位，其实施行政行为时一般无须征得公民、法人或其他组织的同意，公民、法人或其他组织处于被动地位，而行政机关以国家为后盾，具有强大的经济能力和调查能力。特别是在我国，不论是在行政机关还是在普通民众，甚至是行政相对人自己意识中，行政机关都具有绝对的优势。这就要求行政机关在行政决定作出过程中必须承担更重的证明责任以最大限度地保证程序正义，以最终促成实质正义的实现。

（4）来自信息的不对称。行政主体和行政相对人之间存在信息不对称的现象。这是各国行政管理普遍的现象，几乎也是行政管理固有的定律。例如在有些行政案件中，一些证据需要一定的知识、技术手段、资料乃至设备才能取得，而这些又是行政相对人所不具备的。例如对环境是否造成污染、污染的程度多大、某项独创是否获得发明专利、药品管理中伪劣药品的认定等，这些都是行政相对人无法搜集的和不易证明的。行政机关在政府文件等方面具有强大的信息优势。当然，我们需要注意，在依申请行政行为中申请人对自身情况更为了解，掌握着充分的资料，这时行政相对人具有信息优势。这就决定了两种不同的行政行为在证明责任的分配上应有所不同。

三、行政程序证明责任分配规则的具体适用

由于行政程序本身复杂多样的特征，诸如行政处罚程序、行政强制程序、行政许可程序等，决定了当事人双方在证明地位及证明处境等方面都存在较大的差异，那种企图制定一条放之四海而皆准的证明责任分配规则的想法至少在行政程序中是不切实际的。对此，德国汉堡大学费利克斯（Dagmar Felix）教授在他的论文中论及德国行政程序法上证明责任分配的问题时说道：虽然在德国行政程序中，行政机关依职权调取证据，但当事人

对行政程序没有形式的证明责任。因为行政机关的任务是充当程序的主人，它调查所有必要的事实。但在公法上还存在实质的证明责任。一般来说，当事实真伪不明时，证明责任由要求因此获得对自己有利的法律结果的一方承担。[①] 类似地，我国学者章剑生教授认为，行政程序中的举证责任应遵循“谁主张，谁举证”的原则，以区别于行政诉讼中被告承担举证责任的原则，这一原则要求行政程序引发者提出证据，从而体现行政经济、效率原则。[②] 但是笔者以为，相关观点仍没有充分考虑到由于行政行为种类的多样性、复杂性、特殊性，证明责任也应相应灵活处理。基于以上讨论，笔者以法律要件分类说为基础，结合利益衡量说等证明责任分配理论学说，充分考虑相关行政程序立法的特殊性，对行政程序中的证明责任分配作如下讨论：

（一）依据行政行为类别进行的证明责任分配

行政程序证据的证明责任必然与行政行为的不同类型或形式结合在一起。不同的行政行为具有不同的证明责任分配。在研究行政程序证据证明责任时可以将证明责任与行政行为的类型进行分类研究，因为行政程序证据的证明责任不仅受到行政行为类型的影响，而且还受到行政行为自身特点的影响。笔者以下对行政程序证据制度证明责任分配具体规则适用的阐述，便是基于行政行为分类展开的。

首先，我们可以按照是否针对不特定对象作出的行政行为中的证明责任分配进行具体讨论，分为具体行政行为程序和抽象行政行为程序中的证明责任分担。抽象行政行为是指行政机关制定规范性文件的行为。行政机关制定规范性文件的活动，是行政机关行使国家赋予的立法权的行为。证明对象在获得确证之前处于真假不明的状态，而证明责任是为了确证其真假，从而将证据的提供落实在特定的程序参与主体的证据制度。有关抽象行政行为合法性的事实，根据行政复议法的规定，行政法规和规章以外的抽象行政行为也是行政诉讼的审查对象，所以与其合法性有关的事实也就成为一般行政诉讼的证明对象，具体包括：作为抽象行政行为主体的行政机关依法对不特定的人和事件制定具有普遍约束力的行为规则的行为；制

① Dagmar Felix，Das förmliche Verwaltungsverfahren und das Verfahrensbeweisrecht，转引自冯凯、高志新《中国行政程序法：起草资料汇编》，中信出版社 2004 年版，第 831 页。

② 参见章剑生：《行政程序法学原理》，中国政法大学出版社 1994 年版，第 198 – 199 页。

定抽象行政行为的程序是否合法；抽象行政行为的适用范围和效力情况等。行政机关必须为证明这些事实提供相应证据，抽象行政行为的举证责任相应地由行政机关来承担。具体行政行为是行政主体就特定的事项，针对特定的行政相对人作出的具体处理。在具体行政行为中由于具体行政行为表现的方式不同，证明责任的分担也各不相同。

其次，根据行政机关在行政法律关系中所处的地位不同，可划分为行政处理行为程序和行政司法行为程序。其中，行政处理行为是指行政机关依职权作出的涉及相对人具体权利和义务的行为。以行政机关是否可以主动实施为标准，可将行政处理行为划分为依职权行政行为和依申请行政行为。前者不需要行政相对人的任何表示，行政机关可以主动作出，基本都是负担性行政行为；后者需要行政相对人申请后行政机关才可作出，基本都是授益性行政行为。两种行政处理行为的不同性质决定了在行政程序中讨论证明责任必须分依职权行政行为和依申请行政行为来讨论。而行政司法行为是指行政机关作为中立的第三方去解决行政相对人之间纠纷的行为，又叫准司法行为，主要包括行政裁决、行政调解及行政复议三种。下面将对这两种行政程序中的责任分配问题进行讨论。

1. 行政处理行为中的证明责任分配

行政机关在行政处理行为中是与行政相对人相对应的另一方行政主体。根据行政机关行使行政职权主动与否，一般将其分为依职权的行政行为和依申请的行政行为，两者的证明责任迥然相异。在分配证明责任时要遵循一个重要的原则——平衡原则，即分配证明责任时要充分考虑到当事人双方举证地位和举证处境的平衡。若当事人双方举证地位、举证处境平衡，在当事人之间应均衡地分配证明责任；若当事人双方举证地位、举证处境不平衡，分配证明责任时要向举证地位、举证处境占优势或主张的待证事实盖然性低的一方倾斜。

（1）依职权行政行为中的证明责任分配问题。按照法律要件分类说，各当事人应就有利于自己的法律规范要件事实加以主张和举证。如果行政相对人违法并需要作出相应行政决定（如行政处罚、行政强制等），行政机关应承担此法律构成要件事实的证明责任。而行政相对人则应承担不利处分免除、特殊情况等阻却事由的证明责任。上述证明责任虽然在同一行政程序中，但有先后之分，如果行政机关不能证明行政相对人应当受到不利处分，则行政相对人没有证明不利处分免除、特殊情况等阻却事由存在的

必要。此时，如果行政相对人是否应受到不利处分的事实真伪不明，其不利后果由行政机关承担，不能对行政相对人作出不利处分。如果行政机关成功地证明了行政相对人应当受到不利处分，则行政相对人可以提出证据证明不利处分免除、特殊情况等阻却事由的存在，如果行政相对人能够成功证明该点，行政机关也不能对其进行不利处分；但如果不利处分免除、特殊情况等阻却事由处于真伪不明的状态，则行政相对人应承担不利后果，行政机关可对其作出不利处分。[①]

（2）依申请行政行为中的证明责任分配。依申请的行政行为是行政机关对行政相对人提出的申请进行审查，决定是否赋予相对人某种权益或资格的行政行为。在依申请的行政行为中行政机关不得主动行使职权，必须依行政相对人的申请而为之。依申请行政行为程序的启动与推进完全由行政相对人掌握，故分配证明责任时，行政相对人都应承担证明自己符合授益性法律规范构成要件事实的证明责任，而行政机关则应承担权利阻却法律规范构成要件事实的证明责任[②]。笔者认为，在依申请的行政行为中，行政机关不必主动调查取证，应由行政相对人对自己提出的申请承担证明责任，否则行政机关可直接驳回行政相对人的申请。通过我国《行政许可法》第三十一条“申请人申请行政许可，应当如实向行政机关提交有关材料和反映真实情况，并对其申请材料实质内容的真实性负责……”的规定可以看出，在行政许可程序中，申请人要提交证据材料证明自己申请的事项，行政机关仅仅审查相对人移交的证据材料是否符合条件，据以作出许可与否的决定。

在授益行政行为中还存在以下情况：虽然行政相对人符合法律法规规定的条件，但由于授益资源的缺乏，行政机关在自由裁量权的范围内仍可

① 这里是严格按照法律要件分类说进行的讨论，但行政机关对于证据的接近、举证能力的强大、“运动员和裁判员合为一体”的身份决定了应当加重行政机关的证明责任，减轻行政相对人的证明责任。行政相对人对于不利处分免除、特殊情况等阻却事由的证明责任只应是基于主张责任上的提出证据或者证据线索的责任。在一般情况下，如果行政相对人提出初步证据证明用以证明不利处分免除、特殊情况等阻却事由的存在，则行政机关就必须承担起前述情形不存在的证明责任；在特殊情形，如限制行政相对人人身自由的情形下，只要行政相对人提出了证据线索，行政机关就必须承担不利处分免除、特殊情况等阻却事由不存在的证明责任。参见张生涌：《论行政证据》，西南政法大学 2004 年硕士学位论文，第 21 页。

② 比如为国家利益的需要或者国家在紧急情况下不能对行政相对人作出授益性行政行为时，行政机关就应该证明国家紧急情况的存在或如果授益于行政相对人将导致国家利益遭受重大损害。

拒绝行政相对人的请求。在这种情况下，虽然行政机关拒绝行政相对人的请求在其自由裁量权范围之内，但根据行政行为应当说明理由的基本原则，行政机关应当对自己的行政行为作出合理的解释，包括提出证据证明自己解释的合理合法性，这实际上是行政机关在承担说服责任，而不是证明责任。

2. 行政司法行为中的证明责任分配

根据行政机关在司法过程中处理案件的性质不同，行政司法行为可以分为处理平等的民事主体之间纠纷案件的行为和处理行政主体和相对人之间纠纷案件的行为。前者主要包括行政调解、行政裁决，后者则是行政复议。

在行政调解、行政裁决中，处理案件是根据法律法规的规定与行政管理事项有一定关系的平等主体之间的纠纷，行政机关是作为中立的第三人身份参与到纠纷解决机制之中去的，而不是参与到相对人之间的实体法律关系之中，与纠纷的实体争议没有直接的利害关系。因此，在这种行政司法行为程序中，行政主体承担证明责任的情况较为少见，此时的证明责任由主张权利的当事人承担，行政主体则居中裁判。①

（1）行政调解程序中的证明责任分配问题。行政调解行为是指法律明确规定行政主体，对于某些与行政管理事项关系密切的民事纠纷而非合同纠纷进行行政处理的行为。例如，公安交通事故处理机关对于交通事故损失赔偿的调解，虽然这是行政机关必须履行的职责，但是必须以当事人之间的和解愿望为基础，一旦调解不成，当事人都有权向人民法院提起民事诉讼。因此，在行为调解中证明责任（或称举证责任）一般根据侵权责任的举证责任规则，在纠纷的当事人之间进行分配。行政主体根据法定职权，在职权范围内就管辖的事项作出调解。在这种调解中，行政主体的中立性较为明显。在一般侵权的行为中，由受害人承担证明责任包括侵权的发生、责任的大小、对方的过错、应当赔偿的数额等；在特殊侵权的行为中，侵权人主张免责的，由侵权人承担证明责任，以证明自己无过错，或者证明是由受害人的过错或者第三人的过错造成的损害等。

（2）行政裁决程序中的证明责任分配问题。在行政裁决中，行政机关并不承担证明责任，因为无论事实是否查明，行政机关都必须履行职权，

① 参见苟吉芝：《论行政证据证明责任的承担》，《河南省政法管理干部学院学报》，2005 年第 4 期。

对纠纷进行处理，这时证明责任仍然在当事人之间进行分配，行政裁决的证明责任适用民事诉讼举证责任分配规则。目前，我国涉及行政裁决的法律规定比较多，如《土地法》、《森林法》、《电力法》等。主要涉及民事主体对国有资产产权归属的纠纷、损害赔偿争议，以及国有土地、草原、矿产、森林、滩涂等自然资源的所有权和使用权归属与侵权的纠纷，当事人权属的纠纷应当由主张权利的一方承担证明责任。

（3）行政复议程序中的证明责任分配问题。在行政复议中，复议机关的主要任务在于对被申请的具体行政行为的合法性和合理性进行审查，尽管其审查的结果不一定具有终局性。相应地，在行政复议中，证明责任的承担适用行政复议法规定的证明责任规则。例如，《行政复议法》规定，行政复议机关负责法制工作的机构应当自行政复议申请受理之日起 7 日内，将行政复议申请书副本或者行政复议申请笔录复印件发送给被申请人。被申请人应当自收到申请书副本或者申请笔录复印件之日起 10 日内，提出书面答复，并提交当初作出具体行政行为的证据、依据和其他有关材料。同时《行政复议法》规定，申请人不按照本法第二十三条的规定提出书面答复提交当初作出具体行政行为的证据、依据和其他有关材料的，应当视为该具体行政行为没有证据、依据，要撤销该具体行政行为。从《行政复议法》的规定来看，在行政复议程序中由被申请人行政机关承担行政行为合法性的证明责任。行政机关承担证明责任的范围包括作出行政行为的事实依据和法律规定。在行政复议过程中，复议机关有权调取证据；行政机关（被申请人）在复议程序中不得自行收集证据；行政机关（被申请人）在收到复议机关通知后 10 日内提交证据材料，否则视为没有证据；行政机关不提交证据和依据的不仅具体行政行为会被撤销，而且主管工作人员还要受到处分。

需要指出的是，在这类行政司法行为中，行政机关可能依职权进行调查、收集证据，但这仅仅是行政机关调查取证的职权，而不是其应当承担的证明责任，这是由该类行政司法行为中行政机关处于中立者的角色定位所决定的，相当于法院在诉讼活动中的取证权，如果出现行政机关因调查、收集证据等错误而需要行政机关承担责任时，其承担的也仅仅是一种职务责任，而不是证明责任。

（二）有关证明责任分配的特殊情形

除了上述依照行政行为分类的不同对行政程序证据的证明责任进行分

配的情况外，一般各国在具体行政立法和判例中会形成一些特殊的责任分配情形，这些作为例外情形也值得关注。

1. 行政程序中的特权证据与免证事实

所谓特权证据，是指行政机关可以正当的理由拒绝向行政相对人提供证明其作出行政行为的证据。行政机关，由于其代表的是国家和公共利益，所以它有时享有特权，可以拒绝提供某些证据。行政机关主要在下列场合可拒绝提供证据：①行政机关认为透露信息会导致泄露国家机密、妨碍国家安全时；②行政机关认为过早透露信息会妨碍作出决定的程序，影响决定的质量时；③行政机关因制定政策和进行管理的需要而掌握工商业资料，这些资料尚属秘密时；④政府机关的律师为进行行政裁决案件的控诉或防卫而准备和收集的文件，行政机关可拒绝提供。[①] 基于保护公共利益和他人合法权益的需要，行政机关可以拥有特权证据，但行政机关拥有特权证据的理由应当接受司法审查。例如，法院认为行政机关拥有特权证据的理由不充分时，行政行为合法性将会受到影响。另外，并非所有的主张都需要证明，下列事实行政机关和行政相对人无须举证证明：①众所周知的事实；②自然规律及定理；③根据法律规定或者已知事实和日常生活经验法则能推定出的另一事实；④已为人民法院发生法律效力的裁判所确认的事实；⑤已为仲裁机构的生效裁决所确认的事实；⑥已为有效公证文书所证明的事实。对于前述6项，对方有相反证据足以推翻的除外。

2. 行政程序中明确由当事人承担证明责任的情形

对于行政相对人证明责任的承担，由于我国没有统一的行政程序法典，对行政相对人证明责任的承担多规定在单行法规中。在行政程序中，行政相对人对于某些事件的发生要承担如实报告的责任和义务，这在许多单行法规中都有相应的规定。例如《大气污染防治法》规定："造成大气污染事故的单位，必须在事故发生的8小时内向当地环境保护部门作出事故发生的时间、地点、类型、排放污染物的数量、经济损失和人员受害等情况的初步报告，事故查清后应当作出事故发生的原因、过程、危险、采取的措施、处理结果以及遗留问题和防范措施等情况的详细书面报告，并附有关证明文件。"该证明责任由行政相对人承担，如果相对人提不出证据，就要受到相应的行政处理，并承担相应的法律后果。此外，在法律规定的监督检查

---

① 参见王名扬：《美国行政法（上）》，中国法制出版社2005年版，第472－474页。

情形下，行政相对人也具有证明责任，也就是说该证明责任应由行政相对人承担，如在纳税检查过程中应如实提供相关资料、如实报告，否则将受到行政处罚。

此外，行政相对人不论在依职权行政行为中还是依申请行政行为中，相对人享有证明权利和证明义务，承担证明责任，以证明自我请求、主张的合法性、合理性。相对人应当向行政机关提交一切与案件有关的证据，当然他也可以放弃举证，但这往往会给其招致不利的后果。例如在美国的行政程序法中，当事人举证权利不能滥用，故意拒绝在行政程序阶段举证而在司法审查阶段抛出这些证据的，法院将认定原告滥用行政程序举证权利规避行政程序阶段举证义务，这些证据在行政诉讼或司法审查阶段就被认定无效，不能在司法审查阶段再提出这些证据。司法判例不允许当事人在听证期间隐瞒部分证据，以便在司法审查中再将这些证据提出来对抗行政机关。早在1896年时，美国联邦最高法院就已在一个判决中否认一个铁路公司向法院提出的证据。因为该公司在州际商业委员会听证时，拒绝提供它所掌握的大部分证据，而在法院的司法审查中首次抛出这些证据。同年在一个上诉法院所受理的同类案件中，再次适用这个规则。法院认为如果当事人在法院中才首次提出他的证据，那么法律设立州际商业委员会的计划将完全挫败。①

第三节　行政程序证据质证制度

任何证据都需经过质证，质证是证据认证的前置性程序。这是依据行政法治原则和正当行政程序的必然要求。行政主体在作出行政行为时必须就所有证据进行质证，并根据质证结果合理认定证据。同时，质证与听证之间密不可分的联系决定了质证在行政程序中的重要地位。行政程序质证过程中，相对人通过参与质证来明辨证据疑点和证据效力，促进行政机关自由心证的形成，使决定者正确地认定证据的证明能力和证明力。借助于当事人的程序性参与，在实现程序正当的同时有助于促进证据认定的理性。

---

① 参见王名扬：《美国行政法（上）》，中国法制出版社2005版，第468页。

一、行政程序证据质证概述

（一）质证概念及其在行政程序中的价值

质证（Cross－examination）又称对证，是指“当事人就证据当面辩论、相互盘问，以弄清事实的真相”。[①] 它是双方当事人对有关证据材料的证据能力和证明力等问题予以质疑、反驳的程序。通过质证，裁决者能更准确地认定证据效力，借助当事人对证据的辩论和质疑，进一步辨明各个证据的特性。英国的自然正义理论主要包括两个方面：一是任何人不能担任自己案件的法官，二是给予当事人陈述、申辩和质证的机会。因此，质证是普通法中“正当法律程序”的基本内容，被普通法认为是一个公正判决最低限度的程序正义要求。质证已经成为现代法治国家听证制度的核心，具有保障行政程序公正的价值。

在行政程序中，行政程序证据的质证过程直接影响行政决定的作出，而对于当事人而言，能参与行政程序证据效力认定过程，并有效影响行政机关认证也是维护自身权益的重要环节。质证作为行政程序中当事人的一种程序权利，一般由听证制度来保障。听证制度作为行政程序法的核心，在很大程度上体现了当事人的质证权的行使。有学者认为，行政程序证据质证是指行政案件的调查人、相对人、利害关系人及其代理人在质证主持人主持下，对行政程序证据采取询问、辨认、质疑、说明等方式就证据的资格、证明力、待证事实等问题，对质证主持人的内心确信产生影响的活动。而为保证质证的公正和参与人的质证权利，避免质证主持人因产生偏向而制定的规则，体现在行政程序质证上，即为行政程序质证规则。[②]

行政程序中证据制度的价值不仅在于其保障行政行为实体合法正当这一工具性价值，同时证据制度也保障相对人参与权利，体现程序正义。正如章剑生教授所言，质证的法律价值在于提高证据的效价程度，从而确保行政决定的基础更趋稳固。同时，质证给行政相对人提供了表达意见的机会，有利于减轻行政决定在执行中的阻力。[③] 可见，作为程序证据制度组成

---

① 姜明安主编：《外国行政法教程》，法律出版社 1993 年版，第 274 页。

② 参见徐继敏：《行政证据通论》，法律出版社 2004 年版，第 114 页。

③ 参见章剑生：《行政程序法学原理》，中国政法大学出版社 1994 年版，第 198 页。

部分的行政程序证据质证也体现其程序性和实体性两方面的价值。

从程序性角度来看，质证为当事人提供在行政程序过程中对可能影响其权利的证据进行辩驳的机会。当事人有权就相关证据表述自己的意见和质疑，从而影响行政机关对于证据的裁量，尤其是对行政人员的自由心证形成影响，影响行政人员对于证据证明能力和证明力的确信。可见，质证在行政程序中承担着保障行政行为程序合法和实体正确两方面的职能，通过当事人的程序参与最大程度地保证证据认定的正确。

从实体性角度来看，质证是行政程序证据认证的基础。行政决定是基于经过质证的证据从而认定的事实作出，未经质证的证据不得作为行政行为的基础。质证权成为行政程序对于行政权的制约手段之一。行政决定的作出者在直接主持质证过程中，其认证行为必须考量相对人的质证意见，其心证过程会直接受到质证中当事人和调查人员对于证据意见的影响，使其不得滥用裁量权或因偏袒考量不相关的因素。决定的形成是在证据质证后，并根据证据质证意见而形成。因此，质证的法律效力在于合理地影响行政机关心证的过程。

（二）行政程序证据质证与行政诉讼证据质证的关系

行政诉讼证据质证是指在法庭审判的过程中，由行政主体、行政相对人、代理人及第三人就提供诉讼证据进行询问、辨认、说明和辩论，以查明和核实行政诉讼证据是否可以作为行政行为合法性的依据。[①] 由于行政程序质证和行政诉讼证据质证的对象不同，即分别为程序证据和诉讼证据，并且所处的程序阶段不同，使得行政程序证据质证和行政诉讼证据质证在质证主体、质证的主持人、质证的范围、质证的法律效果等方面有很大的差异。行政权的运行具有不同于司法权的特性，在行政诉讼中的质证规则首先为最大程度地保障当事人的程序性权利，追求公平正义。而行政程序证据质证规则在保障相对人权益的同时还必须保障行政权的效率价值。在建构行政程序质证规则时，我国现有的比较完善的行政诉讼质证规则可成为借鉴。但行政程序证据质证因与行政诉讼证据质证的价值取向不同，在质证的主体、质证的内容、质证的方式以及质证效力上存在差异，尤其是在各种类证据质证的具体规则的设计上存在差异，这就决定了行政程序证据质证以行政诉讼证据质证为借鉴但又有所差别。例如在行政诉讼中，审

① 参见马怀德主编：《行政诉讼原理》，法律出版社 2003 年版，第 281 页。

判是通过两造对抗的形式进行，而庭审质证是由当事人对于证据的证明能力和证明力进行面对面的言辞辩论。这种诉讼证据质证方式也决定了在行政诉讼中诉讼证据采取言词质证的方式进行。但在行政程序中则不同，行政程序不同于诉讼程序中极力追求正义的设计，为行政效率的实现，一般除涉及重大利益的事项法定或是依申请采取听证程序外，普通行政程序和简易程序中并不必须相对人和第三人到场直接就行政程序证据与调查人员进行质证。

二、行政程序证据的质证形式

根据证据学的一般原理，质证是对于法官认证权的限制，也是为了使法官正确地认定证据效力，发现案件事实。同时质证权也是当事人的基本程序性权利，其有权为自身权利辩驳。在行政程序中，为行政效率的考虑，听证程序的适用范围十分有限。但行政效率不能成为剥夺相对人权利或是侵害程序正义的借口，程序公正和相对人的程序性权利可以向行政效率适当退让，但不能完全为行政效率牺牲。例如，美国的行政官员和法官承认听证和质证是当事人的宪法性权利，是程序上的权利。如果听证官员和行政法官剥夺或者不合理地限制当事人的质证权，则是对于当事人权利的侵犯，可能导致否定性的结果。因此，主持听证的官员应当尽可能让当事人相互质证，从而更好地了解案件的真实真相。[①] 根据美国联邦行政法的规定，任何未向当事人出示，未经过当事人反驳或是解释的证据，不得成为定案之证据。美国《联邦行政程序法》第556条规定："当事人有权以口头的或书面的证据提出案件，进行辩护，也有权提出反证，并可为弄清全部事实真相进行质证。"我国现有的行政程序证据质证规定均是在听证程序中，作为听证中听证参与人的权利阐述。例如我国《海关行政处罚听证办法》第十四条规定，"在听证过程中，案件调查人员陈述当事人违法的事实、证据、拟作出的行政处罚决定及其法律依据，并同当事人进行质证、辩论"。我国通常对一般程序和简易程序中质证的释义，是从相对人拥有陈

① 参见章剑生：《行政程序法比较研究》，杭州大学出版社1997年版，第336－337页。

述、申辩的权利而衍生。[①] 根据质证对于行政行为理性、相对人权益保护的作用以及实际考虑行政实务，对于行政程序证据质证的形式一般有两种选择：[②]

（一）言词质证形式

在行政程序质证中，当事人应就其提供的证据进行说明，对方当事人可以就证据的效力等问题进行询问和辩论，由行政调查人员和相对人及利害关系人当面以口头形式对程序证据的证明效力进行辩论的方式即为言词质证。言词质证使得双方当事人能面对面就证据证明能力的有无和证据力大小等问题进行辩论，是辨明行政程序证据证明效力的最佳途径。利害关系人可以通过言词质证充分地表达自己的意见、有效地了解对方观点并及时辩驳；而裁决人则可以通过言词质证更好地听取利害关系人对证据效力的意见，经过利害关系人的提问和说明，对程序证据的效力作出正确的认定。质证主持人也通过直接言词质证，听取调查人员和利害关系人有关证据的说明和辩论，对于证据的效力和可否采纳形成初步的意见。言词质证以口头质证的方式使当事人和主持人对于证据的可采性形成直接的意见，这种质证方式具有高效和易于交流等特点，因此往往成为质证的主要形式。

（二）书面质证形式

除言词质证外，在很多情况下，决定者并不能以言词的方式听取当事人对于证据的意见，或没有时间通知双方当事人到场对证据进行说明和辩论。在短时限的行政行为中，书面质证取代言词质证成为当事人对证据表达意见的形式。而为实现行政效率，除正式裁决程序外，我国也有非正式裁决程序的适用。对于非正式裁决程序中证据的质证，属于只有听证才能决定的例外，在有的情况下，证据可以采用书面的方式进行评论和辩论。[③] 书面质证只是在正式裁决程序不适用的情形下例外的存在。

书面质证是指当事人以书面形式向行政决定者表达其对行政程序证据的质疑和意见，提供相应证据证明的行为。在我国的行政实务中，相对人的质证权多数是以书面的形式实现。普通程序中规定的相对人的陈述和申

---

① 但在实务中，相对人申辩的权利往往被行政机关漠视，即使行政机关告知相对人有陈述和申辩的权利，相对人的质证权也可能因无明确的法律依据而不能实际有效地行使或是不能达到对行政机关的认证产生影响和拘束的效力。

② 参见王瑜娟：《行政程序证据质证规则》，中国政法大学2008年硕士学位论文。

③ 参见王名扬主编：《美国行政法》，中国法制出版社2005年版，第532－533页。

辩的权利解释为包括程序质证的权利，在相对人就拟作出的行政行为申辩时，其中也就包括了对于行政调查人员提供的程序证据的意见。书面质证意见应向最后行政决定的工作人员提交，行政调查人员无权审查相对人，实际书面质证的主持人仍是行政决定人员，决定者认真审查质证意见，决定人对程序证据认证时，考虑相对人和调查机关的质证意见。书面质证中，如果一方对对方提出的证据的真实性、关联性或是合法性等质疑，否认证据的证明力，决定者不能有效地认定时，可以要求另一方就相关问题以书面说明的形式回答，决定者在充分审查双方意见后认定行政程序证据效力。行政程序证据的书面质证形式在行政程序中有极大的适用空间，其更能满足行政主体效率性的要求，同时兼顾程序正义和相对人权益。

三、行政程序证据的质证规则

各国对行政程序证据的质证规则规定各异，各国行政程序立法上的缺陷和立法空白对于行政程序证据质证方法的规定往往导致行政执法的漏洞，行政机关在程序质证上无法可依可能使行政程序质证流于形式，致使行政实务中，行政机关利用立法空白滥用其权力。行政机关的质证行为往往忽视甚至是侵犯相对人的质证权利，或者是在质证后未适当地考虑质证意见而径行认定行政程序证据的证明效力，事实上侵害了相对人的质证权。在我国的行政程序证据质证设计中这是一个亟待补充完善的内容。因此，细化行政程序证据的质证规则，建立行政机关在实践中可以适用的程序质证规则体系有着重要的理论意义和现实意义。这里参考国外立法经验以及我国行政执法实践的需要，主张行政程序证据制度中至少应建立如下一些质证规则：

（一）证据开示规则

不论是书面质证还是言词质证要达到预期效果的前提是证据内容必须公开。尤其是在书面质证中，当事人在质证前，只能通过行政机关信息公开的方式了解行政程序证据，而且相对人在书面质证中缺乏行政调查人员到场就程序证据进行说明的要求，为了相对人能充分地行使其质证权，并通过质证辨明证据效力，质证前的证据信息充分公开是必须的，信息公开是行政程序质证的前提。尤其是在书面质证时，缺失相对人和行政调查人员对证据的口头说明，会使证据信息的获得只能依赖于信息公开，包括证

据的名称、数量、形式、证明内容都应详尽公布，涉及个人隐私、商业秘密和国家秘密的除外。因行政机关未履行或未适当地履行告知义务而导致相对人不能有效地行使质证权的，相对人有权要求行政机关告知，并延长质证时限；行政机关也可以主动补正程序瑕疵，重新进行程序质证。而在诉讼程序中，相对人也可以行政机关不合理侵害其质证权为由请求救济。

（二）证据交换规则

行政程序中的证据交换是指在听证主持人的组织下，行政机关和行政程序当事人在听证前将所持有的证据与对方进行交换，并将交换证据的情况记录在卷的制度。听证程序中的证据交换的理论基础是正当行政程序理论，其目的就是要整理证据、固定证据、明晰争点，实现听证的公正、公开、公平、效率的价值。就我国而言，听证中的证据交换可以参照《关于行政诉讼证据若干问题的规定》遵循以下规则进行：①对于案情比较复杂或者证据数量较多的案件，行政机关可以组织当事人在听证前向对方出示或者交换证据，并将交换证据的情况记录在卷。②涉及国家秘密、商业秘密和个人隐私或者法律规定的其他应当保密的证据，不得在听证时公开质证。③对书证、物证和视听资料进行质证时，案件调查人、当事人应当出示证据的原件或者原物。但有下列情况之一的除外：出示原件或者原物确有困难并经行政机关准许可以出示复制件或者复制品；原件或者原物已不存在，可以出示证据复制件、复制品或与原件、原物一致的其他证据。视听资料应当在听证过程中播放或者显示，并由案件调查人、当事人进行质证。

（三）交叉质证规则①

普通法系国家在听证制度中发展了很完善的质证规则，即交叉询问规则。传统关于交叉质证的规则主要适用于证人证言证据的质证。通过当事人和其代理人对证人提问和交叉询问的方式辨明证据的真实性。在质询和交叉询问的过程中，通过双方的辩论和反驳来辨明证据的真实性及其他证据特性，发现案件真实。例如在行政程序的言词质证中，应建立证人到场质证制度，尤其是行政机关提供的证人证言，相对人有权申请证人到场接受询问和质证，行政机关有义务就其调取的证人证言，在言词质证中通知证人到场接受交叉询问。需要注意的是，经听证人员准许，案件调查人、

---

① 参见王瑜娟：《行政程序证据质证规则》，中国政法大学2008年硕士学位论文。

当事人及其代理人可以就证据问题相互发问，也可以向证人、鉴定人或者勘验人发问，但发问的内容应当与案件事实有关联，不得采用引诱、威胁、侮辱等语言或者方式发问。

近来许多学者主张将交叉询问规则也用于对鉴定结论、现场笔录、勘验笔录等证据材料的质证。德国《联邦行政程序法》第66条规定，“在询问证人、鉴定人和勘验人时，参与人有权在场并就相关问题发问”。奥地利《普通行政程序法》第39条规定，当事人有机会提出一切与本案有关的观点，并提供相应的证据，对其他利害关系人、证人、鉴定人提出的观点，有权发表意见。奥地利《普通行政程序法》第43条规定，行政机关进行言词审理时，“特别应使各当事人有机会提出一切与本案有关之观点，并附证据，对其他利害关系人、证人、鉴定人所提出之观点，或被认为公知之事实，以及其他人提出之申请和官署调查之结果，发表意见”。

在行政程序中，有关鉴定机构的指定和鉴定内容与范围一般是由行政机关决定的，未经与相对人和利害关系人的协商或是同意，相对人与利害关系人对于鉴定的内容和范围无机会表示意见，而相对人提供鉴定结论的情形亦然。在行政程序中，如果在质证程序中不对鉴定结论规定严格规范的质证规则，相对人和利害关系人则丧失了对鉴定结论发表意见的机会。

在相对人和利害关系人对于鉴定结论存在疑问时，必须规定鉴定人的到场说明义务，鉴定人应该到场宣读鉴定结论，并就鉴定结论接受相对人和利害关系人的询问，相对人和利害关系人可以对与鉴定有关的事宜询问鉴定人。相对人和利害关系人以及行政调查人员可以就鉴定结论对鉴定人进行询问，遵循证人证言交叉询问的规则。

（四）质证方式转换规则

除了听证程序中可以进行口头质证外，在普通行政程序中，如果案件事实复杂，行政决定者为确定各项证据的证明力，排除对各项证据的疑问可以通知行政调查者和相对人到场就证据进行说明和辩论。如果相对人或者是调查人员对对方提供的证据的证据资格有异议，行政机关认为通过书面质证不足以有效地释明时，行政机关可以要求相对人和调查人员到场进行说明和辩论，采用非正式听证的方式进行言词质证。在普通行政程序中，是否要求相对人和调查者到场言词质证属于行政机关的自由裁量权。一般在事实复杂、行政程序证据较多且对证据的证明力存在较大的疑问和争议时，为正确认定事实，行政决定者可以要求当事人到场说明。

但是不论是言词质证抑或是书面质证，相对人都没有主动的程序性选择权利。行政程序主导权在于行政机关。相对人不能主动选择适用的行政程序，但可以影响程序进程。对于在言词质证和书面质证中的转换，相对人拥有申请的权利，在一定程度上可以影响程序证据质证的进程。在普通程序和简易程序中，不存在法定适用言词质证的事由时，相对人如果认为该案件证据较多、种类复杂，抑或是对行政调查人员提供的证据有疑问，通过书面质证不能说明的，相对人可以申请进行言词质证，行政机关审查后决定是否进行言词质证，质证可以通过非正式听证或听证程序进行。相对人有证据证明行政行为可能影响其重大权益的，也可以申请进行言词质证，行政机关审查后认为可能对相对人权益有重大影响的，应当准予言词质证。相对人在质证形式的转换中虽然掌握一定程度的主动权，可以申请进行言词质证。除法定采取言词质证的情形外，相对人对于质证权行使的异议可以在其后的诉讼中救济，不必通过行政程序的重新进行、行政成本的耗费来达成。

第四节　行政程序证据认证制度

行政程序中的证据证明实际上就是行政机关作出行政决定过程中运用现有证据探求已经发生的事实的回溯性活动。行政程序证据认证制度主要是关于行政程序中证据采证的制度，而行政程序证据认证规则则是有关行政程序证据资格问题的法律规定，其目的在于界定何种资料允许作为严格证明的手段用以证明行政决定赖以作出的事实。证据认证规则在证据制度中占有重要地位，它是行政权行使的直接体现，也是决定作出具体行政行为是否合法的关键环节。它对于行政机关树立正确的执法观念、规范执法行为、控制自由裁量权的滥用、保护公民合法权益等方面有着不可替代的作用。

一、证据认证规则概述

证据一直被誉为是诉讼证明的基石，相应地，作为规范证据运行的证据规则也就成为证据立法乃至诉讼立法的重心所在。各国立法对证据规则的重视是由证据规则在诉讼制度中所承担的重要法律功能决定的。证明规则是有关证据资格问题的法律规定，其目的在于界定何种资料允许作为严格证明的手段用以证明案件事实。由于证据能力与证明力是证据的两个基本属性，所有的证据规则均可以划分为两类——规范证据能力的规则与规范证明力的规则。

（一）证据能力与证明力

传统法学界一般认为，证据能力是证据资料在法律上允许其作为证据的资格，在英美法系国家称之为证据的可采性，而在我国则称之为证据的合法性；它主要是指证据必须具有法律规定的形式和由法定人员依照法定程序收集、运用。[①] 而英美法系国家的证据可采性是指证据不仅必须符合关联性、真实性以及其他规则，还要满足关于认定可采性的程序保障。[②] 因此，我国证据学界一般认为证据可采性与证据属性的解释是近似的。而日本《世界大百科事典》则这样表述："证据经过适当的调查，能提供确定事实真相的作用叫作'证据能力'或'抽象证据力'（如证人能力）。"从中我们根本无法得出证据能力即指证据合法性的结论。将证据能力等同于证据合法性，应该是对英美法系国家证据可采性的一种误解。英美法系国家中针对证据的可采性都设定了大量的证据规则，所以说符合证据规则的证据才具有可采性。但是，我国证据法上的合法性（准确地说是"依法性"）却有特定含义，一般是指证据必须具有法定形式和由法定主体依法定程序收集、运用。一定程度上我们可以认为，证据能力与"证据资格"、"证据可采性"是等同概念，它是证据之所以成为证据的资格。而正如前文所述，证据的属性是证据赖以构成的要素，它是证据被采证前的自身性质和特征所在，而证据能力则是强调证据能成为可采证据所具备的资格和能力，所以这两者本质上是根本不同的问题，需要区别开来。

对于证据证明力，一般认为，证据证明力是指证据事实对案件事实是否具有证明作用和作用的程度，即包括证明作用的有无和程度两个方面。[③] 但这种理解也有失偏颇。证据的证明作用主要反映为证据的真实性和关联

① 参见谢佑平：《刑事诉讼法学论点要览》，法律出版社 2000 年版，第 269 – 274 页。

② 参见刘品新：《美国〈联郑证据规则〉评介》，载何家弘《证据学论坛（第 1 卷）》，中国检察出版社 2000 年版，第 429 – 432 页。

③ 参见谢佑平：《刑事诉讼法学论点要览》，法律出版社 2000 年版，第 269、271、273 页。

性。证明力仅指证明作用的大小程度，而证明作用的有无则属于证据能力的范畴。如前文所述，证据能力表现为对可采证据是否真实、关联和合法的资格要求。其中，关联是指证据具有某种倾向，即能使决定某项在诉讼中待确认的争议事实的存在比没有该项证据时更有可能或更无可能。这种可能性的标准很低，只要对证明某事实为真或为假有一点点帮助即可。[①] 可以认为这种关联是一种抽象的体现，而非具体的程度化的分析，证据能力中的真实要求也只是一种抽象的表面考察，一般仅体现为证据的产生有着实在的来源而非凭空或虚假杜撰的，如遗嘱的签章是否真实、鉴定结论的制作是否合乎条件等。对真实要求的判断“所依据的是证据法的一般原理和有关规则，并不要求裁判者相信其内容必须属实”[②]，具有真实性并不代表可采证据必是毫无差误的。正是基于以上考虑，证据能力在大陆法系理论中又被称为“抽象证据力”。因此，证明作用的有无即证据能力有无的问题，与证明力的概念本身无关。

（二）证据能力与证明力关系的讨论

证据能力与证明力两者关系密切，因此两者也极易混淆。证据能力是证明力的前提，有了证据能力才会有证明力。可以说，证明力问题研究的就是在有证据能力的基础上证据的真实性和关联性大小的程度，即证明作用的程度。证据证明力应当是指证据事实对案件事实所具有的证明作用的程度大小。日本《世界大百科事典》对此是这样解释的：“（证明力）指证据对需要证明的事实所具有的作证效力，即把证据的可靠程度叫作‘证据力’，也有把它叫作‘证据价值’或‘证明力’的。”

虽然证据能力和证明力的判断有着极为密切甚至难以割裂的联系，但二者也存在截然不同的地方：其一，判断证据能力是以证据材料的取舍为目的，而判断证明力则是以证据事实能否证明案件事实（证明对象）为目的。其二，对证据能力的判断可能会受到法律的诸多制约，如英美法系中就设定了大量的有关证据能力的证据规则；而对证明力的判断法律却不宜过多约束，应视个案具体情况而定，如欧陆国家中世纪关于证明力分级的法定证据制度早已被抛进了历史垃圾堆。其三，对于证据能力的判断，不

① 参见樊崇义：《刑事证据前沿问题研究》，载何家弘《证据学论坛（第1卷）》，中国检察出版社2006年版，第159页。

② 何家弘：《新编证据法学》，法律出版社2000年版，第103－104页。

同国家的立法可能赋予了不同的判断标准，因此主要遵循的是合法性原则，但对证明力的充分判断却是各国证据法的共同追求，往往遵循的是合理性原则。

需要说明的是，根据本书对证据能力和证明力概念的界定，我国《关于民事诉讼证据的若干规定》中不少地方的“证明力”[①] 实际上大多是在证据能力或者证据可采性意义上使用的，其中包括第五十条中第一个、第六十四条中第一个和第七十、七十一、七十二条中的“证明力”。而其他地方“证明力”的使用基本是正确的。这里仅以第五十条为例进行分析，第五十条规定：“质证时，当事人应当围绕证据的真实性、关联性、合法性，针对证据证明力有无以及证明力大小，进行质疑、说明与辩驳。”显然，第一个“证明力”规定的就是是否具备证据的三性问题，而证据的属性有无其实就是一个证据能力问题，“证明力”在这里的使用是错误的；第二个“证明力”是在判断证明力的程度大小意义上使用的，而证据能力是不存在程度大小问题的，因此这种使用是恰当的。由此可见，我国《关于民事诉讼证据的若干规定》中的用语混乱同学术界传统理论对证据能力和证明力的错误认识的误导是分不开的，对行政程序证据的相关认识也相应地受到影响。

（三）证明力规则与证据能力规则发展沿革

1. 证明力规则发展沿革

在证明力的问题上，证据法发展演变的核心问题是将证据的证明力交由谁来判断。根据对这一问题的不同回答，人类历史上的证据制度前后经历了神示证据制度、法定证据制度以及自由心证制度三个阶段。

所谓“神示证据”，是指司法人员用一定形式邀请神灵帮助裁断案情，并且用一定方式把神灵的旨意表现出来，作为裁判的依据。从神示证据制度的内容中不难看出，这种制度是在人类认识客观世界的能力极度低下的条件下产生的；随着社会科学的发展和人类认识能力的提高，人们越来越对神明裁判方法的合理性和可靠性产生怀疑，神明裁判的权威性开始降低。特别是随着国家权力的膨胀，司法审判不再被视为个人纠纷的仲裁，而是

---

① 据有学者考察，《关于民事诉讼证据的若干规定》中有 18 个地方运用了“证明力”这一术语，“证据能力”或者具有相同含义的词语却没有出现过。“证明力”主要集中在第五部分关于证据的审核认定中，具体包括第六十四、七十、七十一、七十二、七十三和七十七条。另外，第五十条中也有两处使用了“证明力”。参见聂昭伟：《证明力与证据能力辨——兼评〈关于民事诉讼证据的若干规定〉》，《黑龙江省政法管理干部学院学报》2007 年第 6 期。

国家统治者控制社会、维护社会秩序的工具。统治阶级开始对那些结果难以预料的非理性的司法证明方法感到不满，司法官员开始取代神明成为发现事实真相的主体。为了避免司法官员在审判中根据个人的知识、经验、兴趣、好恶来自由地采信证据和认定案件事实，统一规范法官在审判中运用证据的活动，以具体规定各种诉讼制度的证明力的法定证据制度应运而生。在这种法定证据制度下，法律预先规定了各种证据的证明力和判断证据的规则，只要起诉方的证据加在一起构成一个完整的证明，法官就必须作出有罪判决，法官在证明力判断上开始获得自由。随着科学技术的进步和社会实践的发展，法定证据原则也以其法定的形式和效果限制法官的能动认识作用，暴露其缺陷。特别是在法定证据制度下，法律普遍强调被告人口供作为“证据之王”的重要性，导致刑讯逼供的滥用。更重要的是，人们已经对证据证明力的性质以及“人类普遍认知能力”有了正确的认识。人们已经认识到，证据证明力属于事实问题，所涉及的是证据与待证事实之间是否具有联系及其联系的强弱。由于对这种联系的判断只涉及逻辑和通常的经验问题①，不同的人运用其相同或相似的认识能力往往能够作出大体一致的结论。因此，法律没有必要预先将证据的证明力规定下来，而应当交由司法者进行判断。不仅如此，证据事实与待证事实之间联系的多样性，也使得立法者无法以一种一言以蔽之的方式进行概括，因而证据的证明力也只能交由司法者在具体案件中结合各种不同的证据综合进行判断，相应法官自由心证原则逐渐产生。

随着自由心证原则在世界各国的普遍确立，证据的证明力越来越多地脱离了法律规定的范围，而进入到法官的自由裁量。法律预先对证据证明力进行设定仅限于以下场合：某些证据的分量很小，证明价值可能是微乎其微的；某些证据的关联性过于遥远，容易导致推测、虚构或者浪费时间；某些证据会产生多个争执点，容易混淆主要争议，造成事实审重心的偏离；某些证据可能会误导陪审团，或者诱导其凭感情冲动作出不恰当的决定；某些种类的证据在类型化上不可靠或具有不确定性，存在给事实认定带来错误的危险；等等。②

---

① See Richard O. Lempert, Stephen A. Saltzburg, *A Modern Approach to Evidence*, West Publishing Co. 1982, p. 153.

② 参见聂昭伟：《证明力与证据能力规则演变规律探究——我国证据规则立法方向的理性选择》，《西南政法大学学报》2007 年 2 期。

在这些证据材料上，由于其自身所包含的诸多风险可能超过了它们的证明价值，因而需要法律对其证明力予以规定。上述这些规定实际上是将证明力的问题转化为证据能力的问题，即以法律的方法来解决证明力的认定这样一个事实问题。

证明力规则的这一发展演变历程表明，法官对证明力的判断经历了从不自由到自由的过程，证据证明力判断越来越多地脱离法律的规定，而成为事实审理者自由裁量的范围。

2. 证据能力规则发展沿革

既然自由心证被认为是最有助于发现真实的方法，那么证明力的判断就不再是一个法律问题，而成为一个事实问题。证据法显然在这个问题上几乎无用武之地，但是这并没有导致证据法的消亡。相反，近百年来证据法却以前所未有的速度发展。导致这种现象发生的原因是各式各样的证据能力规则迅速填补了证明力规则废除之后的空缺。伴随着这一发展趋势，证据法的理论也在发生着根本性的改变——它的关注点已经从证据的证明力转向了证据能力，它不再关心何种证据具有什么样的证明能力，而是关心满足哪些条件的证据才具有资格在诉讼中被使用。

（1）证据能力规则的全面发展阶段。在证据能力的问题上，人类社会的证据制度明显经历了一个证据能力规则从无到有，而且最终在证据规则中取得绝对主导性地位的过程。如果说证明力规则早就存在的话，那么证据能力规则很晚才进入人类的视野，其中在英美法系国家，由于证据规则的产生和发展与陪审制度密切相关，直到17世纪，随着陪审团审判制度在英美国家普遍确立，证据能力规则才进入全面发展阶段。英美法系国家对证据资格设置证据规则的初衷主要是基于对事实认定的考虑。传闻规则、品格证据规则、意见规则、最佳证据规则等都体现了这一特点。而在大陆法系国家，证据能力规则则经历了与英美法系国家不同的发展历程。究其原因，一方面是大陆法系更重视法官而不是当事人在诉讼过程中的作用，另一方面是这些国家的法官都是经过专业训练的司法官员，不用担心会被某些种类的证据误导而步入裁判的歧途。大陆法系国家很少对证据能力进行限制。但是，这并不意味着在大陆法系国家就不存在对证据能力的法律规定。事实上，随着近年来两大法系国家在证据制度方面的相互借鉴，以及为实现特定政策的需要，大陆法系国家在证据能力方面的法律规定逐渐增多。特别是随着陪审团审判模式的引入，为防止陪审团成员所固有的弊端，其同英美法系一样需要通过证据能力规则就证据的范围加以限制。由此可见，“大陆法系证据制度和普通法系证据制度有着不同的发展进程。在普通法系国家中，证据规则最初是围绕陪审团制度设置的，后来稍做变更和调整便用于法官的审判之中。在大陆法系国家中，证据制度首先是为专业法律工作者设立的，后来又因为陪审团的介入而发生了变化”。

（2）证据能力规则从严格走向松弛。由于证据能力规则的存在很大程度上与陪审制息息相关，因此陪审制的兴衰不可避免地会对证据规则带来影响。在陪审制发源地的英美法系国家，使用陪审团审判的案件日益减少。在英国，陪审制的衰亡最先发生在刑事诉讼领域。自19世纪中期以来，随着刑事案件数量的增加和法院审判任务的加重，法律首先允许那些轻微刑事案件的被告人选择没有陪审团参加的简易审判方式，由此拉开了由法官单独审判刑事案件的序幕。而在民事诉讼领域，随着法院在选任陪审员时遇到了越来越多的困难，陪审团审判案件的范围也在日趋缩小，1934年以后英国的陪审制已基本上名存实亡了。在美国，基于同样的原因，进入20世纪以来，审判中使用陪审团的案件数量也在不断减少。据统计，美国现在采用陪审团审判的刑事案件和民事案件的数量均不足其法院审判案件总数的10%。其他普通法系国家的情况也大同小异。由此可见，陪审制已经不是普通法系国家的主要审判方式了。而在大陆法系国家，尽管引入了陪审制度，但是以德国为代表的国家对其进行了改造，将陪审制改为“参审模式”，法国和意大利也都放弃了当初引入的“陪审团模式”，而采用了“参审模式”。在参审模式下，由于法官与陪审员在法庭上共同负责认定案件事实和适用法律，能够有效地避免由陪审团单独认定案件事实所存在的弊端。证据规则很大程度上是为了防止陪审团在使用证据时出现混乱或偏见而产生发展起来的，因此随着英美陪审制审判的衰亡以及大陆法系“参审模式”的改造，证据能力规则存在的根据大为削弱。

（四）两大规则的启示

有关证明力和证据能力规则的演变规律表明，首先，在证明力规则上，世界各国普遍确立了自由心证原则。证据的证明力越来越多地脱离了法律规定的范围，而进入到法官的自由裁量。即使是一些由法律对证据证明力预先进行设定的规则（如传闻证据规则），也因为众多的例外规定而越来越多地成为法官自由裁量的对象。其次，在证据能力规则上，经历了从无到有、从稀疏到充实再转向松弛的过程。证明力和证据能力规则的发展轨迹为我国证据立法提供了以下两方面的启示：一方面，在证据证明力的判断上，应当明确赋予法官自由心证的权力，法律不应过多干预；另一方面，证据立法应当从对证明力的关注转向对证据能力的关注，需要设立一些的证据能力规则，否定某些证据（如非法证据）的证据能力，从而防止和纠正侦查人员非法收集证据的行为，保障公民的合法权益。当然，为了克服排除规则所固有的僵硬性以及对事实真相发现的阻碍性，有关证据能力的规则也不宜规定过多，并且应当设置一些例外规定以增加排除规则的灵活性。

二、行政程序证据认证规则的讨论

行政程序中的证据材料经过取证、举证就有待于行政机关的判断，确认其是否具有证据资格，这一般就是行政程序中的认证环节所要解决的问题。广义的认证环节应该包括证据的认定和审查两个环节，狭义的认证仅指有关证据的采证、认定的环节。这里所谓的行政程序证据认证规则是从狭义角度来论述的，是指有关行政程序证据资格问题的法律规定，其目的在于界定何种资料允许作为严格证明的手段用以证明行政行为赖以作出的事实，即行政程序证据认证规则主要是关于行政程序中证据采证资格问题的法律规定。①

（一）确立以行政程序证据能力为目标的行政程序证据认证规则

有行政程序法的国家，大多在行政程序法中规定证据是否采用的证据规则。以美国为例，美国联邦法院一系列判例丰富和发展了行政程序证据认证规则。行政官员裁决案件不受联邦证据规则约束，不受传闻证据规则约束，但须符合实质证据规则的要求，受案卷排他性原则约束。美国早期联邦法院有大量判例涉及行政程序证据规则，如“决定者须听证”、“法院尊重行政机关对事实的认定”、“案卷排他性原则”等，这些判例不断演进而成为联邦行政程序法重要的认证规则。与其他国家的做法不同，我国对

① 有学者认为，在行政程序中行政机关认证规则包括：①非法证据排除规则；②补强证据规则；③最佳证据规则；④自认证据规则；⑤行政认知与推定规则等（参见杨泽瑛：《浅析证据规则在行政程序中的适用》，http：//www. law - lib. com/lw/lw_ view. asp？ no =6916&page =2，访问时间2009 年 10 月 11 日）。笔者以为这些认证规则在行政复议程序、听证程序中较为典型，相对比较特殊，因此不适合作为一般行政程序中的认证规则。

行政诉讼证据规则规定较多，对行政程序证据规则规定较少，在理论研究和实践中有以规范行政诉讼证据行为来规范行政程序证据行为的倾向。有关学者对此作了有益的尝试，如应松年教授主持的《行政程序法（试拟稿）》第五十八条规定了“定案证据规则”，具体包括：①定案证据应当查证属实，并且必须对证明案件事实具有实质性的作用；②行政机关不得采纳通过违法手段制作或者调取的事实材料作为定案根据；③定案证据的形成、调取、制作、保管、移送、质证等过程必须连贯，不能中断；④未经当事人口头或者书面质证的事实材料不能作为定案证据。笔者以为该规定较好地关注了行政程序认证过程中的证据规则。

对于涉及行政程序认证规则内容问题的讨论，笔者认为有必要明确行政程序证据能力是行政程序证据证明力判断的前提，行政程序认证规则应规范证明能力的证据规则。以行政处罚为例，强调行政程序证据能力就可以使行政机关及其公务人员认识到非法取得的证据不具有证据能力，也就无从论及其证明力，从而促使行政机关及其公务人员依法取证，保障公民的合法权益。在我国当前行政处罚、行政强制等实践中公务人员违法取证的情况比比皆是，原因就在于我国规范行政程序证据能力的规则不仅数量稀疏，而且质量普遍不高，导致其对非法证据的排除功能不强。在作出行政决定时，就可以在追求实体真实目的的刺激下赋予非法证据以证明效力，从而纵容了行政人员的不法行为，以至于屈打成招、严刑逼供、酿成冤假错案的现象时有发生，典型的如深圳的孙志刚案件以及麻旦旦处女嫖娼案等。可见，为了防止和纠正行政人员非法收集证据的行为、保障公民的合法权益、避免冤假错案，在客观上需要建立起完善的行政程序证据能力规则，以便将那些虽然与案件事实具有关联性，但是却不具有合法性的证据排除行政程序和作出行政决定的范围。

总之，世界范围内证据规则（包括证明能力规则和证明力规则）立法演变规律表明，法律对证据证明力不应当预先设定标准，而应交由事实裁判者凭理性和良心自由裁量。在证据证明力问题上，世界各国之所以普遍实行自由心证证据制度，除了是由证明力的性质所决定之外，还在于现代世界各国在自由心证制度上已经形成了一套较为完备的约束机制，因而能够放心地把判断证据的权力赋予法官，而不用担心法官的主观擅断。而在证据能力规则上，我国绝大多数学者认为，“由于规范证据资格的规则以证据为调整对象，直接决定着诉讼证明中可资运用的证据范围，因此这类规则在证据法规范中居于基础性地位”。[①] 因此，笔者主张行政程序认证规则应主要规范行政程序证据能力的证据规则，而不是规范行政程序证据力的证据规则。相应涉及定案证据的立法（即认证规则）也应以证据能力规则为主干，除了证据能力本身属于法律问题外，更重要的原因是证据能力规则具有防止、限制追诉机关滥用国家权力，保护公民的合法权利不受非法侵犯，以及保障证据的质量以增强其证明力等方面的功能。

（二）行政程序证据认证规则与行政诉讼证据认证规则的关系

依据我国《行政诉讼法》第三十三条规定，行政机关应当在行政程序中完成取证。由此可看出，行政诉讼的一部分证据是来源于行政程序证据的，在行政诉讼中无非是把已经使用过的行政程序证据提交到法院，由法院来判断这个证据是否能够证明行政行为的合法性。法院的事实审查主要立足于审查行政程序中的证据。行政诉讼证据的这种双重性或中间性的特点，使得行政诉讼立法中某些关于证据认证问题的规定，实际上可以间接适用于行政程序证据。此外，从证据必须具备前述客观性、关联性的共有实体属性上来看，行政诉讼立法中关于证据可采性的部分规定也间接适用于行政程序证据。因此，行政程序证据认证规则与行政诉讼证据认证规则一定程度上具有同一性。《行政诉讼法》和《行政诉讼证据规定》对于行政诉讼证据认证规则的规定中有相当一部分实际上就是针对行政程序证据而言的，这些证据认证规则的规定应当准适用于行政程序证据。

关于证据种类和证据形式要件的间接适用，在《行政诉讼法》第三十三条以及《行政诉讼证据规定》第二部分，分别规定了行政诉讼证据种类以及当事人向人民法院提供的证据在形式上应当具备的条件，二者实际上均可间接用于规范行政程序中的证据。关于证据间接适用问题，《行政诉讼证据规定》第五十六、五十七条所规定的审查证据真实性的若干要求对行政程序证据的提供和审查同样适用；而非法证据排除规则要求则决定了非法证据不但在行政诉讼中要被排除，在行政程序中同样应予以排除。《行政诉讼证据规定》第五十七、五十八条，以列举性和概括性的方式规定了行政诉讼中非法证据排除规则。

虽然行政程序证据认证规则与行政诉讼证据认证规则相当程度上的同

---

① 樊崇义等：《刑事证据前沿问题研究》，载何家弘《证据学论坛（第一卷）》，中国检察出版社2000年版，第156页。

一性使行政诉讼中的认证规范对行政程序证据有较强的指导作用，但行政程序证据有其自身的制度特点，依靠间接适用的方式必定难以完善行政程序证据认证规则。而且在实践中，行政机关也不是唯行政诉讼证据认证规则办事。行政机关在行政程序中完全可以不采用法院的证据认证规则，而采用行政程序证据认证规则。究其原因有以下几点：一是法院的证据规则太烦琐，采用法院的认证规则效率较低，不能适应行政机关经常要作出大量行政裁决的需要。二是行政官员与法院司法人员不一样，他们认定事实能力较强，且裁决的事实和法院审判的事实性质不同，行政事实大都具有技术性和专门性，证明程序应因事制宜，对于不同性质的事实，需要适用不同的证明程序。三是行政机关进行的裁决，数量远远超过法院，行政程序必须兼顾公平与效率。因此，行政机关不应完全适用法院的证据认证规则，而应当有自己独立的、适合行政程序特点的证据认证规则。例如，工商行政管理机关人员冒称顾客到娱乐场所要求业主提供“三陪”服务，等业主叫来“三陪”女为其服务时，即表明真实身份，并对该业主进行处罚。在此例情形中，行政机关非法取得的证据具有客观性、关联性，也能够证明当事人的行为违法，但是对此如果适用行政诉讼中严格的“非法证据排除规则”而否定此类证据的证明能力就可能放任其违法行为而无法予以追究，将会给国家、社会或其他公民的合法权益造成损害。

总之，行政程序区别于行政诉讼程序的差异导致行政程序证据中认证规则也区别于行政诉讼证据认证规则。当然，由于行政程序证据制度是行政程序法中的重要制度领域，其设置的根本目的在于规范行政权的正当行使、确保依法行政目标的实现，其根本任务在于实现正当程序下的效率和公正，因此证据的认证规则同证明责任分配及证据标准等一系列行政程序证据的具体制度一样，都应当体现出效率和公正均衡的价值理念，特别是针对具体个案衡平运用，满足现代行政法平衡性的要求。

三、行政程序证据中的若干认证规则

鉴于证据证明力判断越来越多地脱离法律的规定，而成为事实审理者自由裁量的范围，笔者在这里也侧重于讨论规范行政程序证据能力的证据规则——认证规则，而不是规范行政程序证据证明力的证据规则。同时有关认证规则的讨论也立足于我国有关立法空白或薄弱环节，而不是学术界和实务界已经达成的共识。

目前，有关证据的证据能力的规则包括形式上和实质上两方面的规则。前者主要是行政案卷排他规则，对于后者法律上一般很少有积极的规定。正如台湾地区学者陈朴生所言，“证据能力，法律上殊少为积极的规定，一般仅消极的就无证据能力或其能力限制之情形加以规定。故证据能力所应研究者，并非证据能力本身之问题，乃证据能力之否定或限制之问题”。[①] 在实质上的证据认证规则体系中，相关性规则作为一项基础性规则非常宽泛地将证据资格赋予了所有具有相关性的证明材料，因此在限定证据范围问题上，真正发挥决定性作用的是相关性规则以外的排除证据资格的规则及其例外。换句话说，证据规则实质上是通过宣告哪些证据不得作为证明案件事实的手段界定了严格证明的证据范围。因此，分析行政程序证据规则的一般情形，也必须紧紧围绕行政程序证据规则的“否定性”展开。而传闻证据规则也是行政程序证明过程中关于证据可采性的重要证据规则。以下笔者将就几个重要的行政程序证据认证规则作相关讨论。

（一）行政案卷排他规则

所谓“行政案卷排他规则”（A Decision Based Exclusively on the Record）是指行政机关的决定只能以行政程序中形成的案卷作为根据，法院对行政行为的司法审查也是以行政案卷中记载的事实和依据为对象，也称“唯一专有记录”[②]。这里的“行政案卷排他规则”实际有两层含义，一层是行政程序意义上的，另一层是司法审查或行政诉讼意义上的。本书所指行政案卷排除规则是前者行政程序意义上的，特指行政机关应该在行政程序中形成的案卷的基础上作出行政决定，不能在案卷以外，以当事人所未知悉的和未论证的事实作为根据。

行政案卷排他规则最早源自美国法律，既是美国行政程序法中的一项重要原则，也是法院对行政机关的裁决和制定法规的行为进行审查的基本原则。美国《联邦行政程序法》中的案卷排他性规则规定在第556节第（e）款：“证言的记录、证物连同裁决程序中提出的全部文书和申请书，构成按照本编第557节规定作出裁决的唯一案卷。当事人缴纳法定的费用后，

---

① 陈朴生：《刑事证据法》，三民书局1979年版，第249页。

② ［美］欧内斯特·盖尔霍恩、罗纳德·M. 利文：《行政法与行政程序法概要》，黄列译，中国社会科学出版社1996年版，第169页。

有权得到副本。”[①] 美国《联邦行政程序法》第706节最后一句规定：“为了作出上述决定，法院必须审查全部记录，或其中为一方当事人所引用的部分。”法院对行政行为的审查是通过审查行政记录进行的，并依此作出判决。“行政机关提供法院审查的记录，只限于作决定时考虑的问题和事项，不能是作决定后的记录。”[②]

美国《联邦行政程序法》第557节所规定的决定是正式程序裁决的决定，只能根据案卷作出，但在司法实践中，对于非正式程序在这一方面的要求不低于正式程序。必须指出，行政案卷排他规则中的案卷并不仅指正式程序中类似听证案卷的正式记录，行政机关作决定时考虑过的全部文件、证据、意见以及只要是对行政决定产生过影响的因素都构成案卷的一部分。除听证的文件和记录以外，案卷还包括所述裁决程序中作出的和收到的各种文件和记录，这一点对于非正式程序尤为重要。行政记录不受正式程序裁决的记录范围的限制，不论是外界向行政机关提供的说明、意见、评论，还是行政机关职员或政府机构提供的分析、资料、建议，参加人员写的回忆录，行政机关对某一决定和草案的说明，只要对行政机关的决定有影响，都可作为行政记录；没有记载的事项如果对行政机关的决定有影响，从司法审查的观点而言，也可作为行政记录。如果行政机关提供的记录不足以使法院进行有效率的审查，法院可以要求行政人员对其所作的决定进行必要的说明，但只限于说明作决定时的情况和事实，不能增添新的情况和事实。[③]

行政案卷排他规则除在美国之外，在其他国家的行政法中都有所反映，名称可能不同，但内容基本相同。例如在奥地利1950年制定的《普通行政程序法》中有这样的规定：“调查程序的目的在于确定解决行政案件所依据的事实；裁决应在调查听证的基础上作出。”德国《联邦行政程序法》第69条第1项规定：“官署应斟酌全部程序的结果，决定之。”韩国《行政程序法》第35条第5项规定：“行政机关充分讨论听证记录及其他相关资料后，若认为有相当理由，应在为处分时，积极反映听证结果。”日本《行政程序法》第26条规定：“行政机关为不利益处分决定时，应充分斟酌笔录内容

① 王名扬：《美国行政法》（上），中国法制出版社2005年版，第490页。

② 王名扬：《美国行政法》（下），中国法制出版社2005年版，第718页。

③ 参见王名扬《美国行政法》（下），中国法制出版社2005年版，第719－720页。

及报告书中主持人意见。”瑞士《行政程序法》第32条规定：“官署为处分前，应对当事人所有及时提出的重要陈述予以斟酌。”①

从各国的规定可以看出，行政案卷排他规则是行政程序的重要原则。总结各国确立行政案卷排他规则的原因，主要有以下几点：

第一，行政案卷排他规则是行政程序法上“先取证，后裁决”规则的要求。“先取证，后裁决”是行政程序法上的基本规则，根据这一规则，行政机关必须在作出决定之前收集充分的证据，不允许在作出决定后再收集证据以证明先前行为的合法性。这一原则能够保证行政行为的公正性。例如在听证程序中，所有事实和证据都为当事人知悉或经当事人质证，听证的结果只能依据听证记录作出，这样的经过才是符合公正要求的。如果行政机关可以根据听证以外的证据作出决定，听证就会毫无意义。美国最高法院大法官 Van Devanter 曾说：“制定法所规定的对于没有列入听证记录的证据，一律不得加以考虑的原则必须得到遵守，否则听证的权利就变得毫无意义，如果决定者在作出处分时随意背离记录，或咨询他人作出的事实认定或法律见解，则在正式听证中提出的证据和辩论，没有任何价值。”②由于案卷排他性，行政机关不能在听证以外接纳证据，因为这些材料没有记载在案卷之中，为当事人所不知，也没有经过当事人的论证，纯系片面之词，以此作为根据作出决定是违背公正原则的。在行政案卷排他规则的限制下，行政机关在作出决定时，不能屈服于外界的压力和影响，不论来自哪个方面，没有记录在案卷之中，就不能作为裁决依据。③

第二，行政案卷排他规则有利于规范行政机关的行为。在诉讼中所有能够支持行政行为的证据必须体现在行政案卷中，首先必然促进行政机关规范执法行为。对于行政机关来说，案卷是证明其行政行为合法性的唯一依据，自然促使行政机关完善行政程序，重视行政案卷的制作、归档和保存制度，尽量以书面形式完成行政执法，对行政行为的规范化有促进作用。其次，必然促进行政机关公正执法。既然只有案卷记录才能作为行政行为合法性的依据，一切证据、推理和结论必须体现在案卷中，不能记载于案卷的土政策、潜规则必然被摒弃，事实和法律成为行政执法的唯一依据，

① 有关国家法律条文的规定，参见应松年主编：《外国行政程序法汇编》，中国法制出版社2004年版。

② 转引自应松年主编：《比较行政程序法》，中国法制出版社1999年版，第222页。

③ 参见王名扬：《美国行政法》（上），中国法制出版社2005年版，第493－494页。

会促进行政执法的公正性。

第三，行政案卷排他规则有利于保障行政相对人的合法权益，能够为提供当事人申辩、陈述理由的机会。确立了行政案卷排他规则，当事人可以针对案卷记录下来的行政决定的推理过程及所依据的证据向行政机关提出异议。既然行政案卷是行政行为的依据，那么行政机关作出行政行为的所有理由和推断都必须在案卷中体现出来，这也就给予了当事人进行质证、反驳和向行政机关提出异议的机会，保障当事人陈述意见、批驳不利于己的事实的权利。

第四，是证据法上“非法证据排除规则”的要求。许多国家，尤其是程序至上的英美法系国家规定，严重违反程序取得的证据为违法证据，应排除在定案证据之外，属无效证据。行政机关在作出决定后自行收集的证据即属于违反法定程序取得的证据，系非法证据，不应当被行政诉讼或司法审查所采用。

近年来，我国在推进依法行政进程中，日益关注行政处罚等行政执法行为的行政执法文书、强调行政案卷的规范性和公正性。例如，苏州市出台《关于在全市范围内推行说理式行政处罚决定书的指导意见》，以推广“说理式行政处罚文书”的案卷形式进一步推动行政执法案卷的规范性和公正性，文件要求“案件调查过程中收集到的书证、物证、证人证言、视听资料、当事人陈述、鉴定结论、勘验笔录和现场笔录等证据，应当按照时间顺序和证明的事实逐一列举，并对证据的来源作简要说明。证据可以在叙述违法事实的同时提出，也可以在叙述违法事实后集中列举分析”。①

（二）证据的相关性规则

相关性规则，又称关联性规则，是英美法系的一项基础性证据规则。美国学者格雷厄姆·C. 雷丽认为，“证据的关联性，是融汇于证据规则中带有根本性和一贯性的原则……由于关联性这一涵义适用于所有所举出的证据，因此也渗透于庭审的全部过程。所有具备可采性的证据必须先与要证

---

① 说理式行政处罚文书是指在行政处罚文书中，对事实进行详细描述，并运用证据加以证明，引用法条的同时阐明适用法律的理由。通过变简单粗略的格式法律文书为叙事、说法、论理相统一的说理式法律文书，使文书内容客观、翔实、准确、完整地反映处罚决定形成的全过程。说理式行政处罚决定书应当由首部、正文和尾部等三部分组成，其中正文包括事实、证据、当事人的陈述申辩、理由和依据、行政处罚的内容和救济途径等要件。参见苏州市《关于在全市范围内推行说理式行政处罚决定书的指导意见》。

事实具有关联性，至少当对方举证就证据的关联性质疑时，必须首先证实其具有关联性”。[1] 相关性规则之所以作为证据能力认证的一项规则，主要是因为某一事实材料如果要成为认定案件事实的证据，该事实材料必须与案件事实有关联，否则该事实材料便没有证据资格。同时，对证据证明力的认证也涉及相关性问题，但它偏重于对相关性大小与强弱的评判，而对证据能力的认证，强调的是相关性的有无，不关注大小程度问题。只要有关联性，便可确定具有证据资格。相关性规则是对证据材料与案件事实之间关系的评判，其核心内容是与案件事实没有关联的证据材料，不具有证据资格，不能作为证据使用。作为一般的认证规则，可以说所有具有相关性的证据，都是可采用的。正如美国证据规则所规定：“所有具有相关性的证据均可采纳，但美国法律另有规定的除外，没有相关性的证据不能采纳。”[2] 目前，相关性规则在我国法律上没有明确规定，但在司法实践中这一规则普遍得到适用。在证据立法时，笔者主张应作出如下规定：与案件事实没有相关性的证据材料，不能作为证据使用。另外，对没有相关性的以下几种具体情况也应在立法上加以明确：

（1）品格证据。品格证据是指将一个人的人品、人格、名誉等作为证据。一般规则是，一个人的品格或者品格特征的证据在证明此人于特定环境下实施了与此品格相一致的行为问题上不具有关联性。

（2）过去行为证据。过去行为证据是指将一个人过去实施的某一行为作为证明现时发生的某一案件事实的证据。关于相似犯罪、错误或行为的证据不能用来证明某人的品格以说明其行为的一贯性，即“一次为盗，终生为贼”的逻辑是不成立的。例如，公民某甲在公共汽车上丢了一个钱包，有关部门认为是某乙偷了，理由是某乙过去有在公共汽车上扒窃的恶习。然而，这种推理是不能成立的，因为根据相关性规则，一个人的品格或过去的行为与现时发生的事情没有必然的联系，不能作为证据采用。

（3）特定的事实行为。关于事件发生后某人实施补救措施的事实，关于支付、表示或允诺支付因伤害而引起的医疗、住院或类似费用的事实，关于某人曾经或者没有进行责任保险的事实，和解或要求和解而实施的特定行为，一般情况下不得作为行为人对该事实负有责任的证据加以采用。

---

① 宋英辉、吴宏耀：《相关性规则——外国证据规则系列之二》，《人民检察》2001 年第 4 期。

② 卞建林：《美国联邦刑事诉讼规则和证据规则》，中国政法大学出版社 1996 年版，第 105 页。

但符合法定例外情形的除外。

（三）非法证据排除规则

一般而言，前文述及行政程序证据认证规则中的“否定性”证据规则，即行政程序证据排除规则，是指在行政程序中某一证据材料具有证明价值本应予以认证采纳，但基于种种原因而不得采纳来认定案件事实而被排除作为证据的法则。证据排除规则是一个比非法证据排除规则更宽泛的概念，前者包括后者，除后者的内容外，前者还包括非本原排除规则、资格排除规则、程度排除规则等内容。[①] 笔者以为，有关学者所述的资格、程度方面违法的证据以及非本原证据同样也属于广义的非法证据范畴，属于形式非法的情形，考虑到非法证据排除规则在证据排除规则中的重要性及其涵盖性，本书仅就非法证据排除规则作集中论述。

1. 非法证据的内涵

非法证据排除规则最初起源于国外的刑事诉讼法律制度，旨在限制警察权对犯罪嫌疑人合法权益的侵犯。目前，我国学界对于非法证据大体上可分为广义说与狭义说两种观点。广义说认为，“非法证据是指证据的内容、形式、收集或提供证据的人员及程序、方法不符合法律规定的证据材料。包括以下四层含义：①证据内容不合法；②证据表现形式不合法；③收集或提供证据的人员不合法；④收集或提供证据的程序、方法、手段不合法。只要具有这四种情形之一就属非法证据”。[②] 狭义说则认为，“非法证据是指办案人员违反法律规定的权限、程序或其他不正当方法而获得的证据”。[③] 有的学者称之为“非法取得的证据”[④]。主要包括三种情形：“一是用非法手段获取的实物证据，如物证、书证等；二是用非法方法获取的言词证据，如犯罪嫌疑人、被告人的口供、证人证言等；三是以非法方法获取的言词证据、实物证据为线索而取得的其他证据，即所谓的‘毒树之果’。”[⑤] 笔者以为，行政程序中的证据违法，究其原因不外乎实体违法和程序违法，与其相对应的是证据的形式违法和来源违法。“形式违法”主要包括证据收集和提供主体的违法、证人资格违法、超出法定和指定期限的违

① 徐继敏：《行政证据通论》，法律出版社 2004 年版，第 74 页。

② 李学宽：《论刑事诉讼中的非法证据》，《政法论坛》1993 年第 3 期。

③ 张桂勇：《论对非法证据的排除》，《中国人民大学学报》1996 年第 5 期。

④ 李学灯：《证据法之基本问题》，台湾地区“教育部”1982 年版，第 243 页。

⑤ 刘善春等：《诉讼证据规则研究》，中国法制出版社 2000 年版，第 196 页。

法等，“来源违法”主要指非法取得的证据。因此，笔者这里从广义角度将非法证据界定为行政程序中应排除形式和来源为非法的证据材料，行政机关作出行政决定时不将它们作为认定案件事实的依据。

2. 国外对于“非法证据排除规则”的运用情况

在西方法学理论中，对证据合法性坚持的态度可以说至今仍未改变。英国普通法中“考门罗原则”的意旨是被告人不当的或不自由的自白不应作为定案的证据。这项法原则的基础是，只有当事人在人身、财产处于安全的前提下作出的自白，才能保证其内容的真实性，如果是当事人在外力驱使下作出的自白，则必然会不自觉地顺从外力驱使的要求，这种自白的真实性令人怀疑。美国《联邦宪法修正案》第 5 条也接受了此原则，它规定：“任何人……在刑事案件中，都不得被迫成为不利于己的证人。”这一规定的宪法精神是，“政府对于公民罪行的控告，负有提供罪证的责任，即举证责任；而有关犯罪的证据的收集，必须严格遵守宪法的有关规定，不得使公民在被迫的状态下提供不利于己的证据”。[①] 日本在这个问题上采取了与英美国家一致的态度。日本《宪法》第 38 条规定：“以强制、拷问或胁迫所取得的自白，或者经过不适当的长期扣留或拘禁的自白，都不得作为证据。”日本《刑事诉讼法》第 319 条规定：“出于强制、拷问或胁迫的自白，在经过不适当的长期扣留或拘禁的自白，或其他可以怀疑为并非出于自由意志的自白，都不得作为证据。”日本东京高等法院在昭和五十七年（1982 年）的一个判决中认为，“搜集证据采用严重违反社会公德的手段，限制他人的精神和肉体上的自由等带有侵犯人格的方法去搜集时，这本身就是违法，因此，不得不否定其证据能力”。[②] 意大利《刑事诉讼法典》第 188 条规定：“不得使用足以影响人的自由决定权或者足以改变对事实的记忆和评介能力的方法或技术，即便关系人表示同意。”由此可见，违反自愿口供规则所获得的证据应当从证据中排除。这是目前西方法治国家坚定不移的一条证据规则。

3. 我国法律对非法证据排除规则的有关规定

从我国现行法律规定看，坚持非法证据排除规则不会存在法律上的障碍，如我国《刑法》中已设有刑讯逼供罪、非法拘禁罪和体罚虐待罪。《刑

---

① 李心鉴：《刑事诉讼构造论》，中国政法大学出版社 1992 版，第 207 页。
② ［日］兼子一等：《民事诉讼法》，法律出版社 1995 年版，第 108 页。

事诉讼法》第四十三条规定："严禁刑讯逼供和以威胁、引诱、欺骗以及其他方法收集证据。"在我国，《刑法》、《刑事诉讼法》的有关规定最早非常明确地表明了违法证据应予以排除的态度。但这一证据规则在民事诉讼和行政诉讼中的适用却存在一个逐步设立的过程。1995 年 3 月 6 日，最高人民法院在《关于未经对方当事人同意私自录音取得的资料能否作为证据使用问题的批复》中指出："证据的取得首先要合法，只有经过合法途径取得的证据才能作为定案的根据。未经对方当事人同意私自录制其谈话，系不合法行为，以这种手段取得的录音资料，不能作为证据使用。"这一批复是我国最高司法机关对违法取得的证据在民事诉讼中能否被当作证据使用所表明的一个态度。

而在行政诉讼中的适用方面，根据最高人民法院《关于贯彻执行〈中华人民共和国行政诉讼法〉若干问题的意见（试行）》第 114 条规定，"人民法院审理行政案件，除依照行政诉讼法的规定外，对本规定没有规定的，可以参照民事诉讼法的有关规定"，此批复也可适用于行政诉讼。2002 年 7 月 24 日，最高人民法院公布了《最高人民法院关于行政诉讼证据若干问题的规定》（以下简称《行政诉讼证据规定》），其中第五十七条规定："下列证据材料不能作为定案依据：（一）严重违反法定程序收集的证据材料；（二）以偷拍、偷录、窃听等手段获取侵害他人合法权益的证据材料；（三）以利诱、欺诈、胁迫、暴力等不正当手段获取的证据材料……"第五十八条规定："以违反法律禁止性规定或者侵犯他人合法权益的方法取得的证据，不能作为认定案件事实的依据。"学者们多认为这些规定构成了非法证据排除规则，其中前者属列举性规定，后者属概括性规定。而从《行政诉讼证据规定》第五十八条来看，行政诉讼非法证据明显是指狭义上的非法证据。"鉴于行政诉讼是一种'复审程序'，主要从认定事实和适用法律两个方面对行政机关的具体行政行为的合法性进行审查，其中认定事实的审查主要是立足于审查行政程序中的证据。"①"行政程序证据制度与行政诉讼证据制度具有关联性和共同性"②，"行政诉讼证据制度应以行政程序证据制度为基础"。③由此可见，《行政诉讼证据规定》的上述规定一定程度上也适

① 孔祥俊：《最高人民法院〈关于行政诉讼证据若干问题的规定〉的理解与适用》，中国人民公安大学出版社 2002 年版，第 6 页。

② 张步洪、王万华：《行政诉讼法律解释与判例述评》，中国法制出版社 2000 年版，第 235 页。

③ 徐继敏：《行政证据通论》，法律出版社 2004 年版，第 8－9 页。

用于行政执法程序，当然将上述规定在行政程序中的照搬使用不无进一步检讨的必要。

值得关注的是，《湖南行政程序规定》对非法证据排除也作出了明确规定。第七十条规定下列证据材料不得作为行政执法决定的依据：“（一）严重违反法定程序收集的；（二）以非法偷拍、非法偷录、非法窃听等手段侵害他人合法权益取得的；（三）以利诱、欺诈、胁迫、暴力等不正当手段取得的；（四）没有其他证据印证、且相关人员不予认可的证据的复制件或者复制品；（五）被技术处理而无法辨认真伪的；（六）不能正确表达意志的证人提供的证言；（七）在中华人民共和国领域以外形成的未办理法定证明手续的；（八）不具备合法性和真实性的其他证据材料。”从内容来看其主要是广义的非法证据，其中列举情形的归类虽不甚合理，但也是对行政程序实践中非法证据问题予以的集中立法回应，此种立法尝试为未来制定行政程序法典积累了宝贵的立法经验。

4. 关于行政程序中的非法证据排除的意义

经过上面的分析明晰了非法证据及非法证据排除规则的内涵和发展沿革，那么为什么要探讨行政程序中的非法证据呢？在行政程序制度中为什么要建立有关非法证据排除的规则？笔者认为主要有以下几个原因：

首先，非法证据排除体现了对人的尊重。对人的关怀始终是法学和良法的终极价值。在法学的视野中，对人的尊重主要体现在对人的生存权、自由权、隐私权等基本人权的尊重。非法证据排除规则在 20 世纪初确立。这个规则本身是对非法证据的否定，将通过侵犯个人权利的手段而获取的证据排除在定案证据之外。这样，非法证据排除实际上起到了保护个人权利的作用，体现了对人的尊重。

其次，非法证据排除体现了法律体系的一致性和权威性必然要求。我国已初步建立以宪法为统帅，由多部门多层次法律规范组成的社会主义法律体系，宪法和其他法律规范共同组成结构严谨的有机整体。其中，宪法是国家的根本大法，具有最高的法律效力。我国《宪法》第三十五至四十三条分别规定了公民的政治自由、人身自由以及住宅、通信自由等各项权利和自由。在行政程序中，非法证据的收集侵犯了公民的自由和权利，违背了宪法和民法的相关规定，所以说，非法证据的排除是维护宪法和法律权威、保障宪法和法律实施的必然要求。

最后，行政程序中的非法证据排除既是行政法治的要求，也是行政程序制度本身的要求。行政行为的程序合法是依法行政和程序法治的重要体现。在行政行为中，行政机关较之行政相对人，在信息、力量等方面明显处于优势地位，它可以凭借强大的行政权力，违反法定程序，非法介入公民的私权领域，收集行政诉讼的证据，从而客观上形成在行政程序中的优势地位。而行政程序制度建构的主要目标价值之一就是在行政程序中限制行政机关对程序当事人的利益侵害，从而保障当事人的合法权益，所以行政机关违法获取的证据本身就是对行政程序制度本身的亵渎。

5. 行政程序非法证据的范围界定

据我国法律对非法证据排除规则的相关规定以及对实践中一些通行做法的总结，笔者认为在行政程序中非法证据包括形式上的非法证据和来源上的非法证据。

（1）形式上的非法证据，主要指证据证明主体、证据的内容、表现形式等方面违背法律规定的证据材料。在行政程序中应当将之从证据中排除。根据相关法律法规规定以及行政实践，我国行政程序属于形式违法的非法证据应当包括以下几种：

第一，不合法主体收集和提供的证据。[①] 法治原则要求证据收集和提供的主体是法定的，非法定主体收集或提供的证据，无论取得证据的途径、方式、手段是否合法，都不具有合法性。其主要表现有：不具有行政执法权的主体调查、收集的证据；生理上或精神上有缺陷或年幼且不能辨明是非、不能正确表达的人所作的证言；不具有鉴定资格或能力的人提供的鉴定结论；应当回避而未回避的人员制作的现场笔录、勘验笔录和鉴定结论；不具有执法资格的人员收集的证据，如非行政执法人员或非法律规定的其他人员制作的现场笔录、勘验笔录等。

第二，资格排除性证据。其主要指由于自然人精神状态、身体状况、特定身份关系或法律关系等，被排除充当证人资格，其证人证言不具有证明能力的证据排除规则。资格排除的主要目的是排除不具有作证能力的人

---

① 非法定主体收集提供证据可能导致证据本身不真实（如不能辨明是非、不能正确表达的人所作证言可能与事实不符），也可能证据本身真实，能证明案件事实，但由于主体资格不合法而出现对程序正义和依法行政原则的侵害。对于前者应当适用严格排除，对于后者不能“一刀切”，需要权衡国家、社会和个人利益，考虑适用非法性排除对实体正义、程序正义和依法行政原则的影响，考虑对当事人权益的损害。因此为维护法治精神，原则上应当适用非法性排除，但对不会给个人、社会利益造成重大损害，不影响行政法治理念的证据，也可以考虑不排除。

形成的证据材料，保护国家秘密、商业秘密和个人隐私，以及维护社会诚信和一些法律关系的稳定。一般来说，下列情况适用资格排除：不能正确陈述见闻的证人；要求公务员作证将使其证言违背保守公务秘密的责任，应免除其作证义务；如证人陈述对于证人本人、配偶、血亲或姻亲之尊卑亲属、侄，或更近之血亲或同等之姻亲，以及养父母或养子女、义父母或义子女、监护人或抚养义务人，将引起财产上直接的重大不利益或将发生刑事追诉的危险，或将导致名誉上的损毁的；律师、医生等基于委托关系、医患关系而知道的事实。

第三，非原本性证据。其主要指证据材料为复制件，行政机关和行政程序参与人不能提供原件或原件线索，对方当事人又否认的情形下，一般不能作为定案的依据。最高人民法院《行政诉讼证据规定》第五十七条第六项规定，“当事人无正当理由拒不提供原件、原物，又无其他证据印证，且对方当事人不予认可的证据的复制件或者复制品”不能作为定案依据。这就相应要求行政机关在行政程序中应当排除非原本性证据。

第四，超期限证据。其主要指无正当理由超出了法定或指定期限的证据应当不被采纳。超期限证据排除的价值是保证行政程序的效率价值。行政程序也须以追求效率为基本原则，时限是行政程序中的重要内容，要求行政机关、当事人以及其他行政程序参与人严格遵守时限的规定。时限的确定以法律规定为原则，在法律未规定时，行政机关可以依职权确定时限，要求行政程序参与人限期提供证据、举证，但行政机关确定的时限应当有利于行政程序参与人提供证据，确定时限时不得违背行政合理性原则。在证明过程中，一般取证时限包括提供申请材料的时限、补充材料的时限、提交证人证言及物证等时限，另外还包括举证时限，如不在规定时限内提供证据应当承担不利后果。

第五，程度排除性证据。程度排除是指证据一定程度、部分地被排除，即排除一些证据单独或主要作为认定案件事实的能力，而非根本性排除。程度排除的价值是排除一些受环境影响大、可能被改动的证据材料单独作为证据证明案件事实的能力，相应要求这些证据材料与其他证据材料印证后才能作出认定案件事实的依据。最高人民法院《行政诉讼证据规定》对程度排除列举了七种情形：未成年人所作的与其年龄和智力状况不相适应的证言；与一方当事人有亲属关系或者其他密切关系的证人所作的对该当事人有利的证言，或者与一方当事人有不利关系的证人所作的对该当事人

不利的证言；应当出庭作证而无正当理由不出庭作证的证人证言；难以识别是否经过修改的视听资料；无法与原件、原物核对的复制件或者复制品；经一方当事人或者他人改动，对方当事人不予认可的证据材料；其他不能单独作为定案依据的证据材料。

（2）来源上的非法证据，主要指行政机关采用违法的手段取得口供等证据材料。在行政程序中也应当将之从证据中排除。特别是在行政程序中，一些行政机关（特别是公安机关等）往往拥有限制他人人身权利的权力，如果利用刑讯逼供和以威胁、引诱、欺骗以及其他非法手段得到的口供，都应当从行政程序的证据中排除。那种认为“手段虽然违法，但口供却是真实的，因而这种口供应当认定”的观点，应当给予否定。这对于一个还未普遍形成依法行政良好习惯的国家来说，具有相当重要的法治意义。根据相关法律法规以及行政执法实践，我国行政程序属于来源违法的非法证据应当包括以下几种：

第一，以违反法律禁止性规定的方法取得的证据。违反法律禁止性规定，是指违反法律规范中设定的有关取证方法的义务性规范的规定。在这里，有三点是需要注意的：首先，这里的“法律”应作广义理解。因为根据《行政诉讼证据规定》第五十五条，行政诉讼证据的取得应当符合法律、法规、司法解释和规章的要求。因此，这里讲的“法律”应当是指法学研究中常使用的法律规范渊源概念所涵盖的范围，即包括宪法、法律、行政法规、司法解释和规章，甚至还应当包括地方性法规、立法解释、行政解释以及国际法。我国尚未制定统一的行政程序法，有关调整行政程序证据的规范目前散见于法律、法规、规章和司法解释等之中。例如《行政诉讼证据规定》是第一部系统地规定行政程序证据规则的司法解释，它是我国行政诉讼乃至行政执法中处理证据问题的直接法律依据。正如有的学者所言，“至于‘非法’或‘违法’这个词，并不限于‘违反诉讼程序’，更重要的是违反了宪法或宪法性规范，当然也包括违反诉讼法、甚至违反了国际法的规定”。[①] 其次，这里的“法律禁止性”规定，应当既包括实体法律规范，又包括程序法律规范中有关取证方法的禁止性规定。后者如禁止以利诱、欺诈、胁迫、暴力等不正当手段获取行政程序证据，禁止以非法搜查、非法扣押、非法拘禁等非法侵害他人合法权益的方法获取行政程序

① 杨宇冠：《中国确立非法证据排除规则若干问题研究》，《诉讼法学研究》2002 年第 3 卷。

证据等。例如《国家安全法》第二十一条规定：“任何个人和组织都不得非法持有、使用、窃听、窃照等专用间谍器材。”因此，凡非法持有、使用、窃听、窃照等专用间谍器材取得的行政程序证据，便属于违反了实体法律规范有关取证方法的禁止性规定取得的行政程序证据。后者如禁止“先裁决，后取证”，禁止应当回避的行政执法人员参与案件的办理等。其原因在于，一方面，证据法的基本内容是在各种司法和执法活动中如何运用证据证明案件事实的规则，而这些规则显然都具有程序法的属性；另一方面，证据是认定案件事实的依据，而且证据法中也有关于当事人和证人权利义务的规定，这些似乎又带有实体法的特征。从立法角度看，证据法的内容也不仅存在于程序性的法律法规之中，刑事和民事的实体法中也有关于证据的规定。对行政程序证据的取证方法加以调整的有关法律禁止性规定也是如此，既有实体规定，也有程序规定。最后，这里的“法律禁止性规定”不仅包括法律规范中的“禁止性规范”，还包括法律规范中的“命令性规范”，即应当是指法律规范中的义务性规范。[①] 基于全面地、更好地保护行政相对人的合法权益，笔者认为应将“法律禁止性规定”作广义上的理解，即指义务性规范。

第二，以侵犯他人合法权益的方法取得的证据。侵犯他人合法权益，是指取证方法侵犯了法律规范设定的公民、法人或者其他组织的合法权益。构成侵犯他人合法权益必须具备主体、内容以及手段的要件。主体要件是指侵犯他人合法权益的主体在行政程序中应当是指法律规定的享有调查取证权的行政主体，包括行政机关和法律法规授权的组织。内容要件是指侵犯他人合法权益的内容必须是“法定合法权益”[②]，对于非法权益则不存在

---

① 在法理学上，根据法律规范逻辑结构中的行为模式部分内容的不同性质，可以将法律规范分为授权性规范、命令性规范和禁止性规范。授权性规范是指规定人们可以为或不为一定行为，或者要求他人为或不为一定行为的法律规范：命令性规范是指要求人们必须作出某种行为即承担一定积极作为义务的法律规范；禁止性规范是指规定禁止人们作出某种行为即承担消极不作为的义务的法律规范。命令性法律规范和禁止性法律规范合称义务性法律规范。

② 从法理学的角度来看，合法权益应该是指法定合法权益，包括两大类：一类是法律规范明文规定的合法权益；另一类是根据法律规范的规定而推定出来的合法权益。前者是指行政相对人依法享有的由国家法律规范所明文规定并由国家强制力加以保障实现的各种权益。它既包括宪法规定的公民享有的基本权利，又包括宪法以外的其他法律、法规和规章等规定的各种权益。后者仅指行政相对人依照法律规范的精神和逻辑推定出来的各种权益。对于行政相对人来说，凡是法律规范没有禁止的，都可以视为合法权益。例如根据《宪法》规定，公民住宅受法律保护，进而推论出公民在住宅里享有个人隐私权。

侵犯问题。手段要件是指侵犯他人合法权益的手段是非法的。手段违法的表现形式众多，一般包括以非法搜查、非法扣押、非法拘禁等非法侵害他人合法权益的方法获取行政程序证据，通过秘密手段（包括偷拍、偷录、窃听等手段）取得的证据，以利诱、欺诈、暴力、胁迫等不正当手段取得的证据等。以偷拍、偷录、窃听等手段取证为例，这些秘密手段极易侵害他人隐私权等合法权益。根据《行政诉讼证据规定》第五十七条，“以偷拍、偷录、窃听等手段获取侵害他人合法权益的行政程序证据材料为非法证据”。因此，如果以偷拍、偷录、窃听等手段获取但没有侵害他人合法权益的行政程序证据材料，则不应视为行政非法证据，因而也不存在排除问题。根据程序正义的要求，行政主体在行政程序中一般应当采取公开的手段取证，这是行政程序公开原则的必然要求。但是，在特定情形下也不排除秘密取证。行政执法过程中，非正常情况下的秘密取证也是必要的。例如，卫生防疫部门在市场管理中秘密录制摊贩出售未经检疫的猪肉的录像资料，并没有给他人合法权益造成不法侵害，因此行政机关的工作人员在行政检查过程中进行录音、录像获取的视听资料不属于非法证据，可以作为定案证据使用。类似情况还有交通管理部门在道路上安装的用于管理公共交通的录像设备获取的证据，银行、车站、宾馆、厂矿等单位用于治安防范或企业管理的电子录像设备获取的证据等。[①] 虽然，衡量以秘密手段取得的某一行政程序证据是否属于行政非法证据的标准就是“不得侵害他人的合法权益”，但是需要注意的是，《行政诉讼证据规定》在界定行政非法证据判定标准时的用词与上述列举性规定的用词是有细微区别的。在判定标准上使用的是“侵犯”字样，而在上述列举性规定中使用的是“侵害”字样。这就意味着秘密取证只有侵害了他人合法权益才构成侵犯他人合法权益。因此，秘密取证并不等同于非法取证。基于保护公共利益的需要，只要行政主体的秘密取证行为没有侵害他人合法权益，那么在法律评价上就不应当得到否定性的评价，因而也就不能作为非法证据予以排除。

对于上述两种情形，一般而言，违反法律禁止性规定也同时侵犯了他人合法权益，侵犯他人合法权益也可能同时违反了法律禁止性规定。此时，上述两项判定行政非法证据的标准在内容上是存在交叉关系的。当然，也

---

① 参见李国光：《最高人民法院〈关于行政诉讼证据若干问题的规定〉的释义与适用》，人民法院出版社2002年版，第445页。

存在违反法律禁止性规定却尚不侵害他人合法权益的情形，这属于来源上非法证据的例外情形。例如最高人民法院《行政诉讼证据规定》第五十七条规定，“以偷拍、偷录、窃听等手段获取侵害他人合法权益的证据材料”不能作为定案的依据，即采取偷拍、偷录、窃听等手段获取的证据材料，只要不侵害他人合法权益，就能被法院采用作为定案依据，实际上是承认了行政程序中可以采用偷拍、偷录和窃听证据作为定案的依据，但条件上不侵害他人合法权益。以是否侵害他人合法权益作为是否排除通过秘密手段取得证据的标准符合行政程序讲求效率的要求，也避免了行政取证行为对他人合法权益的影响，在行政程序中是可行的。再如，程序违法有严重违法和一般违法。前者由于违法可能导致当事人合法权益的损害或证据材料的不真实，应当排除依该程序收集证据的证明力；后者由于违法程度轻，对当事人合法权益未造成损害，也不会导致收集的证据材料不真实，可以不适用非法性排除。例如《行政处罚法》第三十七条规定，“行政机关在调查或者进行检查时，执法人员不得少于两人，并应向当事人或者有关人员出示证件……”如果只有一名执法人员收集证据就构成程序违法，但一人收集证据并不一定会构成当事人权益的侵害和收集的证据材料的不真实，此种情况就可以不适用非法性排除规则。

6. 行政程序非法证据排除规则例外情况的讨论

非法取得的可以认定某公民的违法行为的行政程序证据是否一概从证据中排除出去？这个问题恐怕并不能那么简单地作出肯定或否定回答。这个问题与行政机关的行政权行使关系密切，因而有必要作进一步分析。

（1）国外关于非法证据排除规则的设定情形。我们知道“非任意性自白”[①] 应当排除出证据范围，但是证据除口供外还有其他诸如书证、物证等类别，对这些证据如用违法手段取得应当如何处理也是一个值得理性分析的问题。在西方法学理论中，首创解决此问题的是美国。美国联邦宪法虽然规定，个人的文件、财物、住所不受非法搜查、扣押，但是，在实践中行政机关有时非法搜查、扣押所取得的证据仍然运用于定案之中。1885 年，联邦最高法院为了彻底实现宪法修正案对公民权利的保护，在 Boyad V. U. S

① “自白”原本是刑事诉讼中的一个概念，一般是指有罪的自认陈述。行政程序中的自白就是行政程序中当事人承认自己有违法行为的供述。“非任意性自白”是指当事人不是在意志自由情况下承认有违法行为，而是再利诱、欺诈、暴力等情况下所作的承认。

一案中宣称，凡联邦官员违反第四条修正案规定取得的证据，在联邦最高法院不得作为不利于被告的证据。虽然联邦最高法院在 1904 年的 Adams V. New York 一案中，废除了 1885 年判例所确认的证据规则，但在 10 年后的 1914 年的 Weeks V. U. S 一案中重新承认了这一证据规则。这个判例涉及此原则的要点有：①违法证据排除法则所排除的违法证据，仅限于违反“联邦搜查与扣押法”（Federal Search and Seizure Laws）所获得的证据，并非对所有的非法取得的证据均能适用；②对于州或其他地方官员非法搜查与扣押而获得的证据，即使联邦官员本身并不违法，在联邦法院内也予以排除，同时联邦法院还禁止联邦官员向各州法院提出自己非法搜查、扣押的证据。[①] 日本在这个问题上表现出与美国不同的态度。从日本宪法第三十五条看，政府机关及其官员违法宪法规定，以非法扣押、搜查所获取的证据应当排除。但是，无论在日本的法学界还是实务界对从宪法这一规定中所推导出的这项证据规则，却持并不那么积极的支持态度，最高法院在昭和五十三年的一个判例中认为，“在证据物的收集程序中，违反宪法第 35 条以及以该条依据的刑事诉讼法第 218 条第一段所规定的令状主义的精神，构成重大违法时，在如果容许将这种违法收集的材料作为证据，从抑制将来的违法侦查的立场上看并不适当的场合，应当否定其证据能力”。[②] 从此判例中可以看出，日本司法界对违法取得的证据的否定态度还没有美国那么坚决。

（2）我国行政程序非法证据排除规则存在问题。根据《行政诉讼证据规定》第五十八条，对于行政诉讼非法证据，不能作为认定行政案件事实的依据。因此对于行政程序非法证据，也不能作为认定行政行为作出的事实依据。如此看来，我国现行法律解释对行政非法证据似乎是采用强制排除说的。但是，只要仔细地研究一下《行政诉讼证据规定》第五十七条和第六十条等相关的列举性规定，就不难发现这种排除规则还是一种有限的排除规则，具体来说存在以下例外情形或者不明确的地方。

首先，没有明确除口供外其他诸如书证、物证等非法证据是否一概排除。实践中，我国行政机关大量采用秘密方式等手段获取的书证、物证来认定事实，如工商、税务、技术监督等部门经常采用偷拍、偷录来记录违

① 参见李心鉴：《刑事诉讼构造论》，中国政法大学出版社 1992 年版，第 284 - 285 页。

② 转引自李心鉴：《刑事诉讼构造论》，中国政法大学出版社 1992 年版，第 292 页。

法事实，而在城市交通管理中，一些城市也大量采用偷拍方式等来记录交通违法事实。这种“非任意性自白”之外的非法证据是否一定排除，这涉及行政程序效率和公正价值的平衡问题。笔者以为，除在法律中明确规定非法证据排除规则，具体而言应有以下两个方面的要求：第一，对违法取得的口供无条件地从行政程序证据中排除出去；第二，对违法取得物证、书证等，如果具备客观性、关联性的特点，特别是在没有其他获得证据渠道时，也只能成为其他合法证据定案时的参考依据。例如，陕西榆林一名干部被举报“包二奶”并生有一子，在计生局调查时男女双方矢口否认，后来执法人员在孩子所在学校配合下抽血化验，证明举报属实，对该干部作出了处罚。该处罚并未违反《计划生育法》和《行政处罚法》，从行政程序角度看是合法的处罚。但是一旦诉至法院，必然被认定为“以偷拍、偷录、窃听等手段取证并侵犯他人合法权益”而被确认为违法。这一证据是本案中的唯一证据，如果被否定，则无法追究违法行为的责任，产生不良的社会影响。此外，近年来，随着数字通信技术的发展，视频监控技术越来越多地被运用到行政执法调查取证过程中，典型的就是交通路道、企事业单位和小区治安防控等领域电子监控系统的广泛运用（有很多属于秘密取证），事实上取得很好的执法效果。例如苏州市所辖的昆山市交通局在2010年12月调查一起水上交通肇事逃逸事故陷入困境时，无奈依靠现场可视监控系统提供的有力证据，使得在没有清晰目击者的情况下，把当时犯罪事实清楚地摆在执法人员面前，后续肇事者面对视频资料也只能供认不讳，成功查处一起疑难案件。①

其次，没有明确“一般或轻微程序违法取得的行政程序证据”的证据能力。根据《行政诉讼证据规定》第五十七条，“严重违反法定程序”取得的行政程序证据材料为行政程序非法证据，应当予以排除。所谓严重违反法定程序是相对于一般或者轻微违反法定程序而言的。因此，对于一般或者轻微违反法定程序取得的行政程序证据，虽然也在一定程度上侵犯了行政相对人的合法权益，但是却没有规定予以排除。应当注意的是，上述《行政诉讼证据规定》将适用非法证据排除规则的证据范围局限于严重违反法定程序收集的证据材料，对“违反法定程序”作“严重”的限定，至少

① 参见苏州政府法制网，http://www.szfzb.gov.cn/szzffz/InfoDetail/?InfoID=4f606ba3-a2be-44cf-9bf7-6c3c189f76ee&CategoryNum=003002，访问日期2011年11月20日。

反映了司法解释制定者这样的考虑：一方面强化了对行政权力的制约，在一定程度上避免了因行政权力行使不当而对行政相对人产生损害或威胁；另一方面，又保留了对一些违反法定程序收集的证据予以采信的余地，迁就了目前行政机关的执法现状以及提高行政效率的客观需求。有些证据如不被采用，很难再通过正当的法律程序取得，从而降低了行政效率，影响了公共利益的实现，如为打击出租车乱加价、拒载，应适当地允许执法人员乔装取证。但《行政诉讼证据规定》这一规定是否稳妥，值得考量。其一，它对违反法定程序何谓“严重”，无具体判断标准；其二其逻辑推演即为非严重违反法定程序取得的证据，可以作为定案依据。在目前行政执法水平较低、行政机关漠视程序义务的背景下，这样的规定无异于助长行政机关的违法行政，因为他们可以事后以未严重违反法定程序而开脱。因此笔者认为，这里的“严重”是一大立法缺陷。但笔者并不认为所有违反法定程序取得的证据均应予以排除。行政执法在一定程度上代表着社会公益，排除所有违反法定程序取得的证据，势必对社会公益造成一定程度的妨害。即使在将非法证据排除规则推至极致的美国，也为该规则设定了两个例外：“最终和必然发现的例外”、“善意的例外”。因此笔者认为，在以下两种情况下，证据的取得虽然违反了法定程序，但不应仅据此就予以排除：一是通过正当的行政程序难以取得的证据。这部分证据的采信体现了对正常行政秩序和社会公益的尊重。二是以后难以取得的、不可替代的证据。这体现了行政相对人的个人利益向社会公共利益的让步，即体现“两害相权取其轻”的原则。

最后，没有明确“以非法证据为线索取得的行政程序证据”的证据能力。在行政诉讼中，被告行政机关以非法取得的证据为线索，再通过合法的手段取得的证据，是否有合法性呢？这实质上是关于“毒树之果”原则在行政诉讼领域的适用问题的探讨。而我国《行政诉讼证据规定》对此问题却没有涉及。这不是司法解释者的疏忽，而是表明司法解释者的一种回避态度。但是，作为理论研究和实务操作，对于“毒树之果”是否属于行政非法证据，是否应当予以排除，是一个不容回避也回避不了的问题。笔者认为对行政领域中“毒树之果”证据的合法性问题的界定，要根据收集证据的行政违法行为与行政程序二者相违背的程度以及收集该证据的行政机关主观恶性程度的大小相区分，但同时也应该充分考虑行政效率的问题。笔者认为，可将行政机关非法取证的行为按恶性程度分为三类来决定“毒树之果”的合法性：第一类是构成犯罪的违法取证行为；第二类是严重违反法定程序的取证行为；第三类是轻微违法取证行为。如果“毒树之果”是由被告行政机关运用构成犯罪或虽没有构成犯罪但属于严重的违反法定程序（或使用非法权能）取得的证据衍生出来的，应界定为非法证据而不予采信。违法收集的证据达到犯罪或严重违法的程度，不仅违反了法律禁止性的规定，影响了行政程序的公正，而且践踏了宪法，严重侵犯了人权。行政机关据此作出的具体行政行为理应撤销，并且此证据证明行政机关严重行政违法，应该对当事人追究刑事或行政法律责任。当然，对于某些特殊的情况，我们可以借鉴美国法律的规定设置若干例外。而对于轻微程序违法，在权衡实体真实与正当程序之后，应作出适当的让步。另外也要考虑到行政效率问题，如果不顾行政效率，有可能会导致行政执法中可能利用的证据大大减少，不利行政争议的解决。从另一方面来说，排除一切违法证据的衍生证据的适用，就我国目前的行政执法及司法现状来看，也是不现实的。

由此可见，对于行政领域中“毒树之果”证据应该采用“原则排除加例外”原则。首先，对于“毒树之果”原则上应当排除。因为如果允许将以非法证据为线索获得的其他行政程序证据转化为合法行政程序证据的话，那么行政非法证据排除规则的作用便会形同虚设，实际上是等于承认行政非法证据的合法性。其次，对于“毒树之果”有时应当具体问题具体分析。主要有以下两种情形：第一种情形是以行政非法证据为线索取得的行政程序证据对案件事实的证明是不可替代的，如“毒树之果”是行政实物证据；第二种情形是以行政非法证据为线索取得的行政程序证据是“最终和必然发现的”。

以上笔者论述了三类最为重要的“非法证据排除规则”的例外情形。在实践中，行政程序违法的原因往往复杂、多样。章剑生教授在其论文中分析了行政程序中违法证据产生的原因一般有以下几点：①通过合法的途径无法取得所需要的定案证据；②为贪图方便而通过违法手段取得证据，③出于个人私利而恶意违法取证。近年来广泛存在的“钓鱼执法”事件中的行政机关正是出于第三个原因违法取证的。对违法取得的证据能否作为定案的依据，实际上往往与一个国家对人权的重视与保护程度有关。我国宪法和法律对人权的保护规定应该说并不落后，但在现实生活中对人权的侵犯和人们在观念上对人权的轻视，形成了与现行宪法和法律规定的强烈

反差。这一点已在行政机关违法取证定案却极少在司法审查中受到指责的现象中得到了进一步印证。[①] 由此可以深深体会到，要强行通过立法手段推行严格的行政程序非法证据排除规则，也会遭遇到来自行政机关的强大的阻力。但是还是必须在立法上坚持非法证据排除原则，否则只会助长行政机关工作人员和其他程序参与人通过暴力、胁迫、欺诈、利诱等手段收集证据，对公民权利的保护也是极为不利的。可见，非法证据排除规则对控制行政权滥用、保护相对人利益有着非常重大的作用，至少它可以防止“钓鱼执法”类似事件的再次发生。

总之，与诉讼证据规则相比，行政程序中非法证据排除规则的适用范围相对较小，即应在保证最低限度公正价值基础上，除侵害当事人合法权益或严重违法的情况下，非法证据应当具有可采性。例如，对于涉及危害国家安全和重大社会公共利益的证据，即使在收集程序、方法等方面违法，也应肯定其效力而不予排除，其余的非法证据行政机关不应接受，其理由是“两害相权取其轻”的原理。[②]

（四）传闻证据排除规则

在权威的《牛津法律大辞典》中，传闻证据指“非证人亲自所看到、听到或以其他方式观察到的证据，而是来自他人那里就调查中的事实所听到的证据”。[③]《美国联邦证据规则》给传闻证据下的定义是：“传闻证据是用来作为证据证明待证事项的真实性的陈述，但它不是陈述者在审判中或听证中作证时所作出的陈述。”[④]

在大陆法系国家并不存在英美法系国家意义上的传闻证据排除规则。在大陆法系国家，随着书面审理制度被废止，各国普遍将直接言词原则确立为法庭审理活动的基本原则。根据该原则，包括证人在内的所有证据必须在诉讼双方及法庭的参与下当庭进行调查，否则不得作为裁判的依据。可见按照这一思路，大陆法系对传闻证据是严格排除的。

在英美法系国家，传闻证据排除的主要理由是传闻证据可靠性差、易

---

① 参见章剑生：《现代行政法基本理论》，法律出版社 2008 年版，第 444 页。

② 郑钟炎、程竹松：《论我国行政程序法典证据制度的构建——借鉴美国联邦行政程序法中的证据制度》，《法治论丛》2003 年第 2 期。

③［英］戴维·M. 沃克：《牛津法律大辞典》，光明日报出版社 1988 年版，第 401 页。

④ See Federal Rules of Evidence 801（C）：“Hearsay” is a statement, other than one made by the declarant while testify at the trial or hearing, offered in evidence to prove the truth of the matter asserted.

导致陪审团的错误和偏见。因此，排除传闻证据的法理基础主要来自对实体公正的追求。但是从近年来传闻证据排除规则在英美法系国家的发展趋势来看，排除传闻证据的理论基础逐步从追求实体公正向兼顾实体公正与程序公正并兼顾多种诉讼价值转化。一些学者通过研究得出结论，“传闻证据规则的制度价值并不在于保证案件审理的公正性，而仅在于使法院的判决获得公正的外观，以增加判决对于社会公众而言的可接受性和稳定性”。[①]美国在近一段时期对传闻证据排除规则的修订似乎验证了这种观点。比如，关于传闻证据排除规则的一个重要例外是临终陈述例外，学者一般认为，之所以采纳这类传闻证据并非因为人在临终前不会说谎，而是因为即使该陈述人说了谎，由于死亡的原因他也没有机会在判决作出后推翻自己所说过的话，从而危害判决的稳定性。

在行政程序中，行政机关享有接受包括传闻证据在内的所有证据的自由至少在美国获得认可。美国《联邦行政程序法》第 556 条第（D）款规定：“任何口头的或书面的证据都可以接受，但作为一种政策，行政机关应规定不接受与案件无关联性的、无关紧要的或过于重复的证据。除非考虑了全部案卷中或其中为当事人所引证的部分，并且符合和得到可靠的有证明力的和实质性证据支持，否则不得科处制裁，发布法规或作出裁定。”美国行政机关这种接受证据的自由，也得到法院的认可，如 1916 年纽约州的一个判决声称，行政机关不但可接受和考虑传闻证据，而且可以接受能够说明案件的其他任何证据。1938 年，美国最高法院在一个案件中声称，“行政机关接受法院不能接受的证据，不构成可以撤销行政决定的错误”。[②]

美国行政机关之所以不受法院证据规则的约束，是因为美国联邦的证据规则是为陪审制审判而制定的，陪审员没有判断证据的经验，容易过分重视传闻证据的证明力量。特别是利用传闻证据时，证据的真正陈述人没有到庭和当事人对质，不易判断证据的真实情况，所以在陪审制中禁止接收这种证据。然而对于行政机关而言，这种错误地重视传闻证据的危险不再存在，行政机关具有专门知识，一般不太会为传闻证据所迷惑。“为了加

① Charles Nesson，“The Evidence or the Event? On judicial proof and the Acceptability of Verdiets”. *Harvard law Review*，Vol. 98，No. 7，1985，pp. 1357 – 1392. “The Theoretical Foundation of the Hearsay Rules”，*Harvard Law Review*，Vol. 93，No. 8，1980，pp. 1786 – 1815.

② Conselidated Edison Co. V. NLRB，305 U. S. 197，230（1938），转引自王名扬：《美国行政法》（上），中国法制出版社 2005 年版，第 473 页。

速行政裁决的进程，不妨规定一切对案件有实质性联系的证据都可接受，包括传闻证据在内。这样一来，不用花费时间争论证据是否可以接受，而把主要时间用在判断证据是否具有证明力量。”[①] 可以看出，美国行政机关可以采用包括传闻证据在内的一切证据，是基于对行政机关专业知识和经验的信任，基于对行政效率的追求。

由此可见在世界范围内，就传闻证据是否排除尚未形成统一意见，对某一种类的传闻证据是否应当予以排除反映了立法者对传闻证据规则认识上的差异，这主要和一国法治文化和国情等因素相联系。就我国而言，笔者以为我国行政机关在行政程序中应该原则上确立传闻证据排除规则。这是因为：首先，我国行政机关行政职能的划分虽然已经相对精细化，但是各个行政机关的专业知识背景各异，能力参差不齐，尚没有能力和经验对其各自领域仅凭传闻陈述就作出正确的判断和认定。其次，现代社会的行政管理目标虽然发生了一些变化，但程序公正仍然是行政程序遵循的优先价值。例如，行政机关对相对人作出的行政处罚依据原则上不得基于道听途说的他人陈述作出，否则势必影响实体结果的公正、准确，同时也从根本上影响程序效率。这是因为行政机关如果可以采纳传闻证据，那么行政机关将不得不面对大量既不可靠、价值也不高的证据，势必造成行政程序时间上的拖延和行政资源的浪费。再次，在传统的我国特权行政模式下，行政机关工作人员往往认为“只要实体正确，过程无关紧要”，以传闻证据为依据作出行政决定依据的情形很普遍。在我国当今大力提倡依法行政、实现依法行政的背景下，促进程序正义是当下我国的时代潮流，排除传闻证据有助于树立行政机关工作人员尊重程序的意识。最后，就我国而言，传闻证据排除规则在维护公益方面有着极其重要的现实意义。相对于行政机关来说，其有助于保证行政机关所采证言的可靠性，从而保证行政程序中事实认定的正确性，也降低行政成本和提高行政效率。同时也兼顾了相对人一方，即有助于保障行政程序公正、保障人权，其根本在于行政程序证据制度是从维护公共利益的角度来设置的。

总之，为保证程序的正义和实体的公正，行政机关在作出裁决时，应当排除缺乏证明能力的传闻证据，否则即使以此作出裁决，也会在司法审查中被法院推翻。当然这一证据规则也不排除行政机关以传闻证据为基础，

---

① 王名扬：《美国行政法》（上），中国法制出版社 2005 年版，第 471 – 472 页。

合法收集其他证据的情形，然而此时传闻证据只是收集合法证据的待证对象，并不是行政决定的依据。对此，美国学者施瓦茨认为，在行政裁决中，“如果除了传闻证据以外什么证据都没有，那么这就是没有根据的裁决”。[①]

第五节　行政程序证据的审查制度

证据必须具有证明能力是证据的基本条件，否则不能作为案件认定的根据。然而就整个案件观察具有证明能力的证据必须达到一定的证明程度，才能符合可以确定事实的标准，这个程度称为证明标准。行政程序证据的审查工作就是集中对证据的证明力的判断，而行政程序证据审查规则也就是规定行政程序证据的证明（审查）标准问题。行政程序证据的证明标准就是指行政机关在行政程序中利用证据证明案件事实和行政程序事实所要达到的程度。行政程序证明标准一般由法律规定，但其具体的运用还主要由行政机关在适用时确定。行政机关在适用证明标准时，往往考虑案件的性质、作出决定的结果和对当事人的影响，以及行政机关所执行的政策等各种因素，而要求不同程度的证明标准。

一、行政程序证明对象的讨论

证明标准的一个基础性概念是证明对象。证明对象是证明活动的起始性问题，证明责任、证明主体都只有在证明对象概念确认之后才有其意义。行政程序证据中的证明对象和证明标准一起，规定了行政程序证据证明的方向、内容和程度。

（一）行政程序证明对象的研究意义

在行政程序中，准确界定证明对象对于减轻证明主体的证明负担和保证行政行为的正义性有重大意义。行政机关是否应当作出某一行政行为，所涉及的不确定事实是非常多的，但只有属于证明对象范围内的事实才需要证明主体运用证据加以证明。证明对象的确定有助于帮助证明责任主体

---

① ［美］伯纳德·施瓦茨：《行政法》，徐炳译，群众出版社 1986 年版，第 312 页。

明确证明方向，减轻证明负担，防止证明主体投入过多精力到证明对象之外的事实，有利于减少行政程序的成本。

证明对象的准确界定对于保证实体的正确也有重大意义。证明对象的界定虽然可以减轻证明负担，但它不是随意的，必须根据经验和科学加以证明，然后确定哪些必须纳入证明对象的范畴，哪些不必纳入证明对象的范畴，如果必须证明的事项没有纳入证明对象范围，则对于案件的证明就不能得到完整的证明，将造成实体的错误。

（二）证明对象的界定

证明对象即证明活动的直接指向，它是指在证明活动中需要证明的事实，而这一事实又应当与定案有不可分割的关系。[①] 因此，证明对象又可称为待证事实或要证事实，用于证明的事实即证据可称为已知事实。可见，证明对象实质内容是待证事实和已知事实之间的一种因果联系。

待证事实与可定案依据之间具有相当密切的关系，但不同的诉讼程序具有不同待证事实的范围和要求，如在刑事诉讼中，待证事实是被告人有罪或无罪、罪重或罪轻的事实。在民事诉讼中，待证事实是指当事人之间有关民事权利、义务的争议的事实。在行政诉讼中，待证事实是指行政机关的具体行政行为是否合法、适当，也包括行政相对人的行为是否合法。后者是行政机关在行政程序中依法行使行政权力的合法性基础，而前者是行政机关的具体行政行为接受司法审查的必然要求。因此，在行政程序中，行政机关应当收集这两方的证据，分别对需要证明的事实加以证实，从而确保其行政行为的合法、适当。已知事实是已通过合法程序收集的、经过审查认定已具有客观性和定案关联的事实，即证据。证据本身是一种事实，虽然也可能存在着有真有假的情况，但它不是证明对象。它的真假问题可以通过证明的审查来解决，不能将对案件事实的证明问题与具体证据的审查问题混为一谈。如果把证据事实本身真假情况也列为待证事实，则可能导致证明对象主次颠倒、循环证明等结果。[②]

（三）行政程序证明对象的范围

行政程序中证明对象的界定需要确定一个合适的范围，其范围不能过

---

① 陈浩然：《证据学原理》，华东理工大学出版社 2002 年版，第 381 页。

② 章剑生：《行政程序法基本制度》，载应松年主编《当代中国行政法》，方正出版社 2005 年版，第 1265－1366 页。

宽，否则会加重证明主体的负担，不符合经济原则；也不能过窄，否则容易造成对权利的侵犯或者是对违法行为的放纵。其关键是在宽与窄之间确定一个合适的平衡点。在行政程序中，证明对象即确定某一行政机关是否应当作出一定行政行为所需要证明的事实，其通常应包含以下几个方面：

（1）行政相对人是否应当承担义务或享有权利的法律要件事实。法律要件事实要根据行政实体法来确定，即行政实体法规定的行政相对人应当承担义务或者可以享受授益所必须的法律要件事实。

（2）行政程序事实。行政机关采取某种行政程序不仅需要法律上的理由，还必须有相关事实的支撑。因为程序违法将导致行政行为的违法，所以如果行政机关采取某种行政程序而没有事实和法律上的依据，将面临被撤销的危险。

（3）自由裁量领域的裁量事实。面对复杂的行政事务，行政机关需要自由裁量权是一个不争的事实，但行政机关容易滥用自由裁量权同样是事实。所以，控制行政机关的自由裁量权就显得尤为重要。说明理由制度是防止行政机关滥用自由裁量权的一个重要而有效的手段，但理由的说明不能完全是空洞的说教，也需要有相应的事实，而涉及事实问题就必然需要证据加以证明。

对于有学者主张将“证据事实”① 也纳入证据对象的范围，笔者持不同的意见，理由有三：第一，证明对象和证明手段之间是目的和手段的关系，不能混同。第二，证据需要查证属实，但并非需要查明的所有事实都能成为证明对象。查证属实只是证据作为证明手段的资格条件，而不是其作为证明对象的充分条件。第三，将证据事实排除在证明对象之外，有助于证据法学理论揭示证据和证明对象各自的特殊规则。②

此外，笔者认为行政主体是否适格的事实也不是行政程序证据的证明对象。虽然行政机关准备进行调查或作出行政行为之前必须确认自己是否是适格的主体。如果行政主体不适格，则无论其后续程序是否合法、实体是否正义，其行政行为都是违法的。但这主要是通过规范性文件来加以证明的，而规范性文件不属于行政程序证据的范畴，所以行政主体是否适格

① 证据事实即证据本身所记载和反映的事实。证据事实成为证据对象，是指需要用另外的证据来证明该证据，该证据则成为另外证据的证明对象。

② 樊崇义主编：《证据法学》，法律出版社 2001 年版，第 188－189 页。

的事实也不是行政程序证据的证明对象。

二、行政程序证据证明标准概述

证明对象、证明责任和证明标准是联系非常紧密的三个概念，证明对象确定待证事实，证明责任确定证明的主体，证明标准确定证明的程度。证明责任是三者间的联系点和关键点，证明责任将证明对象和证明标准联系起来，二者关系可以表述为：如果证明主体不能将证明对象证明到符合证明标准，则承担不利后果，证明对象是前提，证明标准是最后的尺度。[①] 确定行政程序证据一定的证明标准，有利于行政程序中证明主体把握一定的尺度，即防止后续败诉的风险和防止对证据的过分投入而浪费行政成本。

（一）证明标准的界定

在证明对象中，待证事实和已知事实相连接后，在什么情况下或者依何种标准可以推断待证事实在法律上已经成立，这就是证明标准。根据英国证据法学家摩菲（Murphy）的论述，证明标准是指“证明责任被解除所要达到的范围和程度，它实际上是在事实裁判者的大脑里证据所产生的确定性或者可能性程度（盖然性）的衡量标尺，也是负有证明责任的当事人最终获得胜诉或所证明的争议事实获得有利的裁判结果之前，必须通过证据使事实裁判者形成信赖的标准”。[②] 这一标准的达成，预示证明责任承担者对其责任的卸除并获胜诉，故选择哪种证明标准直接关系到诉讼的基本趋向以及当事人对诉讼的把握和预期。

（二）两大法系证据标准的概况

在大陆法系国家，由于并不存在专门意义上的证据法典，其证明标准的重要性并不能得以凸显，在证明标准的规定上，仍然实行传统意义上的自由心证主义。这种证明标准实质上是法官在听取并审查了案件的全部证据之后，在内心所形成的一种确信程度，并据此确信来判决案件。但是，这种内心确信并不是没有一种量的规定，并不是说所有的案件不论其性质如何都应达到100%的确信，而是一种依据其证明对象的不同而有所区分的多元化的量的确信标准。“德国证据法上的证明标准专指促进法官形成确信

① 参见张生湧：《论行政证据》，西南政法大学2004年硕士学位论文，第23页。

② Peter Murphy, *Murphy on Evidence*, Blackstone Press Limited, 1997.

的证据应当具备的质量，具体有三个表述：信服、释明和表面证明。信服标准适用于法院的实体裁判，释明标准适用于程序裁定，而表面证明标准适用于初步的认定。”“在日本，证明标准也叫证明度。从法官心证的角度来说，一般可将证明标准按其程度区分为‘超越合理怀疑而达到确信程度的证明’、‘证据优势程度的证明’、‘抱有大体上心证程度的证明’，但究竟适用哪一标准，则取决于所进行的证明活动的性质与对象。”[①]

英美法系素有重视证据法的传统，因而存在一般意义上的具有系统化和规范化的证据法典，无论在理论上，还是在实务中，对证明标准的理解及应用都已有较为成熟的规则供我们借鉴。英美证据法将证明标准分为九等：第一等是绝对确定，由于认识论的限制，认为这一标准无法达到；第二等即排除合理怀疑，为刑事案件作出定罪裁决所要求，也是诉讼证明方面的最高标准；第三等是清楚和有说服力的证据，某些司法过程在死刑案件中拒绝保释时，以及作出某些民事判决时有这样的要求；第四等是优势证据，作出民事判决以及肯定刑事辩护时的要求；第五等是合理根据，适用于签发令状、无证逮捕、搜查和扣押、提起大陪审团起诉书和检察官起诉书、撤销缓刑和假释以及公民扭送等情况；第六等是有理由的相信，适用于拦截和搜身；第七等是有理由的怀疑，足以将被告宣布无罪；第八等是怀疑，可以开始侦察；第九等是无线索，不足以采取任何法律行为。[②] 归纳起来，美国对证明标准的规定是由实体法完成的，它视诉讼性质与证明责任承担者的不同而分别采取“排除合理怀疑”、“明晰可信”以及“优势证据”等多元化证明标准。英国证据法依据案件性质和证明责任的不同，规定了两种标准，一种是“超出合理怀疑”的证明标准，另一种是盖然性占优势的证明标准。[③]

通过对两大法系的考察不难发现，两大法系尽管在证明标准的规定上有一定的差异，但有两点是共同的：

其一，都是以盖然性为尺度的法律真实标准。这里的盖然性，表明了法官对案件的认知程度，即达到何种程度方可认为证明任务已经完成；这里的法律真实，是指在“司法活动中人们对案件事实的认识符合法律规定

---

①③ 何家弘、刘品新：《证据法学》，法律出版社2004年版，第340－342页。

②《美国联邦刑事诉讼规则和证据规则》，卞建林译，中国政法大学出版社1996年版，第22页。

或认可的真实，是法律意义上的真实，是在具体案件中达到法律标准的真实”。[①] 事实上，法官对整个案件的认知过程本身是一个“心证”的过程，而“在诉讼中要求全部再现案件事实是不可能的，诉讼结束时所认定的事实仅是法律程序的自然生成物，是现有法律对冲突的事实过程予以价值评价得出的结论性后果，是根据证据所作的认定。这种对人类认知能力的怀疑促使其采取了现实的态度，在证明中只要达到一定程度的可能性（盖然性）即可”。[②] 而这种可能性（盖然性）正是法律真实的证明要求所在。

其二，都采用了多元化的标准。证明标准本身就应当依据诉讼的性质和案件处理阶段的不同而有所不同，法律真实的必然也要求司法人员将对“100%的盖然性”的追求转移到非100%的盖然性之中去，因为只有这样，证明标准才具有现实的可操作性，因而多元化的证明标准成为世界各国的共同选择。

（三）我国证据标准的讨论

我国现行的三大诉讼法中并没有证明标准的相关条款，长期以来，我们在“以事实为依据，以法律为准绳”司法原则的指导下，奉行“事实清楚，证据确实充分”的一元的客观真实的证明标准。从历史发生学的角度看，“以事实为根据”之所以成为中国诉讼法的关键词，一定程度上是要区别于西方国家强调的自由心证制度，而要求裁判者的（判断）权力必须受到具有绝对确定性的知识（事实）的约束。但这种过于理想化、绝对化的初衷很难应对实践的挑战，而且事实上我国司法实践普遍存在“自由心证”也是毋庸置疑的。2002年7月24日，最高人民法院公布《最高人民法院关于行政诉讼证据若干问题的规定》，其中第五十四条第一次在行政诉讼领域引入了自由心证规则[③]，将法律真实确立为行政诉讼的证明标准，并且还明确了包括非法证据排除规则在内的一系列证据规则。这些证明标准、自由心证、非法证据排除等方面的突破对现有的行政程序证据证明标准进行了

① 何家弘、刘品新：《证据法学》，法律出版社2004年版，第329页。

② 秦宗文：《论行政诉讼的证明标准——以刑事和民事诉讼为基点的分析》，《甘肃政法成人教育学院学报》2001年第2期。

③ 该规定第五十四条内容为：“法庭应当对经过庭审质证的证据和无需质证的证据逐一审查和对全部证据综合审查，遵循法官职业道德，运用逻辑推理和生活经验，进行全面、客观和公正地分析判断，确定证据材料与案件事实之间的证明关系，排除不具有关联性的证据材料，准确认定案件事实。”

有益和必要的扩充。当然，现代自由心证要求对裁判者的内心确信进行一种量的规定——并不是说所有的案件不论其性质如何都应达到百分百的确信，而是一种依据其证明对象的不同而有所区分的多元化的量的确信标准。

事实上，我国的证明标准与两大法系证明标准的真正分歧不在于是客观真实还是法律真实，而在于证明标准是一元还是多元的问题。盖然性的尺度本身代表着对案件的认知程度，当认知程度完全符合客观实际即达到100%的盖然率时，便是我们所说的客观真实，达不到100%而又要以此定案时，便是法律真实。因此，客观真实和法律真实并不冲突和对立，法律真实是人们认识事物的常态，而客观真实是法律真实的理想状态。我国当前不考虑诉讼及案件的性质等各种因素，坚持100%盖然率的客观真实的一元化标准，很难具有操作性，是不切实际的，应当建立起以盖然性为尺度的多元化的证明标准。

随着诉讼制度改革的深入，我国司法实践实际上已经承认多元的证明标准。比如民事诉讼判决中一般有以下几种表示："1. '证据确实（确凿）、充分'，这种表述一般在证据非常充分完全没有疑问的时候；2. '足以认定'，这种表述一般在证据虽然也很充分但法官认为尚未达到确凿无疑的程度；3. '上述事实有下列证据予以证实'，这种表述一般在证明标准不是很高但也达到了认定事实的程度，不做主观评价而客观叙述；4. '上述证据能够相互印证（或互有联系），形成锁链，对事实予以认定'，这种表述一般在以间接证据定案的情况下，证据相对较弱，但法官认为也能够认定事实的情况；5. '未提供相应证据予以否认或说明理由，故对一方证据采纳并作为认定事实的依据'，这种表述一般使用在难以查明真实事实时推定一方主张的事实成立，即民事案件对方依据不足；6. '证据间产生的对抗和矛盾不能排除，故事实不能认定'，这种表述一般在双方证据相互矛盾无法排除，法官有疑问的情况下使用；7. '不足以推翻（或不足以认定）'，这种表述一般在虽然有一些证据但法官认为对认定事实没有把握的时候使用；8. '证据不足（或依据不充分），故事实不能认定'，这种表述一般出现在明显证据不足的情况下。"[①] 可见，证明标准在我国的民事诉讼实践中同样有着分层次的适用，体现法律规定的民事诉讼证明标准的最低性。因此笔

---

① 叶知年、汤渊儒：《论民事诉讼之证明标准》，《华侨大学学报》（哲学社会科学版）2004年第3期。

者主张，我国也应该建立起以盖然性为尺度的多元化证明标准。

（四）行政程序证据证明标准的特殊性

行政程序证明标准，又称行政机关在行政程序中的证据审查标准，是指行政机关作出行政行为前必须证明其行为的事实基础达到一定的程度，否则不可以作出行政行为。笔者倡导建立起以盖然性为尺度的多元化证明标准，主要是基于人的认识能力的有限性和案件性质不同的考虑，行政程序本身的特殊性决定了其证明标准不同于刑事诉讼和民事诉讼领域的证明标准。

在刑事诉讼中，冲突的双方是代表国家利益的检察院和犯罪个人，刑事审判从本质上说是司法权对于二者利益冲突的裁判。犯罪具有严重的社会危害性，是被认为对国家利益最严重的侵害，因此一旦裁决个人的犯罪成立，他将面临最为严厉的惩罚，即可能被没收财产、限制人身自由，甚至其生命都有可能被剥夺，正是刑罚的这种严厉性及损益性的特征决定了其证明标准的严格性。两大法系在刑事诉讼的证明标准上都采用了“排除合理怀疑”的标准，我国采用“事实清楚，证据确实充分”的客观真实标准，反映了对刑事案件裁决的谨慎态度。在民事诉讼中，争议的双方是公民个人，民事审判从本质上说是司法权对公民个人私权冲突的裁判，在案件事实得到证明以后，一方的合法权利便得到了保护和救济，而另一方不合法的权利便得不到保护，民事诉讼这种“补益”的特性决定了其证明标准不能是像刑事诉讼那样严格的证明标准，英美法系国家“占优势盖然性标准”便是例证。

在行政程序中，行政事务纷繁复杂决定了行政行为的复杂性，行政行为中既有对公民个人权益的损益如行政强制、行政处罚等，又有对公民个人的授益如行政许可、行政确认等，行政行为这种损益和授益并存的特征决定了在行政法领域不可能采用单一的证明标准，而应当根据案件性质的不同而分别采用多元化的证明标准。此外，就行政行为对公民个人的影响而言，其效力应当介于刑事诉讼和民事诉讼之间，故行政程序证明标准也不可能是简单地界于排除合理怀疑标准和占优势盖然性标准之间的单一标准，而有其自身的特殊性。

（五）行政程序证据证明标准与行政诉讼证据证明标准的关系

行政程序是行政诉讼的初审程序，行政程序和行政诉讼之间的关系是初审和上诉审的关系，两者关系密切，证明标准也有一定共性。但是，行政程序和行政诉讼本身因具有若干不同的法律特征，决定了在证明标准上不可能绝对相同，仍然有各自独有的特征。

首先，在案件事实的认定上，二者应当是一致的。因为无论在行政程序中，还是在行政诉讼程序中，所要证明的对象都是案件事实，因此在案件事实认定上，二者应当保持高度的一致性，以确保行政过程和司法过程的协调性和统一性。这种案件事实包括了实体性案件事实和程序性案件事实。在实体性案件事实的认定上，行政事务数量大、种类多、纷繁复杂等特性决定了行政程序主体是行政专家，这些行政专家们又有其专门的业务分工，具备相应的法律和技术特长以及处理日常事务的丰富经验，行政行为这种专业性的特征便决定了实体案件事实认定结果的权威性。这种权威性在诉讼领域中表现为，在行政诉讼过程中，法院对于行政诉讼实体性案件事实的认定应当尊重行政机关的认定结果，原因在于法官们并不是万事皆通的行政法专家，同时行政权和司法权分立制衡的理论也要求法院不能代替行政机关再去做相关的实体性案件事实的认定。在程序性案件事实的认定上，行政机关依据行政程序法的相关规定，严格按照既定的程序执法，人民法院同样不能另辟蹊径，独创一个新的程序，因而同样应当按照相同的标准来认定。

其次，行政程序和行政诉讼在证明标准上又有各自的特殊性。在行政程序中，行政机关一个重要的权力是自由裁量权，而规制该权力的一个重要手段便是行政合理性原则，它要求行政机关作出的行政行为不仅要合法，还要公正、客观和适度，这是行政法治化的必然要求。因此，从证明对象上看，行政程序证据制度的证明对象不仅包括案件事实，还应当包括合理性的事实。从这点上看，在证明标准的体系中，行政程序有独立的合理性证明标准。此外，在行政诉讼中，同样存在独有的证明对象，即行政诉讼中独有的程序性的事实，诸如期限、管辖等，应当采用独有的证明标准。

三、行政程序证据制度中若干证明标准

关于行政程序证据证明标准问题，有学者认为，在行政程序中行政主体对行政程序证据的证明标准完全可以采用行政诉讼中的证明标准，即

“事实清楚、证据确凿”。[①] 也有学者提出不同观点，认为行政程序证据的证明标准在于相对人在证据证明过程中充分行使了参与权，行政机关仍具有最低限度的合理证据证明事实，行政机关才实现了证明标准。[②] 有学者认为，行政程序证据的证明标准应根据案件的轻重缓急适用以下不同的标准：①排除合理怀疑标准，适用听证程序的案件；②优势证据标准，适用一般程序和简易程序的案件；③合理可能性标准，适用行政机关采取临时或者紧急措施的案件。

对此，笔者认为行政程序证据的证明标准可以参考适用部分行政诉讼的证明标准，但是不能完全采用。对于完全遵循行政诉讼中“事实清楚、证据确凿”的客观真实标准，如前文所述显然过于理想而显得不现实。此外，由于行政行为具有类型多样化、复杂性的特点，不同行政行为作出程序也各不相同，行政程序证据的证明标准应依据行政行为性质的不同而采用不同的标准。为此需要适用不同的证明标准。相应地，行政程序证据证明标准的确定应与具体案件的性质及案件事实、行为的严重程度成正比。案件性质恶劣或行为情节严重、影响比较大的，证明标准就应较高；案件性质普通或影响一般的，证明标准相应就比较低。因此，本书主张行政程序证据制度证明标准内容应当包括“排除合理怀疑标准”、“清楚而有说服力标准”、“占优势盖然性标准”、“有合理根据标准”，这四个程度由强到弱的证明标准，分别适用于不同的行政行为作出程序，以下将逐一对其进行阐述。

（一）“排除合理怀疑标准”的适用

“排除合理怀疑标准”（Proof Beyond Reasonable Doubt），在英美法系国家通常被认为适用刑事诉讼案件，即承担责任的公诉人要使法官相信其所认定的犯罪事实排除了所有合理的怀疑，或者说是指在法官内心中不存在具有合理性怀疑而形成的内心确信。这是一个要求程度较高的标准，目的在于保护个人的自由和财产的安全。[③] “对于该标准的含义，可以从以下四个方面去理解：第一，合理怀疑意味着肯定的判断存在错误的可能性；第二，合理怀疑同时意味着否定的判断也存在错误的可能性；第三，合理怀

---

① 沈福俊：《论行政证据中的若干法律问题》，《法商研究》2004 年第 1 期。

② 冉瑞燕：《论行政程序证据规则》，《中南民族大学学报》（人文社会科学版）2005 年第 2 期。

③ 王名扬：《美国行政法》（上），中国法制出版社 2005 年版，第 483 页。

疑应当以相关证据为基础；第四，排除合理怀疑的证据应当足以让法官确信相对方违法事实的存在。”[①] 在我国，行政程序证据制度中排除合理怀疑标准的适用应主要体现在以下方面：

（1）重大行政处罚案件的实体性事实的认定。“重大”主要包括限制公民人身自由的行政拘留、劳动教养案件，以及应当适用听证程序的行政处罚案件。首先，对于限制公民人身自由的行政拘留及劳动教养案件而言，由于人身自由权是公民最基本的一项宪法权利，是公民行使其他一切权利的基础，该权利非经法定的机关批准、非经法定的程序是不能被剥夺和限制的。“中国行政处罚制度的设计与英美国家有很大的不同，特别是限制人身自由的行政处罚，英美国家正当法律程序原则要求所有限制人身自由的处罚均应当由法院经司法程序作出。而我国治安拘留和劳动教养的行政处罚是由公安机关作出的，并且只有在被处罚的人提起行政诉讼的情况下才接受司法审查，不仅如此我国治安拘留和劳动教养在行政诉讼期间不停止执行，因此，大多数的当事人只能在被执行期间提起诉讼。”[②] 行政拘留及劳动教养对于人身自由权限制的严重性要求行政机关在作出行政处罚时对于实体性案件事实的认定必须采用严格的排除合理怀疑的证明标准。其次，对于吊销营业执照、责令停产停业和处以较大数额罚款等应当适用听证程序的行政处罚案件，由于对行政相对人的权益以及公共利益的影响较大，即损益具有较大的严重性，在证明标准方面，排除合理怀疑证明标准也是与其相适应的。

（2）案件程序性事实的认定，应当适用排除合理怀疑标准。程序性事实是行政程序的形式是否符合要求、行政程序步骤是否完成、是否遵守行政程序顺序的规定、行政程序是否遵守了时限的规定等事实。其一般包括四个方面：程序形式事实、程序步骤事实、程序顺序事实、程序时限事实。[③] 在任何行政程序中，都会涉及对程序性案件事实的认定。行政程序中行政机关就应当有证据证明其程序合法，程序性事实是行政程序必要的证

---

①② 甘文：《行政诉讼的证明标准》，《人民司法》2003 年第 4 期。

③ 程序形式事实有当事人申请材料提交形式、行政决定形式、听证形式、调查案件事实形式等；程序步骤事实有是否提出申请、是否通知、是否听取陈述和申辩、是否告知权利和事实依据、是否对当事人提供证据进行审查和核实、是否提出回避申请及是否审查等；顺序事实是指行政程序是否符合法律规范要求的事实；时限事实是行政机关和行政程序参与人是否遵守法定的时限规定的事实。参见徐继敏：《行政证据通论》，中国法制出版社 2004 年版，第 89 页。

明对象。由于程序性案件事实证明起来难度不大，同时为了促使行政主体严格地依照程序行政、保障行政程序当事人的程序权利，采用排除合理怀疑标准是完全必要的。

（二）“清楚而有说服力标准”的适用

“清楚而有说服力标准”（Clear and Convincing Evidence），又称清楚的、明确的和令人信服的标准，“是美国联邦最高法院应行政执法的实际情况而提出的证明标准，从内容来看，该标准是比较严格的占优势的盖然性标准”。[①] 比较严格的占优势的盖然性标准应该是行政机关有效率地认定事实可能达到的程度，“大致是80% -90%的程度，或许可以令人相信，这也符合我国社会上推定事实的习惯，即‘八九不离十’”[②]。“从判例来看，该标准包括如下内容：第一，行政机关用来定案的证据必须确实，这是对证据本身个体‘质’的要求；第二，行政机关认定案件事实的要点是明确的、清楚的；第三，证据和认定结论之间的证明关系是清楚的；第四，认定结论是可信的。虽然从相同的证据得出的结论不止行政机关认定的一个，但是从现有的证据中应当能够令人信服地得出行政机关认定的结论。与排除合理怀疑相比，该标准的特点是不排除其他合理的可能性（怀疑）；与占优势盖然性相比，该标准的特点是行政机关认定的可能性与其他的可能性相比，必须具有明显的‘差别’或‘优势’。”[③] 在我国，适用清楚而有说服力标准的案件主要应当是一般损益性行政行为的案件，包括一般的行政处罚案件，行政机关不予许可、不予确认的案件。

1. 一般的行政处罚案件

根据《行政处罚法》的规定，行政处罚程序分为简易程序、一般程序和听证程序，一般行政处罚的案件是指适用简易程序和一般程序的行政处罚案件。有些学者对行政处罚损益性的严重性程度并不加以严格的区别考虑，而认为只要是行政处罚的案件，均适用排除合理怀疑标准。例如王晓杰认为，“对于损益性行政行为适用排除合理怀疑准”。[④] 徐继敏教授将行政处罚的证明标准分为两类，“对于当场的行政处罚案件应适用排除滥用职权

① 高家伟：《行政诉讼证据理论与实践》，工商出版社1998年版，第202页。

② 吴振宇：《行政诉讼中的证据评价与证明标准》，《行政法学研究》2004年第3期。

③ 高家伟：《行政诉讼证据理论与实践》，工商出版社1998年版，第203页。

④ 王晓杰：《行政诉讼证明标准的重构》，《行政法学研究》2004年第2期。

标准，对非当场的行政处罚案件应适用排除合理怀疑标准”。[①] 如此适用严格的证明标准固然有助于维护程序正义，但笔者以为这与行政程序证据制度的公正与效率价值兼顾的取向有一定的冲突。行政程序既要关注公正，也要关注效率，“迟来的正义非正义”，效率原则是行政程序的一个基本原则，公正与效率对于行政程序来说同等重要。因而，对于行政处罚这样的损益性行政行为，笔者按其损益的严重程度分为严重的损益性和一般的损益性，并分别适用排除合理怀疑标准和清楚而有说服力标准，这是基于行政程序中公正和效率价值衡平的综合考虑。

2. 行政机关不予许可、确认的行政许可、行政确认等案件

行政许可、行政确认等行政行为本身是授益性行政行为，但是当行政相对人提供了其认为应当得到许可或确认相关材料，而行政机关经审查或调查后认为不应当许可或确认时，对于相对人来说，这实质上是其应当得到的利益而没有得到，具有一定的损益性。因此，对于此类行政行为的证明标准，适用清楚而有说服力的证明标准，既能秉持程序公正，有效防止行政机关滥用职权，又能让相对人心服口服，且能兼顾行政效率的价值。

（三）“占优势的盖然性标准”的适用

在英美法系国家的证据法上，“占优势的盖然性”（The Balance of Probabilities 或称 The Preponderance of Evidence）是公认的民事诉讼证明标准。“所谓占优势的盖然性，是指一方当事人证据的证明力及其证明的案件事实比另一方当事人更具有可能性，相应的诉讼主张成立的理由更为充分。”[②] 在美国，占优势的盖然性标准又称为“具有实质性的证据支持标准”，它是行政程序的一般证明标准，适用于绝大多数行政案件。美国《联邦行政程序法》第 556 条第（D）款规定，“……除非考虑了全部案卷或其中当事人所引证的部分，并且符合和得到可靠的有证明力的和实质性证据的支持。否则不得科以制裁、发布法规或作出裁定”。根据美国法院的解释，“行政裁决正式听证中的实质性证据就是民事案件中的证据优势标准，行政机关在考虑全部证据以后，根据占优势的证据以确定事实，作出裁决的根据”。[③] 在我国，适用占优势的盖然性标准的案件应主要是行政司法案件（如行政调解、行

① 徐继敏：《行政证据通论》，法律出版社 2004 年版，第 183 – 184 页。

② 高家伟：《行政诉讼证据理论与实践》，工商出版社 1998 年版，第 191 页。

③ 王名扬：《美国行政法》（上），中国法制出版社 2005 年版，第 483 页。

政裁决、行政仲裁等）和授益性行政案件（如行政许可、行政确认等）。

1. 行政司法案件

由于行政调解、裁决及仲裁等行政司法行为的客体本身是民事纠纷，行政机关在整个纠纷的解决过程中基本上是处于“中立者”的地位，因而在行政司法案件中，行政机关相当于民事诉讼中法官的角色。占优势的盖然性标准在此类案件中理当具有充分的适用理由。

2. 授益性的行政案件

由于授益性的行政案件如行政许可、行政确认等本身对行政相对人来说具有授益性，同时在授益的整个过程中，行政机关主要是程序性事实证明责任的承担者。然而行政程序性事实本身非常繁杂，如设定过高的证明标准要求行政机关去对整个过程中的程序性事实都予以论证，则势必与行政效率的价值相冲突。因此，对于该类行政案件，适用占优势的盖然性标准是合理且恰当的。

（四）“合理可能性标准”的适用

根据英美证据法对证明标准的分类，“合理可能性标准”（Reasonable Evidence）适用于签发令状、无证逮捕、搜查和扣押、提起大陪审团起诉书和检察官起诉书、撤销缓刑和假释，以及公民扭送等情况。“合理可能性是指有一定的根据或达到一定的程度的可能性并不要求有充分确实的证据可能性的大小因案件而异。”① 在实践中，可能性到底要多大才能算合理，这是一个较难以把握的问题，笔者认为，从英美证据法对证明标准的分类来看，这种可能性为50%以下。“合理根据证明标准”主要适用于为了查明事实、保全证据，行政机关依照法律规定，在调查案件过程中，经其行政负责人批准，可以采取一些临时性的强制手段和对证据的保全手段。

行政机关在行政执法过程中，如果发现了违法嫌疑人或者涉及处理财产、证据等，不采取相应的强制措施如扣押、扣留、查封等，就可能造成嫌疑人逃跑、证据灭失等后果，给社会公共利益带来损害。行政强制措施行为在时间上的紧迫性决定了行政机关在作出该行为时不可能采用较高的证明标准，而只能要求行政机关在实施强制措施之前去调查收集到有合理根据的证据，这同样也是由行政程序的效率价值所决定的。许多学者认为限制人身自由的行政强制措施案件应当适用排除合理怀疑标准，甚至更高

① 高家伟：《行政诉讼证据理论与实践》，工商出版社1998年版，第276页。

的证明标准如客观真实标准。例如学者甘文认为，“在限制人身自由的行政案件中，法官应当适用排除合理怀疑的证明标准”①；学者彭海清认为，“对限制人身自由或对财产的查封、扣押、冻结等行政强制措施不服的行政案件，应当适用客观真实标准”②。笔者认为这片面地考虑了公民人身权这一宪法权利的神圣性，而忽视了这一权利和社会公共利益的衡平，以及行政程序同样需要注重效率价值的本质。

总之，行政程序证据的证明标准应依据行政行为性质的不同而采用不同的标准。当行政机关采取临时或紧急性措施时，对事实的认定只要基本合理，即达到“合理可能性标准”；当涉及行政权裁决民事纠纷时，由于其实质与法院审理裁决民事纠纷并无本质区别，可以采取与民事诉讼完全相同的证明标准，即“占优势盖然性标准”来进行证明活动；适用“清楚而有说服力标准”的案件主要应当是一般损益性行政行为的案件，包括一般的行政处罚案件，行政机关不予许可、不予确认的案件；对严重的损益性行政处罚等涉及限制相对人人身、财产自由的负担性行政行为，必须采用更为严格的证明标准来保护相对人的合法权益，即采用“排除合理怀疑的证明标准”，达到有绝对优势的证明标准程度。

本章小结

本章系统、全面地论述了行政程序证据具体制度。行政程序证据活动本身也具有过程性，是由一系列证据活动构成的证明程序。按照行政程序证据证明程序取证、举证、质证、认证、查证的逻辑顺序可以将行政程序证据制度划分为取证制度、举证制度、质证制度、认证制度、查证制度，与此相对应的证据规则就包括行政程序证据收集规则、证明责任分配规则、质证规则、认证规则以及证据审查规则。

关于行政程序证据的收集制度，证据的收集是认定事实的前提，事实的认定是以证据为基础的。行政机关在作出行政行为时，只有进行充分的

① 甘文：《行政诉讼的证明标准》，《人民司法》2003 年第 4 期。

② 彭海清：《论美国证据法上司法审查中的证明标准》，《当代法学》2001 年第 10 期。

调查取证，把握行政事务的本来面目，才能够作出正确的行政行为。“先取证，后裁决”是行政过程应当遵循的基本原则。没有行政程序中证据收集的行为就没有行政程序证据适用证明标准和证据规则的可能，因此行政程序证据收集制度也是具体行政程序证据制度之一。行政程序证据的收集与行政调查既有区别也有联系，加强这方面的理论研究，有助于为我国行政程序法确立科学合理的行政调查和证据制度提供理论依据。行政程序证据的收集一般要遵循以下原则：①依法调查、收集原则；②依职权调查、收集原则；③全面、客观、公正的原则；④比例原则；⑤及时原则；⑥自愿供证原则。而行政程序证据收集程序问题具有重要的理论意义和现实意义，其相应程序要件包括表明身份、说明理由、提取证据、告知结果、告知权利。行政程序证据收集的规则包括原始证据优先收集规则、证据保全的规则、现场勘验的规则、特殊证据的收集规则以及参与人协力规则等。

对于行政程序证据举证制度而言，一般法律规定的举证规则主要是通过其证明责任的分配来安排的。证明责任是在事实真伪不明的情况下，通过相关程序当事人举证行为的作出，从而在程序结果意义上承担相应义务和责任。只要存在事实真伪不明的情况，证明责任都要起作用。本书所述的行政程序证据证明责任，是指在行政程序中行政法律关系主体双方对自己的主张是否有提出证据证明的义务以及提供证据义务的分配。由于行政程序本身复杂多样的特征，如行政处罚程序、行政强制程序、行政许可程序等，决定了当事人双方在证明地位及证明处境等方面都存在较大的差异，那种制定一条放之四海而皆准的证明责任分配规则的企图至少在行政程序中是不切实际的。首先，可以法律要件分类说为基础，结合利益衡量说等证明责任分配理论学说，充分考虑相关行政程序立法的特殊性，对行政程序中的证明责任分配进行讨论。其次，还需要关注行政程序立法规定的证明责任分配的特殊情形，如行政程序中的特权证据与免证事实、行政程序中明确由当事人承担举证责任的情形等。

行政主体在作出行政行为时必须就所有证据进行质证，并根据质证结果合理认定证据。同时，质证与听证之间密不可分的联系决定了质证在行政程序中的重要地位。行政程序质证过程中，相对人通过参与质证来明辨证据疑点和证据效力，促进行政机关自由心证的形成，使决定者正确地认定证据的证明能力和证明力。因此细化行政程序证据的质证规则，建立行政机关在实践中可以适用的程序质证规则体系有着重要的理论意义和现实意义。参考国外立法经验以及我国行政执法实践的需要，在行政程序证据制度中至少应建立这样一些质证规则：证据开示规则、证据交换与展示规则、交叉质证规则、质证方式转换规则等。

行政程序中的证据材料经过取证、举证有待于行政机关的审查判断其是否具有证据资格，这一般是行政程序中的认证环节所要解决的问题。行政程序证据认证制度主要是关于行政程序中证据采证的制度，而行政程序证据认证规则则是有关行政程序证据资格问题的法律规定，其目的在于界定何种资料允许作为严格证明的手段用以证明行政决定赖以作出的事实。证据认证规则在证据制度中占有重要地位，它是行政权行使的直接体现，也是作出具体行政行为是否合法的关键环节。它对于行政机关树立正确的执法观念，规范执法行为，控制自由裁量权的滥用，保护公民合法权益等方面有着不可替代的作用。行政程序证据认证规则主要是关于行政程序证据证明能力的规则，一般包括行政案卷排他规则、证据的相关性规则、非法证据排除规则、传闻证据排除规则等。

证据必须具有证明力是证据的基本条件，否则不能作为案件认定的根据。有关证据证明力的讨论涉及具体案件的观察，必须达到一定的证明程度，才能符合可以确定事实的标准，这个程度称为证明标准。行政程序证据的审查工作就是集中对证据的证明力的判断，而行政程序证据审查规则也就是规定行政程序证据的证明（审查）标准问题。行政程序证据的证明标准是指行政机关在行政程序中利用证据证明案件事实和行政程序事实所要达到的程度。行政机关在适用证明标准时，往往考虑案件的性质、作出决定的结果和对当事人的影响，以及行政机关所执行的政策等各种因素，而要求不同程度的证明标准。行政程序证据的证明标准应依据行政行为性质的不同而采用不同的标准。当行政机关采取临时或紧急性措施时，对事实的认定只要基本合理，即达到“合理可能性标准”；当涉及行政权裁决民事纠纷时，由于其实质与法院审理裁决民事纠纷并无本质区别，可以采取与民事诉讼完全相同的证明标准，即“占优势盖然性标准”来进行证明活动；适用“清楚而有说服力标准”的案件主要应当是一般损益性行政行为的案件，包括一般的行政处罚案件，行政机关不予许可、不予确认的案件；对严重的损益性行政处罚等涉及限制相对人人身、财产自由的负担性行政行为，必须采用更为严格的证明标准来保护相对人的合法权益，即采用“排除合理怀疑标准”，达到可以绝对优势的证明标准程度。

第五章　我国行政程序证据制度立法建议

以上有关行政程序证据制度的综合研究为我国审视现行行政程序法律制度的完备性提供了新的契机，而本书的论述也应该将我国行政程序证据制度的完善作为目标和落脚点。为更好地对我国行政程序证据制度立法完善进行展望，有必要通过域外行政程序中的证据制度立法状况的介绍和比较研究，对照我国立法状况，尤其是相关制度的缺陷和不足，提出若干完善建议，而有关行政程序证据制度的立法模式更是亟待解决的现实问题。

第一节　行政程序证据制度立法必要性分析

行政程序证据和行政程序证据制度在行政程序法中具有重要的地位，是诉讼证据规则所无法替代的，而我国分散的立法状况也亟待通过行政程序证据制度的统一立法来整合和改善，行政程序证据制度立法的必要性主要体现在如下若干方面：

一、区别于行政诉讼证据规则的需要

行政程序在本质上有别于司法程序，所以在诉讼证据规则体系之外再建立一个体现行政本质特征的证据制度规则体系很有必要。我国目前存在的证据规则在总体上属于诉讼证据规则，即法院在审判时所遵循的证据规则。然而行政程序中的证据规则与行政诉讼中的证据规则有很大的不同，这种不同表现在许多方面：其一，两者的收集主体不同。行政程序证据的

收集主体是行政主体，一般表现为由国家行政机关调查和收集。而行政诉讼证据的收集主体是人民法院，表现为由人民法院负责诉讼证据的调查、收集和审查。其二，两者所处的程序与所起的作用不同。行政程序证据须由行政主体在作出行政决定之前收集和确认，而行政诉讼证据则出现于诉讼过程中，发生在提起诉讼到庭审结束这段时间段内。虽然大多数行政程序证据在进入诉讼之后也会成为诉讼的证据，但是所起的作用是不同的，行政程序证据对行政决定起着决定性的作用，而诉讼证据只起着审查作用。其三，证据的要求不同。行政程序证据不仅直接关系着行政相对人的权利与义务，而且还决定着行政相对人权利与义务的大小，因而行政程序证据不仅要求合法，而且要求合理。但对诉讼证据的要求就不同了。出于行政机关与司法机关各司其职的要求，法律大多只注重诉讼证据的合法性，而很少强调诉讼证据的合理性。换言之，在行政诉讼中，法院一般只考量行政机关所收集的行政程序证据是否合法，而很少考量其是否合理。其四，从提高行政执法效率的角度考虑，将行政诉讼证据适用于行政执法领域也是不行的，因为行政机关必须经常作出行政决定，不仅时间有限，而且数量也十分宏大，这是行政诉讼案件无法比拟的。[①] 如果采用诉讼中的证据规则，那么势必造成行政效率低下等问题。也许正是这样一些原因，才有学者提出，“任何致力于把证据规则严格地适用于行政机关的努力都是历史的反常，是徒劳的，注定要失败”。[②] 两者间的诸多差异也就决定两者不能适用相同的制度与规则。也许正是这样的原因，世界上一些行政法治较为发达的国家才十分注重行政程序证据制度的建立。例如美国、德国、奥地利、葡萄牙、西班牙、日本、瑞士等国家都在建立行政诉讼证据制度的同时，建立了独立的行政程序证据制度与规则。

二、整合我国行政程序证据规则的需要

就我国而言，到目前为止，我国涉及有关行政程序的法律、法规、规章有几十个，比较典型的有《行政处罚法》、《税收征管法》、《行政许可

---

① 以江苏省南通市为例，整个南通市地方税务系统近几年每年查结的税务行政案件 4000 多起，而审结的税务行政诉讼案件只有 10 多起。两者案件数量的差别之大可见一斑。

② ［美］伯纳德·施瓦茨：《行政法》，徐炳译，群众出版社 1986 年版，第 308 页。

法》、《规章制定程序条例》等，这些由不同机关制定的行政程序法律、法规都涉及了某些行政程序证据规则。此外，目前我国已开始着手草拟行政程序法草案，这不仅是对世界范围内行政程序法发展浪潮的回应，更是出于自身现实的需要和考量。对此很多专家和学者也提出了自己的思路和想法，如姜明安教授的《行政程序法（试拟稿）》中第四章“行政程序的一般制度”第三节名为“证据制度”，共七条，分别规定了取证责任（第五十一条）、证据形式（第五十二条）、调查收集证据（第五十三条）、询问和讯问（第五十四条）、审查和检查（第五十五条）、提供证据（第五十六条）和保存证据（第五十七条）；在全国人大法工委行政立法研究组起草的《行政程序法（试拟稿）》中同样将“证据”作为第三章行政决定的一般程序加以规定，涉及了证据的定义和形式、现场笔录、定案证据规则、证据保全、笔录、案卷规则等内容；在马怀德教授主持的《行政程序法》试拟稿在第三章“行政决定的一般程序”中的第三节“证据”对行政程序证据作出了规定，共包括了6个条文，分别为证据的定义和形式（第五十八条）、现场笔录（第五十九条）、定案证据规则（第六十条）、证据保全（第六十一条）、笔录（第六十二条）和案卷（第六十三条）。从以上的试拟稿或建议稿中能够看出，对行政程序证据制度的许多细节和规则设计都显得非常原则和笼统。行政程序证据制度是行政程序立法中的重要内容，与此重要地位不相适应的是，其在我国的行政程序试拟稿中没有得到充分和科学的体现，所以我国的行政程序立法还有待继续补充和完善。

三、实现行政程序立法现代化的需要

作为行政现代化核心内容的民主行政、科学行政必须有赖于行政程序制度的保障才能得以实现。实现行政现代化就意味着必须建立起一整套公正、科学的现代行政程序制度，行政程序证据制度有助于这一目标的实现。第一，通过行政程序证据制度立法完善可以实现行政公正的目标。行政程序证据制度立法通过证据证明责任分配、认证规则以及证明标准等具体制度规范行政机关的证据行为，保障当事人的权益，充分保证行政程序的公平、正义。第二，通过行政程序证据制度立法完善可以实现行政民主的目标。现代行政程序法应充分保障当事人的参与权，体现在其证据制度中，当事人应具有提供证据、要求行政机关说明理由、要求听证、告知等重要的民主参与权，这些都是行政程序民主化的重要保证。第三，行政程序的科学化也有赖于其证据制度立法的完善。例如，行政执法机构在实施行政行为过程中根据需要进行调查、鉴定、勘验等，均需要行政程序证据制度立法的健全。此外，民主、公正、科学的行政程序法也是现代文明的标志，因此完善行政程序证据制度立法是一国行政程序立法现代化、文明化的重要表现。

第二节　借鉴域外立法经验

建立我国行政程序证据制度离不开学习和借鉴域外国家或地区的行政程序证据制度，并使之适应国际化的发展趋势，这是我国对行政程序证据制度进行立法的重要指导思路。进行这样的选择是有以下理由：其一，到目前为止，我国关于行政程序证据规则分散的立法规范尚未形成系统的制度体系，因而亟须吸收域外立法经验以促进其发展。其二，出于依法行政的需要，国家行政机关在行政执法中虽然也有了证据上的要求，但是其制度和规则基本上是套用行政诉讼证据规则，这种套用显然不妥，因为行政程序不能等同于司法程序，而且行政程序证据与诉讼证据也有不同的要求，对此本书已经在前文进行了阐述。其三，我国的行政诉讼证据制度与规则基本上也是在学习和借鉴西方国家的做法上建立和发展起来的，经过多年的实践，虽然已经取得了一些成绩，但是总的来说仍然相当不完善，能够为行政程序证据制度的建立与发展提供的经验很有限。其四，经济全球化进程的速度越来越快，不仅推动了生产、竞争以及贸易与服务的全球化，而且促进了政治与法律的全球化。其中最为突出的表现是世界各国的法律制度越来越趋同，国际间的法律合作在不断加深。也就是说，让中国的行政程序证据制度接轨世界是历史发展的必然趋势。其五，西方国家的行政程序证据制度经过几百年的发展与实践，已经相当完善，在很多方面都可以为我们所用。当然，借鉴的前提是了解和掌握域外行政程序证据制度的现状，而相关证据制度的立法也广泛存在于英美法系和大陆法系有关国家和地区的行政立法中，其中尤其以相关行政程序法法典最为典型。当然，学习和借鉴并不意味着我们可以完全不顾中国的实际，全盘西化，在某些方面，我们仍然应当有选择地“拿来”。

一、域外行政程序中的证据制度立法状况

目前已有行政程序法的国家都在其行政程序法中规定了证据制度，且证据制度是其行政程序法的核心制度。各国在行政程序中规定的证据制度简繁不一，具有相当大的差异性。有的国家对行政程序中的证据制度作了比较完善的规定，以凸显行政程序中证明制度的特点；有的国家规定可以引用民事诉讼法的证据制度，但在法理上又没有解决为什么可以引用民事诉讼法的证据制度而不是刑事诉讼法的证据制度；也有的国家对行政程序中的证据制度规定得相对比较简单，而将有关行政程序证据的问题交给行政主体自由裁量解决；更有国家在行政程序法中不作任何证明规定，如日本、意大利。由此可见，一国行政程序中的证据如何规定，与该国的法制具体实践情况有关，只有在比较全面地了解该国法制建设的具体国情后，才能理解该国有关行政程序的证据制度。

（一）美国

美国1946年《联邦行政程序法》对证据制度的规定是相当原则的，许多证据制度的具体内容只得借助于司法判例来确认，因而从一定意义上说，确认美国行政程序法中证据制度的主要不是成文法，而是判例法。

早期美国有关证据的内容源于英美普通法院的判例，呈现出零碎的、非体系化的特点。1975年的《联邦法院和司法官证据规则》（以下简称《联邦证据规则》）确立了美国现行诉讼程序中的证据规则，不过这个证据规则主要适用于有陪审团参加审理的案件。

行政机关采用司法型的正式听证，保留着法院审判的一些特征，如各方当事人通过提出各种证据为自己申辩，攻击对方的申辩观点。因此，《联邦行政程序法》第554条第4款规定：“当事人有权用证言或文书证言提起诉讼或抗辩；也有权提出反证，进行反询问，以弄清全部事实之真相。”但是，行政机关并不是依据《联邦证据规则》来接纳、审查、运用证据，而是采用一个由司法判例、单行法律、规章共同发展起来的证据规则体系。因此，行政机关的裁决不受法院证据规则的约束成为行政程序中的证据规则之一。但是，判例和法律也并不禁止行政机关在一定条件下参考法院的证据规则。可见，在有关证据规则的适用上，行政机关具有相当的自由裁

量权。

行政机关在听证中不采用法院的证据规则的原因是，采用法院的证据规则效率太低，不能适应行政机关经常要作出大量行政裁决的需要。如果采用陪审团的方式进行听证，则陪审团成员可能会因知识有限性而无法对行政领域中专业性和技术性很强的事实加以认定。因为，依美国法院的证据规则，陪审团成员是普通公民，而不是法律专家。美国的行政程序证据制度主要体现在如下方面：

1. 证明责任

行政程序当事人有提供证据的权利。这不仅由《联邦行政程序法》加以确认，而且联邦法院的不少判例也持同样的观点，如在1938年著名的摩根诉美国案件中，法院声称“听证的权利……包括提供证据的权利在内”。[①] 当事人提供证据的权利的情况下，一方面对于行政机关来说，如果它拒绝接纳有证明力的、与案件相关的、具有实质意义的证据，则构成可以撤销原判的错误；另一方面对于当事人来说，他应当向行政机关提交一切与案件有关的证据，当然也可以放弃举证，但这往往会给其招致不利的后果。司法判例不允许当事人在听证期间隐瞒部分证据，以便在司法审查中再将这些证据提出来对抗行政机关。这一规定主要在于阻却听证流于形式，与我国行政诉讼法所规定的举证责任原则精神在某种程度上有暗合之处。

然而，在行政程序中，就某一争议的事实或观点应当由谁来举证，这已涉及证明责任分配问题。在这个问题上，美国“行政实践随从了司法模式。行政程序法采用了普通惯例法规，这些法规规定提议当事人即规章或命令的支持者，有举证责任，其中包括现有的责任和说明责任。正常情况下，说明责任依据‘优越为人熟悉’的民事案件标准是可以完成的”。[②] 但如果当事人向行政机关作出某种请求、控告、申请的，他也应负证明责任。

2. 证据的可采纳性

当事人应当提供与案件有关的证据，所谓“有关的”，可以理解为它在一定程度上可以证明当事人所争议的事实是否成立。但是，与案件有关的证据并不都能成为定案的依据，与案件有关的证据在证明力度上具有不同

① Morganv. United States，304 U. S，1，18（1938），转引自王名扬：《美国行政法》，中国法制出版社2005年版，第467页。

② ［美］奥内斯特·吉尔霍恩、巴瑞 B. 鲍叶：《美国行政法和行政程序》，吉林大学出版社1990年版，第212页。

的分量（Weight），由此在理论上出现了证据可采性问题。

《联邦行政程序法》第556条规定："除非法律另有规定，否则应当由规章或裁决令的提议人负举证责任。任何证言或文书证据都可接受，但作为一种政策，机关应当规定不接受与案件无关的、无关紧要的，或者过于重复的证据。除非研究了全部案卷，或案卷中由当事人引用的并且有可靠的、有证明力的、可定案的证据佐证的那些部分，否则不得实施任何制裁，不得签发规章或裁决令。"这一规定表明《联邦行政程序法》立法者的如下立法思想：行政机关可以在不受证据规则的约束下，接受任何它想要接受的证据。这种自由权力已为法律所首肯。但是，行政机关用于定案的证据必须是可靠的、有证明力的。这一立法思想后被判例浓缩为"部分可接纳证据原则"。根据这一原则，"一般认为，裁决至少应有一部分根据排斥原则可以接纳的有证明力的证据佐证，否则裁决就是没有根据。举例来说，如果除了传闻证据以外什么证据都没有，那么这就是没有根据的裁决"。[①] 在这一原则支配下，行政机关在作出裁决时，只凭缺乏证明力的传闻证据所作出的裁决，将会在司法审查中被法院所推翻，由此引出了对传闻证据的排除问题。

传闻证据是指证人作证时，重述他在法庭外听到的他人的陈述，并以这种陈述作为证实另一种事实的证据。在美国《联邦证据规则》第8条中，有禁止联邦法院采纳传闻证据的条款。禁止使用传闻证据的理论依据是其缺乏对声称者作反讯问的机会。所谓声称者（Declarant）是指一个人在其证言中作为证据的提供的法庭外的陈述者。反讯问可以揭露原来的陈述所遗漏的重要内容，能够暴露传闻证据提供者的弄虚作假，揭发其观察记忆和叙述上的错误，或者至少可以使陪审团对证言的证明力产生怀疑。[②] 但是，《联邦行政程序法》却没有反对行政机关接纳传闻证据，但它规定："当事人有权……进行反讯问，以弄清全部事实真相。"也就是说，行政机关在接受传闻证据后，应当给予当事人充分的反讯问权。美国联邦最高法院在戈德伯格诉凯利案中强调指出，如果行政机关对事实作出裁决，那么正当程序要求给当事人提供对质和反讯问对方证的机会。[③] 只有在经过反讯问后，

---

① ［美］伯纳德·施瓦茨：《行政法》，徐炳译，群众出版社1986年版，第312页。

② 沈达明编：《比较民事诉讼法初论（上）》，中信出版社1991年版，第293页。

③ ［美］伯纳德·施瓦茨：《行政法》，徐炳译，群众出版社1986年版，第319页。

传闻证据才能成为合格的证据（Competent Evidence），并成为定案的依据。

3. 特权证据

特权证据是指那些政府和个人基于法律规定的特权可以拒绝向他人提供的证据。在美国《联邦证据规则》中，教士与信徒、律师与当事人和心理医生与患者之间的通信、谈话受特权保护，不得在诉讼中充当证据。在行政程序中，这种特权证据依然受到法律的认可。不过，在行政程序中，政府作为一方当事人还享有如下证据特权：①政府机关的律师为进行行政裁决的控诉或防卫而准备和收集的证据；②有关行政活动的信息或国家机密；③政府机关为制定政策而收集的工商秘密。另外，宪法所保护的两项特权是：①非法搜查取得的证据；②自证其罪获得的证据。这两项证据都不得成为定案的依据。[①] 行政机关不得接受上述特权证据，这与前述行政机关可以接受任何特权证据并不矛盾，而是这个原则的例外规定。这个例外可以有效地保护个人的隐私权和涉及公共利益的国家秘密。

4. 非法证据的效力

非法取得的证据在美国刑事诉讼程序中已受到彻底的否定。在其他法律程序中，似乎存在着不同的看法。1974 年加利福尼亚的一个上诉判决认为，排斥原则禁止在刑事案件中接纳非法收集证据，但这种排斥原则并不是行政审讯（此案是关于教师的不道德行为的行政审讯）中的正当程序要件。用于证明该教师不正当行为的证据是以违宪的手段取得的，因此在刑事控诉中，这种证据就失去了法定的证明力。但是，在对该教师的纪律惩戒审讯中接受这种证据则是正当的，因为在这个案件中，首要需求是对学生的保护，而这种需要超过了排斥原则所保护的利益。

但是，对于这个问题，伯纳德·施瓦茨教授认为，“在行政案件中，有污点的证据是政府违法的产物，不是私人的违法的产物。法律不应允许行政机关成为赃物的受益人。就如何对待受到同样‘污染’的证据来说，在行政诉讼和刑事诉讼二者之间采用截然相反的原则是不正常的。不论非法搜查到的东西是用于定刑事罪还是用于行政诉讼中剥夺个人权利，非法搜查总是对当事人个人秘密权的侵犯……一切尊重宪法第 4 条修正案的精神实质和文字内容的法院决定不能允许任何行政机关把宪法这一规定付之一

① 参见王名扬：《美国行政法》，中国法制出版社 2005 年版，第 474－475 页。

炬”。[①] 这是一个可以反映出美国行政法学界对非法证据效力的代表性观点。

5. 质证

质证与听证之间密不可分的联系决定了质证在行政程序中的重要地位。质证（Cross Examination）是双方当事人在行政法官或其他听证官员主持下进行相互质问、反诘，以提高其所提供的证据的真实性和证明效价。当事人的质证权以宪法中正当法律程序条款为依据，同时还受到《联邦行政程序法》的确认和保障。如果主持听证的官员不合理地限制当事人的质证权利的行使，就可能构成程序上的违法。如果对当事人产生不利影响，由此作出的决定可能会被法院撤销，或者发回重审。因此，主持听证的官员应当尽可能地让当事人相互质证，从而更好地了解案件的事实真相。

质证的目的在于弄清事实真相，但在具体实践中经常会遇到一个质证范围如何界定的问题。这个范围过大可能影响行政效率，过小则又涉嫌限制当事人行使质证权，然而事实是法律并没有规定质证的范围。美国国会在讨论《联邦行政程序法》第556条第4款的规定时，曾有如下记录：“这项规定，很明显地没有授予所谓无限制的质证权力，主持听证的官员必须作出必要的初步决定：一方当事人是否把质证推进到极不合理的程度；按照本款的要求，对于事实全面真正了解是否需要进行质证。本款规定也无意取消行政机关授予主持听证的官员，对于质证权利的行使具有合理的自由裁量权力。这个标准已在本款中规定，即：为了全面真正查明事实。”[②] 由此可以看出，质证的范围是由主持听证的官员依据自由裁量权就某一特定案件的实际情况而决定的。

6. 证据的审查与判断

经过质证的证据能否成为定案的依据，还必须经过听证主持官员的审查与判断。一项证据是在什么样的情况下才能作为定案的依据，必须着重解决以下两个问题：

（1）证据的证明力。凡是与案件有关的证据都有证明力，但围绕此案件的证据的证明力必然有大小之分。对于行政机关来说，首先应当对不同性质的证明采用不同的审查和判断标准。其次，对于某一特定的证据应当从该证据的来源、形成以及与案件关系的远近等诸方面进行分析。但应当

---

① ［美］伯纳德·施瓦茨：《行政法》，徐炳译，群众出版社1986年版，第326页。

② 王名扬：《美国行政法》，中国法制出版社2005年版，第478页。

注意，“证据的证明力的有无与大小，不能完全以受到反对的程度作为判断标准。一个完全没有反对的证据，不一定具有最大的证明力量；一个受到强烈反对的证据，并不一定没有证明力量。证据的证明力量必须联系到其发生的时间、地点、周围情况，再和其他证据进行对照，具体分析，综合比较，才能确定。这是判断证明力的最主要原则”。①

（2）证明成熟性标准。这个标准的内容是，证据的证明力在达到何种程度时，证明结论才能瓜熟蒂落，即从众多的证据中推出待证事实在法律上可以成立。在美国司法诉讼中，证明成熟性标准的内容因案件性质不同而有所不同。在刑事案件中，证明成熟性标准是指“必须达到没有任何合理怀疑的程度”。在一般民事案件中，这个标准是“证据优势”，但在涉及民事欺诈等违法行为时，这个标准变为“必须达到明白、不含糊和令人信服的程度”。这个标准内容与英国证据法的规定颇为相近。

那么，行政程序中的证明成熟性原则内容应当如何界定呢？《联邦行政程序法》第556条第4款规定：除非考虑了全部案卷或其中为当事人所引证的部分，并且符合和得到可靠的有证明力的和实质性证据的支持，否则不得科处制裁，发布规章或作出裁定。据此，王名扬教授认为，正式程序行政裁决的证明标准是实质性的证据支持。何谓实质性的证据，美国法院判例对此作出了如下解释：行政裁决正式听证中的实质性证据就是民事案件中的证据优势标准，这个标准是一个合理的人可以接受作为支持一个决定的适当的证明标准。但是，在因欺诈行为而被取消营业执照时，这个标准应当是必须达到明白和令人信服的程度。②

一个与本问题密切相关的问题是如何对待传闻证据。如前所述，行政机关可以接纳传闻证据，但这并不意味着行政机关可以以传闻证据作为定案的依据，尤其是单独的传闻证据。因此，美国法院创造了一个“必须具有最低限度的合格证据规则”。根据这个规则，支持正式裁决的证据不能全属传闻证据，必须同时具备法院所能接受的合格证据，否则这个裁决在司法审查中会被撤销。这个规则并不要求行政裁决只能依据合格证据，或者主要依据合格证据，而是要求必须具有合格证据；即使行政裁决主要依靠传闻证据作出，仍然必须具有最低限度的合格的证据作为印证，才为合法。

① 王名扬：《美国行政法》，中国法制出版社2005年版，第481页。
② 参见王名扬：《美国行政法》，中国法制出版社2005年版，第483－484页。

但对这个规则在实践中还有很大的争议。就联邦法院的判例而言，上诉法院和地区法院都没有一致的认识，有的接受这个规则，有的则拒绝这个规则。美国行政法学家 K. C. 戴维斯对联邦上诉法院的有关判例分析认为，“法院的判例虽然不一致，但是占优势的倾向是不接受必须具有最低限度的合格证据规则。联邦最高法院的有关判例，也表现出同一倾向”。①

7. 案卷排他性原则

案卷排他性原则的法律依据直接源于 1946 年的联邦《行政程序法》，该法第 556 条第 5 款规定：“证言、物证，连同裁决程序中提出的文书和申请书，构成本编第 557 条规定作为裁决依据的唯一案卷。”这一规定要求，行政机关的裁决只能以案卷作为根据，不能将案卷以外的材料作为裁决的依据。就当事人而言，这项原则是对其听证权的有效保护；就法院而言，这一项原则是法院对行政机关监督的基础；没有这个原则，法院的司法审查就变得没有意义。美国联邦首席大法官范德比尔特对此原则的内容及其理论依据曾作过如下精辟的论述：“在举行听证的审讯中，行政法庭作裁决时，不得考虑审讯记录之外的任何材料……若不遵守这一原则，受审讯的权利就毫无价值了。如果裁决人在作裁决时可以置案卷于脑后而不顾，如果他听从别人对法律事实和法律裁决或建议……那么，在审讯中提交证据，论证其重要性的权利又有什么实际价值呢?”②

案卷排他性原则必然禁止行政机关单方面接受证据，因为单方面接受证据无疑剥夺了当事人的质证权，违反了正当的法律程序。但是，联邦最高法院在一个市场街铁路公司诉铁路管理委员会一案中认为，单方证据加偏见才能构成禁止理由，因为“正当程序处理的是重大问题，而不是鸡毛蒜皮的琐事。这里只有形式上的异议……没有任何证据说明有错误或偏见的存在”。但施瓦茨教授反对这个观点。③

行政机关与当事人进行单方接触和当事人对行政机关进行单方影响，这与案卷排他性原则是极不相容的。因为，如果允许这种单方面接触和影响存在，则案卷排他性原则可能会流于形式，听证制度乃至整个联邦行政程序法也就没有存在的必要。正如施瓦茨教授所说的，“用鬼鬼祟祟的行为

---

① K. C. Davis，Administration law treatise，Vol. 3，pp. 249 – 254. 参见王名扬：《美国行政法》，中国法制出版社 2005 年版，第 486 – 487 页。

② 转引自［美］伯纳德・施瓦茨：《行政法》，徐炳译，群众出版社 1986 年版，第 328 页。

③［美］伯纳德・施瓦茨：《行政法》，徐炳译，群众出版社 1986 年版，第 330 – 332 页。

影响这些官员，就是腐蚀我们的政府制度的核心内容正当程序，公正裁判，诉讼公开、不偏不倚和未受不当影响的裁决”。[①] 但是，施瓦茨教授也承认，行政机关要拒绝这种单方面影响是办不到的，除非它取得了和法院一样的独立地位，因为“几乎没有哪个行政机关成员或行政机关工作人员具有拒绝白宫或国会召见的胆量”。[②]

在美国联邦行政程序法上，案卷排他性原则的一个最重要的例外是行政机关用其知识认定的事实可以作为裁决的依据。这些事实可以不经过听证认定。它源于司法程序中法官可以依其知识对不需要证明明显的和众所周知的事实的认定原则。英国有法院判例声称，“法院在法庭上不必对众所周知的事实佯装不知。佯装不知也不是早期严格法的时代的法庭特点。在年鉴中我们可以看到，法官推论说骑士、候补骑士、绅士没有工资也能养活自己；从牧师受雇的性质中法院可以区分出私人牧师和教堂牧师；后来我们大胆地认为法官知道鲁滨孙的星期五的道德品质和伊索冻僵了的毒蛇的道德品质”。[③] 美国《联邦证据规则》规定：“司法认知的事实必须是没有合理怀疑的事实，这个事实可以是：（1）审判法院管辖区内众所周知的事情；（2）根据正确性不能合理怀疑的渊源而容易正确地确定的事实。”

不管法官与行政机关的官员之间有多大的差别，法官可以认识的事实范围显然也适用于行政机关的官员。这一点在美国行政法学界几近共识。人们还认为，行政机关官员认知的范围应大于法官，“行政机关不仅可以认定常人皆知的明显事实，而且可以认定特定专业的专家所熟悉的、明显的事实；行政机关不仅可以认定用百科全书等资料易于证明的事实，还可以认定用它的档案中拥有的报告和记录而易于证明的事实”。[④] 显然，如果行政机关的官员认知的事实范围不受限制，可能会损害当事人的合法权益。《联邦行政程序法》在这方面并无多大的作为，倒是法院的判例在这个问题上为行政机关设置了以下几条限制：①案件中核心问题的司法性事实不能认知；②认知的事实必须具有显著而周知的性质；③认知的事实及其根据必须明白指出；④当事人对官方的认知具有反驳权利。[⑤] 这一限制导致了举

① ［美］伯纳德·施瓦茨：《行政法》，徐炳译，群众出版社 1986 年版，第 333 页。
② ［美］伯纳德·施瓦茨：《行政法》，徐炳译，群众出版社 1986 年版，第 334 页。
③ ［美］伯纳德·施瓦茨：《行政法》，徐炳译，群众出版社 1986 年版，第 334 – 335 页。
④ ［美］伯纳德·施瓦茨：《行政法》，徐炳译，群众出版社 1986 年版，第 335 页。
⑤ 参见王名扬：《美国行政法》，中国法制出版社 2005 年版，第 492 – 494 页。

证责任发生了相应的变化。

以上对美国《联邦行政程序法》中的证据制度进行了讨论的分析，从中可以看到如下几个值得关注的特点：

（1）由成文法和法院判例构成的证据制度。《联邦行政程序法》对证据制度的规定是相当原则的，但美国联邦法院的判例使这些原则规定充满了相当的灵活性，比较适合行政机关进行行政管理活动的需要。

（2）与诉讼制度相区别的证据制度。美国《联邦证据规则》为法院的诉讼规定了严密而科学的证据制度。尽管行政程序与司法诉讼程序相似，但美国联邦法院还是认识到了两者的区别，从而在行政程序法中形成了一个相对独立的证据规则，如官方认知范围，证明成熟性原则等。

（3）开放、发展的证据制度。美国《联邦行政程序法》的证据制度尽管由成文法所确立，但它是开放的、不断发展的一个证据制度，因而它能较好地适应社会不断发展的需要。这一点应归功于美国联邦法院的司法能动主义和判例法制度。

（二）奥地利

奥地利《普通行政程序法》所规定的证据制度虽然没有美国那么全面，但与其他国家相比，应该说它是比较重视行政程序中的证据制度的。在大陆法系中，它具有一定的代表性，对理解其他大陆法系国家相关的法律制度具有一定的启示作用。

1. 证据的范围

奥地利《普通行政程序法》第 46 条规定："凡适于确定主要事实，并依各个案件之情况有助于达到目的的，皆得视为证据。"这一规定将证据限于确定案件的"主要事实"，其立法意图显然是基于行政效率的要求，如同我国《行政诉讼法》第七十条中对"主要证据不足的"具体行政行为可以判决撤销之规定的法律精神一样。由此可以推断，奥地利行政程序中的证明成熟性原则的内容是，凡是有证据证明案件主要事实的，该案件在法律上就已经成立；而且对于证据的类别、解释、选择等，行政机关具有相当大的自由裁量权，只要能够有助于证据案件事实的，都可对视为证据而不像美国那样反复讨论诸如传闻证据的证明力度等问题。

2. 证据的认证规则

奥地利《普通行政程序法》第 45 条为其证据制度主要确立了三大认证规则：

（1）公知和法律推定不必有证据证实。这一规则是指：其一，对于一些公众所熟知的事实，行政机关可以不通过举证而直接加以确认，证据对于这些事实来说是多余的。其二，由法律规定中推定出的事实也无须证据的证明，如当事人在法定期限内不行使权利，视为放弃权利。有些推定事实是不能被推翻的，被称为绝对推定；而有的推定如当事人有反证是可以推翻的，称为相对推定。

（2）自由心证规则。自由心证是指“证据的取舍和证明力的大小，以及案件事实的认定，均由法官根据自己的良心、理性自由判断，形成确信的一种证据制度”。[①] 这一证据规则是由法国杜波尔在1790年向宪法会议提交的一项法案中提出来的，后为法国的宪法所确认，并在法国1808年的刑事诉讼法典中得到了进一步的发展，随后为欧洲大陆各国的立法所确认。奥地利《普通行政程序法》第45条规定：“行政机关应审慎斟酌调查程序的结果，依自由心证判断事实应否认为业经证明。”这一规定表明奥地利在行政程序中接受了诉讼法中自由心证的规则。

（3）保障当事人对证据反驳权利的规则。行政机关依职权获得的证据在定案以前，应当给予当事人质证的机会和权利。通过质证，可以使证据去伪存真，提高证据的证明力和当事人对行政决定的信任度。质证既可以通过口头形式，也可以采用书面形式，由行政机关根据具体情况自由选择。

3. “不合格当事人”的认定规则

在法律程序上，凡知道案件情况的人均应是证人。但是，在实践中即使知道案件情况的人，由于种种原因也不能作为证人作证。对此奥地利《普通行政程序法》有如下规定：

（1）不能陈述其见闻，或者在其证言所指时间不能见闻待证事实的人。前者是指生理有缺陷的或无行为能力的人；后者是从时间上可以排除的证人，尽管他们可能会声称知道案情。

（2）神父在教徒忏悔中获知的事实，或宗教上受信托的事项而应当严守秘密的人。美国在特权证据中也有类似的规定。在宗教国家中，为保持宗教神职人员的信誉，这种例外的规定为社会公众所认同。

（3）联邦、邦、县、乡镇的公务员，如其作证将违背应负有的保密义

---

① 陈一云编：《证据学》，中国人民大学出版社1991年版，第29页。

务的。这一规定的理论依据是公务员应保守秘密比他作证所要证实的事实对于国家、社会和其他个人来说更为重要，所以将这些公务员列为不合格的证人并不有损于他人的合法权益和国家机关的正常、有序的活动。

4. “合格证人”拒绝作证的规定

合格证人应当依法作证，以协助国家行政机关查清案件事实真相，但在下列情况下，证人可以拒绝作证：

（1）如其证言对于证人本身、配偶、血亲或姻亲的尊卑亲属，同祖从兄弟姐妹或更近的血亲或同等的姻亲，养父母或养子女、义父母或义子女、监护人或扶养义务人，将引起财产上直接重大的不利后果或将发生刑事追诉的危险为理由而拒绝作证。这条规定有以下两点应提出说明：其一，大陆法系的传统由来并不那么推崇个人利益，更不用说在20世纪后的福利国家时代，但这一规定的精神并不与时代发展合拍。其二，这一规定隐隐约约流露出中国传统法制中“亲亲相隐”的思想，在奥地利这个非伦理社会中出现这方面的规定令人费解。这是否与罗马法中所确立的“家父权”有关，还有待于进一步论证。

（2）如回答有关证据方面的讯问，必须违反国家设定的保密义务，或者公开艺术上、企业上、商业上的秘密的，证人可以拒绝作证。这里负有“保密义务”的人是除国家公务员以外的人。

（3）因职业上的理由经授权为代理人，有关信托的事项也可以拒绝作证。

符合上述条件的证人如拒绝作证，应当说明拒绝作证的理由。证人无充分理由抗拒传唤，不到指定地点作证或拒绝作证的，应对因其缺席而产生的费用负赔偿责任。对责令赔偿不服的，当事人可以提起诉愿。

5. 讯问证人前的权利和义务的告知

行政机关在讯问证人，查明其有关身份事项后，应当作出如下告知：①法定拒绝作证的理由是否存在；②真实不虚伪地陈述；③虚伪陈述可能招致的法律后果；④公务员如果在任职时曾作宣誓或誓约，在就职务上所知的事实作证时，行政机关应当提醒其回忆一下宣誓或誓约。

6. 有关鉴定人的规定

奥地利《普通行政程序法》对鉴定人的规定比较详尽，它主要包括以下几方面的内容：

（1）行政机关在调查证据时如认为需要鉴定人的，应当由设置在行政机关内或者供其使用的公职鉴定人担任，其他任何人都不得担任鉴定人。这一规定有助于保证鉴定结论的权威性。

（2）在没有公设鉴定人可供调用或出于特殊情况的考虑时，行政机关也可以选任其他合适的人充当鉴定人，但应要求其进行宣誓。经过公开选任后从事所需要种类的鉴定，或公开从事科学、艺术或营业，而其知识也为鉴定所需要的，在被选为鉴定人后，应当履行其鉴定工作。如鉴定人有证人的情形，也可拒绝作鉴定。行政机关应当告知鉴定人相应的权利和义务。

（3）公设鉴定人或者行政机关另选的鉴定人如有法定回避的情形的，不得成为鉴定人。另外，当事人如有充分理由怀疑鉴定人的公正性和其所拥有的专门知识时，可要求行政机关拒绝任用其为鉴定人。当事人的怀疑理由应当在行政机关讯问鉴定人之前提出，否则当事人应当解释其事先不知拒绝理由或不可抗力的障碍所致其未能及时提出，其申请权才可获得补救。

（4）对于当事人申请拒绝鉴定人的，同行政机关作出最后裁决。

（5）为查明案件事实真相，行政机关依申请或依职权可进行现场勘验，必要时可要求鉴定人到场。

7. 委托收集与调查证据

委托他人代行部分行政职权，是现代行政机关为更好地行使行政权所必需的一种权力运作方式。奥地利《普通行政程序法》规定，行政机关也可委托其他行政机关或选定公务员收集证据，包括委托公设鉴定人进行独立的勘验，但这种委托只能在不进行言词审理的情况下进行，如委托法院收集与调查证据，应当由法律作出特别规定。

从上述内容可以看出，奥地利《普通行政程序法》有关证据制的规定有以下两个特点：

（1）注重证据运用规则的设定，确保证据的证明效力。

（2）围绕证人的有关问题作出详尽规定，以保证证人证言的真实性。

（三）西班牙

西班牙 1958 年的《行政程序法》虽然是当前世界上包容内容最多的行政程序法之一，但在证据的规定上却非常简单，与美国、奥地利相比，可以说非常单薄。而有关行政程序中的证据规则是否采用诉讼程序中的证据规定，在该行政程序法中也没有作出规定。西班牙 1958 年的《行政程序

法》在证据方面的内容主要有以下几点：[①]

（1）对程序的决定有重要影响的事实，可以通过任何证明的手段加以证实。这一规定实质上授予了行政机关相当大的自由裁量权。它表现为：其一，对“重要影响的事实”的认定没有法定标准；其二，“任何手段”虽然不言而喻地要以合法为前提，但行政机关采用证明手段上的自由裁量权依然是相当大的。该法作出如此规定显然与其立法目的中对行政效率的追求有密不可分的联系。

（2）验证规定。行政机关对利害关系人所提出的申辩事实无把握认定时，或者出于审理案件程序本身的需要，主持行政程序的官员应当规定不超过 30 天，不少于 10 天的验证期，以便进行一切必要的取证工作。行政机关应当充分提前告知利害关系人开始为验证的必要行动。告知应以通知书的形式传达给利害关系人。通知书应当注明验证的地点、日期和时间，如有必要还应告知利害关系人可以请技术专家参与验证。验证如系应利害关系人请求而开始的，验证所需要的费用应当由申请人承担。在取证开始后，行政机关可以要求申请人预付此费用，但费用需要到最后结算的情形例外。费用的结算应根据符合实际的凭证上的数额计算。

（四）德国

德国《联邦行政程序法》没有集中规定有关证据制度的内容，就这一点而言，它不如奥地利《普通行政程序法》。德国《联邦行政程序法》的这一特点可能与其诉讼程序中的证据规定有关。如果对德国的诉讼法有一个比较全面的了解就会发现，德国的证据法律制度范围并不大，只规定举证负担、各种证据方式以及向法院提供证据和法院调查证据的方式。德国没有英美法系国家诸如证据排除规则，不同于英美法系国家那样要求佐证，也没有英美法系国家那样有专门的证据法论著。证据法的内容在民事诉讼法教科书中只占 1/10 的篇幅。[②] 在德国《联邦行政程序法》中，有关证据的内容主要有以下方面：

1. 证据收集的规则

德国《联邦行政程序法》对证明方法作了特别规定，强调当事人、证

---

① 西班牙于 1992 年重新颁布了行政程序法，然而其在证据制度方面，与 1958 年的《行政程序法》相比，没有重大创新。

② 参见沈达明编：《比较民事诉讼法初论（上）》，中信出版社 1991 年版，第 321 页。

人和鉴定人有协助行政机关调查案件事实的义务。行政机关认为必要时，可采用如下证明办法：①收集各种情况；②对当事人进行听证，询问证人和鉴定人，取得当事人、鉴定人和证人的书面陈述；③调取证明文书和案卷；④勘验。

案件当事人应当参与事实情况的调查，尤其应当提供其所知的事实和证据，履行协助行政机关情况调查的义务，特别是到庭陈述，除非法律另有特别规定。证人和鉴定人有义务进行陈述或作出鉴定，但有法律作特别规定的除外。对行政机关所请证人和鉴定人，如有申请，应依法给予补偿因作证或鉴定而造成的损失。

2. 代替宣誓的保证

对不具备调查事实的方法，调查无结果或调查所花的费用可能极高的，行政机关可采用代替宣誓的保证，从而使行政程序得以顺利进行。接受代替宣誓的保证的必须是行政机关的领导、其一般代理人以及具备法官资格或《法官法》第110条规定的先决条件的公职人员。保证是保证人对有关行政程序的标的的正确性进行证实，并声称“以保证代替宣誓，以良知所言全为事实，毫不隐瞒”。全权代理人和辩护人有权代替宣誓的保证。接受保证的人员应当在保证人作保证前，向其讲明代替宣誓保证的意义，以及作不真实的或不完全人代替宣誓的保证所负的刑事责任，并将此说明记录在案。代替宣誓的保证应当作成笔录，笔录应当记有在场人员的姓名对及作笔录的时间和地点。笔录应当向代替宣誓的保证人宣读或经其申请阅读，如其无异议应将此态度一并记录，并由保证人和接受人共同签名。

3. 公务上的认证

认证是对有关书证的确认，具有证据法的意义。公务上的认证具体包括以下两方面的内容：

（1）对文件副本、影印本、复印本和底片的认证。每个行政机关都有权对其制作的文件副本进行认证，但依法由官方登记处和档案处认证的副本不在此限。如文件副本内容已作了变更，特别是该文件有遗漏、涂改、增补、修改，词句、数字和符号不可辨认，已删除的词句、符号、数字留下痕迹，或由数页组成的文件缺页的，副本不得认证。对于认证的副本，应当在其下方加认证标记。

（2）签名的认证。联邦政府依法规指定的本法的第1条第1款第1项规定的行政机关和根据州法，主管行政机关有权对签名进行认证，但以所签

名的文书必须向行政机关或其他依法有权接受已签名的文件的机关呈送为限。但此规定不适用于未附原本的签名和需经公证的签名。

应该说，德国《联邦行政程序法》就证据制度的规定并不多，至于是否参照适用民事诉讼法的证据制度，无确切的法律依据，但是其有关代替宣誓保证和认证的规定是很有特色的。关于举证责任，德国《联邦行政程序法》并没有作出具体规定，但其理论却认为，授益行政行为中不能举证的不利后果由申请人承担，设有负担行政行为中不能举证的责任的不利后果由行政机关承担。①

（五）我国澳门特别行政区

我国澳门特别行政区《行政程序法》在证据制度上呈现出与西班牙相同的特点，即具有庞大的体例，但并没有容纳更多的有关证据的内容。从该法的规定看，证据制度的内容主要有以下方面：

1. 需要证明的事实

有职权的行政机关如认为了解某些事实有助于对程序作出公正和迅速的决定，则可以采用一切法律容许的证据方法，调查此等事实。这一规定表明了立法者的两个观点：其一，何种案件事实需要调查证实，由行政机关自由决定；其二，“法律容许的证据方法”可以推定为诉讼法的各种证据方法。如果这一推定可以成立，则表明该法允许行政机关参照适用诉讼法的有关规定。

但是，有些明显的事实以及有权限的行政机关因执行职务而知道的事实无须证明，也不必陈述。这类似于美国行政程序中的特权证据，但是与美国的规定相比较，笔者认为澳门特别行政区《行政程序法》的规定存在模糊空间，显得不尽科学，如果“因执行职务而知道的事实”无须证明，则行政机关滥用职权的可能性就相当大，行政机关都可以此为借口减少需要证明的事实，甚至确认根本不存在的事实。尽管法律要求行政机关在程序上应提及因执行职务而知道的事实，但也未见有实质性的限制行政机关滥用此职权的作用。

2. 证明责任

利害关系人在行政程序中对自己的主张负有举证责任，但这并不影响

① 参见朱林：《澳门行政程序法典释义、比较与分析》，中国澳门基金会出版社 1996 年版，第102－103 页。

行政机关依据职权对需要证明的事实进行调查取证。因此，证明责任并不完全由程序主体的任何一方承担。这种证明责任的分担方式已为许多国家所接受。但是，在行政程序中，行政机关毕竟是行政程序进展的主动者，它有权命令利害关系人提供有关资料，以及其他有关证明，以协助行政机关弄清案件事实真相。在这种情况下，行政机关应当以书面或口头方式通知利害关系人在指定的时间内提供资料或证据。但有下列情形之一的，利害关系人可以拒绝提供资料或证据：①涉及违反职业保密的；②涉及澄清某些事实，而法律对此又作禁止公开规定的；③涉及透露的事实可能导致利害关系人本人、其配偶、直系血亲尊卑亲属、兄弟姐妹，或相同亲等的姻亲受到处罚的；④涉及透露的事实可能对本人或上述亲属中任何一人造成精神和物质上的损害的。很显然，这些规定移植于奥地利《普通行政程序法》，并无多大的创新。

3. 鉴定

行政机关对案件的事实认为有必要进行检查、查验或其他类似措施，且这些措施又不可能由行政机关自己完成的，则主持程序的行政机关应当任命鉴定人进行有关的鉴定活动。与此同时，利害关系人也可以指定与行政机关任命人数相同的鉴定人，并提出疑问或指出要点，由该鉴定人表明意见。如行政机关认为利害关系人提出的疑问或指出的要点对作决定并无多大关系，或属于机密或秘密的事项，可对其不必采取任何鉴定措施。

（六）我国台湾地区

台湾地区“行政程序法”自 1974 年开始酝酿，至 1999 年出台实施，历时 25 年之久，其准备相对比较充分。证据制度在“行政程序法”中居于核心地位，它集中体现在以下几个方面：

1. 取证原则

台湾地区“行政程序法”初步确立了“职权主义为主，申请调查为辅”的证据收集原则。台湾地区“行政程序法”第三十六条规定：“行政机关应依职权调查证据，不受当事人主张之拘束，对当事人有利及不利事项一律注意。”该条规定溯源于行政原则，因为行政行为的合法性必须以正确掌握充分的事实为前提，并得以确保公共利益的实现，因此，行政机关行使公权力作出各种行政行为前，对于事实的调查，不由当事人的意志决定，而只能由行政机关依职权而为之。行政机关应当依职权调查证据，不受当事人主张的约束，并应全面收集对当事人有利和不利的事实。

当事人在行政程序中除了自行提出证据外，还可以申请行政机关调查证据。台湾地区“行政程序法”第三十七条规定：“当事人于行政程序中，除得自行提出证据外，亦得向行政机关申请调查事实及证据。但行政机关认为无调查之必要者，得不为调查，并于第四十三条之理由中叙明之。”该条规定说明，在行政程序中，当事人也得自行提出证据或向行政机关申请调查证据，才能促请行政机关注意调查与待证事实有关联的一切证据，从而淡化行政专断或滥用行政权。然而，如行政机关认为没有调查的必要，则不调查，并说明不调查的理由。这种申请的调查只是职权调查的补充。

行政机关基于调查证据的必要，依职权或依申请要求当事人或其他人提供必要的文书、资料或物品，或者以书面形式通知其管辖区内的人到场接受询问。通知书应当记明询问的目的、时间、地点，可否委托他人到场以及不到场的法律后果。这一证据制度显然是受德国的《行政程序法》规定影响而设立。

2. 调查取证的方法及程序

依行政程序法规定，行政机关调查事实及证据均有一定的方法、程序。基于职权调查主义，行政机关应尽可能掌握资料的来源，以阐明事实的存在或不存在。因此，行政机关调查取证的方法多种多样，典型的有以下几种：

（1）制作调查的书面记录。行政机关调查事实及证据，必要时得据实制作书面记录（第三十八条），对于是否制作书面记录，行政机关有裁量权。

（2）通知相关的人陈述意见。行政机关基于调查事实及证据的必要，得以书面通知相关的人陈述意见。通知书中应记载询问目的、时间、地点、得否委托他人到场及不到所生之效果（第三十九条），本条所谓相关的人，包括当事人、参加人、利害关系人、证人、鉴定人等。

（3）要求提出证据资料。行政机关基于调查事实及证据的必要，得要求当事人或第三人提供必要的文书、资料或物品（第四十条）。这里所称“必要”是指与待证事实有关的文书、资料和物品而言。若与待证事实毫无联系，或漫无章法，则非本条所要求。该条规定体现了行政程序中的协助调查原则。当事人或第三人有协助调查的义务，行政机关认为有必要，其他机关或个人，有义务配合行政机关查清事实真相，提供相关的记录、报表或账本。对于不协助调查的单位和个人，行政机关能否采取强制措施，观点也不一致。笔者认为，通常情况下，行政机关并不能采取强制措施，对于特殊情况，也应该有法规特别规定，方可采取强制措施。

（4）鉴定。现代科学发达，分工精细，各种社会问题亦变化多端，行政决定遇有专业性案件，以现有人员设备，如无特别知识的人配合协助，很难得出科学结论。因此，行政机关基于职权调查的必要，选定对特定事物有专业知识或特别经验的人鉴定。鉴定人对于鉴定的经过及结果，负有以言词或书面报告的义务。以书面形式作出鉴定的，必要时，行政机关可以通知该鉴定人到场说明（第四十一条）。

（5）勘验。行政机关基于需要实施勘验。所谓“需要”指为了解特定事件待证事项的事实真相而言。行政机关为了了解事实真相，而对待证事实有关的人、事、物实施勘验。所谓“勘验”是以人的官能直接察验物的存在与否及其状态的查证程序，其行为内容在于实际直接勘察或验知物的存在及其状态，其作用在获取证据资料。行政机关最常见、最直接的勘验方式是勘验人的身体、文件或住所；其他则为对物的勘验，如车辆安全检验、餐厅旅馆的安全检查废水等环境检查等。实施勘验时应通知当事人、参加人、利害关系人、证人、鉴定人等相关人到场。

3. 认证及审查规则

台湾地区“行政程序法”第四十三条规定：“行政机关为处分或其他行政行为，应斟酌全部陈述与调查事实及证据结果，依伦理及经验法则判断事实之真伪，并将其决定及理由告知当事人。”很显然，行政程序认证规则是自由心证主义。自由心证是指一项证据业已具备证据能力，然后再评价其证据证明力如何，依证据证明力之“强”、“弱”，予以判断取舍的心路过程。自由心证的运作需符合下列要件：①斟酌全部陈述与调查事实及证据。对当事人有利及不利的证据，皆应注意。这是自由心证的前提。②合乎论理法则。所谓论理法则又称逻辑法则，指法律概念的涵摄过程。将调查所获得的资料，解释为符合规范意旨的过程，称为涵摄。行政机关在作出行政决定时，必须确认其所认知事实，有充分的证据足以支持，且该事实是符合规范所拟规定的。违反论理法则的行政处分，属于法律错误的一种。③合乎经验法则。经验法则包括一般人生活经验和专业知识经验。一般人生活经验指基于日常生活经验所得的定则，并非个人主观上的推测。专业知识经验指受过科学训练的专家，对事实认知所需的客观的知识运用在具体事件上判断，如医生经验、工程建筑经验、机械物理经验等。这些基于

知识而来的专业经验，在个案上容有不同的认知结论，至于行政机关采用何种经验，应有其依据及说明理由。违反经验法则的行政处分，也属于法律错误中的一种说理义务。[①] 行政机关综合全部陈述及调查事实、证据、参酌论理及经验法则的结果，作出行政决定后，应将证据与待证事实的合理关联予以说明，并对当事人有利，但不采用的证据情形，说明不采用理由，如该证据如何违反经验法则或如何违反论理法则，或如何与待证事实不相符合等，从而使当事人据此向该机关的上级机关或行政法院请求救济。

二、域外行政程序证据制度比较结论

通过上述对域外几个国家（地区）的行政程序证据制度的比较论述，可以得到以下几个结论：

（1）证据在行政程序领域是一个核心要素，这已被主要国家和地区的行政程序立法所证实。相应地，行政程序证据制度无论是在行政程序立法的创始国英美两国，还是对进入21世纪的当代世界各国的法治建设均具有重大意义。然而，与此不相适应的情形是，总体上看，现今世界各国和法学界对行政程序证据制度没有给予应有的重视，有些国家的行政程序立法或是只字不提证据问题，或是规定其可适用民事诉讼有关证据的规则，或是没有将行政程序证据制度提升到与司法程序中证据制度同等重要的地位。

（2）不少国家（地区），尤其是大陆法系的国家（地区）行政程序法中并没有完整的证据制度规定，在一般情形下可以推测行政机关在行政程序中可能会有法不完善的感觉，从而导致在适用法律上的不便。但是，实际上并没有产生这一结果，那么这些国家的行政机关究竟如何适用行政程序的证据规则呢？一般认为这可能是立法者默认行政机关适用民事诉讼法的证据制度，但又无法找到相应的法律依据。如果这一观点可以成立的话，那么行政机关适用民事诉讼的证据制度处理行政事务的法理基础是什么？为什么不适用刑事诉讼法的证据制度？从一定意义上说，适用刑事诉讼法的证据制度更有理由，如行政处罚与刑罚之间互相联系，使行政程序与刑事诉讼程序关系更加密切，人们有足够的理由相信行政机关运用刑事诉讼

① 参见吴敏：《台湾地区行政程序证据制度研究》，《台湾法研究学刊》2005年第3期。

程序的证据更适合行政权的需要。但实际情况并非如此。①

（3）一个国家的行政程序证据制度的完整性受行政程序法所追求的公正价值和效率价值的双重影响。因为，证据制度的完整性程度越高，对行政机关的行政行为的合法基础的坚实性也就要求越高。其结果是，行政机关在严格遵守证据规则的前提下，必须满足较高的证明要求，而没有最终结果或迟迟没有结果的证据制度也没有必要论及其完整性，因此行政程序证据制度融合了公正和效率价值。英美法系国家与大陆法系之间证据制度的规定的共性可以佐证这一观点。以我国台湾地区行政程序法为例，台湾地区“行政程序法”不仅吸纳了大陆法系行政程序法的优点，同时也借鉴了英美法系行政程序法的长处。其职权调查主义，基于依法行政原则，在理论上含有行政效率、保障基本权利、实现公平正义等理念成分。

（4）在各国行政程序立法中，对证明标准可以说没有作明确说明，所以确定证明标准的内容事实上成了行政自由裁量权的作用范围。然而，自由裁量权的行使除了行政程序的控制外，还受到行政程序法价值取向支配，因此这决定证明标准本身的内容应当说是富有弹性的，它可以伴随个案不断变化，只有这样才能适应不同的法律程序的证明要求。从我国实际情况看，民事诉讼和刑事诉讼的证明要求是证据确凿、充分，这被称为一元化的证明标准，已经受到诉讼法学界的质疑。诉讼程序一般以公平兼顾效率作为价值取向，相对而言，行政程序法的价值取向较一致的共识是效率兼顾公平，行政程序中证明要求显然区别于诉讼法中的证明要求，因此需要按照个别情况具体衡平适用不同的证明标准。

（5）我国诉讼法中长期否定的“自由心证”的证据规则在许多国家（地区）的法律程序上被适用至今，在科学技术如此发达的今天，对这一证据规则值得重新进行评估。“没有一条可行的证据法则，其结果可能比主张一条不尽科学、完整的证据规则更加可怕。”② 由于行政行为强调专业性、机动性、效能性等特点，所以在采证法则上，很多国家和地区的行政程序法都适用自由心证原则。虽然我国目前对自由心证并没有以文字方式予以接受，但在某些法条中已有类似规定，如《中华人民共和国民事诉讼法》第六十四条第三款规定：“人民法院应当按照法定程序，全面地、客观地审查核实证据。”这条规定实为自由心证。另外，我国《合同法》中的附属义

①② 参见章剑生：《行政程序法比较研究》，杭州大学出版社 1997 年版，第 351－352 页。

务，有些也是根据经验法则制定的。因此，鉴于行政行为的特点，在行政程序法中应当规定自由心证的法则，当然同时也应当规定适用自由心证的限制条件，以及违反自由心证的法律责任。

第三节　我国行政程序证据制度的立法完善

一、我国行政程序证据制度的立法状况

我国现今还没有统一的行政程序法典，许多行政程序散见于法律、法规、规章、规范性文件甚至内部工作文件中，大量的行政行为缺乏程序规定，在证据方面规定亦极为缺乏。我国目前涉及行政程序的法律、法规、规章中，比较典型的有《行政处罚法》、《行政许可法》、《税收征管法》、《规章制定程序条例》等，这些由不同机关制定的行政程序法律、法规或多或少都涉及我国行政程序证据规则。综合这些行政程序性法律、法规、规章的规定，我国行政程序证据规则的现行内容主要有以下几方面。

（一）明确证明标准和证据种类

行政程序证据种类在这些行政程序性的法律、法规、规章中主要是书证（如图纸、调研报告、账簿、凭证等）、检验结论、笔录（如现场笔录、勘验笔录、听证笔录、讯问笔录）、物证、视听资料、证人证言及当事人陈述等。行政程序的证明标准普遍是以“事实清楚、证据确凿”体现出来的。这与我国行政诉讼和民事诉讼的证明要求基本一致，体现了“以事实为根据，以法律为准绳”的办案原则。

（二）明确证明责任

我国现今法律基本上都规定了由行政相对人承担举证责任，行政机关负审查责任。例如《专利法》规定，发明专利的申请人请求实质审查的，应当提交在申请日前与其发明有关的参考资料。《公司法》规定，申请公司设立登记，应提交登记申请书、公司章程，验资证明等文件。但对于行政机关如拒绝相对人的权利要求，却未规定必须说明理由。对行政机关作出的行政行为影响、侵犯公民权利时，有时一纸凭证都没有，曾引起社会广

泛关注的广州丽江花园“市政路”案即是一个典型例证。[①] 唯一例外的只有《行政处罚法》规定了行政机关作出行政处罚前，应告知当事人作出处罚的事实，在处罚决定中应载明当事人违法的事实证据，说明行政处罚决定是由行政机关承担举证。

（三）规定调查取证采取职权主义

职权主义强调行政机关在调查取证的范围、种类和方式上都享有主动权，行政相对人有协助配合的义务。行政机关行使行政权的重要特征是主动性、倾向性，因此行政调查就不可能等同于司法机关的司法调查，行政机关不像司法机关那样被动、独立、中立，所以行政机关采取了依职权调查取证的规则。[②] 我国《行政处罚法》第三十六、三十七条规定：“行政机关发现公民、法人或其他组织有依法应当给予行政处罚的行为的，必须全面、客观、公正地调查、收集有关证据……当事人或者有关人员应当如实回答询问，并协助调查或者检查，不得阻挠。”这种依职权调查原则是世界各国或地区的通用准则，德国、葡萄牙、美国和我国台湾地区的行政程序法都作了类似规定。

（四）取证方遵守法定权限和程序

行政机关进行调查应遵守法定权限和程序。我国《行政处罚法》和《治安管理处罚法》都有这方面规定。《行政处罚法》第三十七条规定，“行政机关在调查或者进行检查时，执法人员不得少于两人，并应当向当事人或有关人员出示证件”。对证人证言应当制成笔录，经其阅读或向其朗读后认为无误应签名，对拒绝签名的，应当在笔录上加以注明。对书证、物证应当是原件，如果取原件有困难的，可由提交人在复制品上加印章，并注明“与原件相同”的字样或是相关的文字说明。行政机关在必要时可以对现场进行勘查。《治安管理处罚法》第八十七条规定：“公安机关对与违反治安管理行为有关的场所、物品、人身可以进行检查。检查时，人民警察不得少于二人，并应当出示工作证件和县级以上人民政府公安机关开具的检查证明文件。对确有必要立即进行检查的，人民警察经出示工作证件，

---

① 2002 年 12 月 8 日，地处广州番禺区南浦岛东部的丽江花园小区在居民事先毫不知情的情况下，某施工队将其小区道路强行改造为市政路，因小区居民阻挠导致群体性事件。该事件经《南方都市报》等报纸及网络媒体的报道在全国引起轩然大波。参见 http：//house. 21cn. com/vision/news/2003/11/26/1355747. shtml，访问日期 2009 年 11 月 12 日。

② 参见刘善春等：《诉讼证据规则研究》，中国法制出版社 2000 年版，第 733 页。

可以当场检查，但检查公民住所应当出示县级以上人民政府公安机关开具的检查证明文件。检查妇女的身体，应当由女性工作人员进行。”

（五）行政机关必须遵循法定的取证方式与时限

如我国《反不正当竞争法》第十七条规定，县级以上监督检查部门检查不正当行为时，可行使询问、查询、复制、检查、责令说明等方式取证。《产品质量法》规定，对产品质量实行以抽查、检验方式取证和监督。《治安管理处罚法》要求公安机关传唤需要用传唤证，询问要有笔录，裁决要有书面决定。从取证时限上看，行政机关必须遵循先取证后裁决，不能颠倒为先裁决后取证。且取证必须限定为行政程序阶段。《行政复议法》第二十四条和旧《行政诉讼法》第三十三条规定：在行政复议过程和诉讼过程中，作为被申请人和被告的行政机关均不得自行向作为申请人或原告的行政相对人和其他证人收集证据。这就明白无误地规定了行政机关应当在行政程序中完成取证。

（六）非法证据排除规则

非法证据排除规则有助于遏制行政机关违法取证、有助于保障当事人合法权益。从我国目前其他行政法规范来看，集中规定行政程序证据制度的主要法律规范《行政处罚法》、《行政复议法》并没有对非法证据排除予以规定。但是我国《治安管理处罚法》第七十九条规定，“公安机关及其人民警察对治安案件的调查，应当依法进行。严禁刑讯逼供或者采用威胁、引诱、欺骗等非法手段收集证据。以非法手段收集的证据不得作为处罚的根据”。此规定初步建立了我国行政程序非法证据排除规则。

（七）实行证据保全

证据保全在司法程序中是指在证据可能灭失或以后难于取得的情况下，人民法院根据诉讼参加人的请求或依职权采取措施加以确定和保护的制度。[①] 在行政程序中，对证据采取保全措施亦至为重要。《行政处罚法》第三十七条第二款规定：“行政机关在收集证据时，可以采取抽样取证的方法；在证据可能灭失或者以后难以取得的情况下，经行政机关负责人批准，可以先行登记保存，并应当在七日内及时作出处理决定，在此期间，当事人或者有关人员不得销毁或者转移证据。”而对证据实施何种方法进行保全，相关法律并无明确规定，应属行政机关自由裁量范围。

---

① 参见方世荣：《行政法与行政诉讼法》，中国政法大学出版社 1999 年版，第 399 页。

(八) 行政程序证据质证规定

我国的行政程序证据质证的规定散见于各单行立法中。《行政处罚法》第四十二条第六项规定:“举行听证时,调查人员提出当事人违法的事实、证据和行政处罚建议,由当事人进行申辩和质证。”《行政许可法》第四十八条规定:“举行听证时,审查该行政许可申请的工作人员应当提供审查意见的证据、理由,申请人、利害关系人可以提出证据,并进行申辩和质证。”《中国人民银行行政许可实施办法》第三十五条第四项规定:“在举行听证时,承办行政许可事项的职能部门应当提交作出审查意见的证据和理由;申请人、利害关系人可以提出证据,并进行质证和申辩。”《政府价格听证办法》第十三条第五项规定,听证会代表对申请人提出的定价方案进行质证和辩论,而其中的质证指的应该就是对于程序性证据的质证。《湖南省行政程序规定》第七十一条规定:“作为行政执法决定依据的证据应当查证属实。当事人有权对作为定案依据的证据发表意见。提出异议。未经当事人发表意见的证据不能作为行政执法决定的依据。”此外,《农业部农业行政许可听证程序规定》第二十三条第六项,《环境保护行政许可听证暂时办法》第十二条第五项、第二十八条第四项,《药品监督行政处罚程序规定》第四十二条,《财政机关实施行政许可听证办法》第十八条、第二十条、第二十五条,《海关行政处罚听证办法》第十条都有关于行政程序证据可以质证的明确规定。

二、我国行政程序证据制度的不足与缺失

与其他国家和地区的行政程序法相比,我国目前行政程序中的证据立法还存在许多有待改进的问题。

(一) 证明责任的分担问题

证明责任是证据制度的核心内容。在我国行政程序中,证明责任至今仍是一个未能很好解决的问题。无论是行政主体行使权力还是相对人参与行政程序,法律都要求双方对自己的行为提出法律和事实的依据。可是,行政主体和相对人的法律地位不对等决定了双方不可能承担相同的举证责任。不少国家行政程序法规定行政主体必须对自己的行政行为说明理由。而我国现行法律主要规定由相对人举证,只有在复议和诉讼时才由行政机关举证。对于这种规定是否合理,基于前文分析,笔者主张应从以下几个

方面加以考虑。

第一，依职权作出的行政行为举证问题。在依职权作出的行政行为的程序中，行政机关是处于指控的法律地位，行政相对人处于防卫的法律地位。依职权作出的行政行为对于行政相对人来说大多是不利的。因此，在这种行政程序中，证明责任应当由行政机关来承担，即行政机关应当提供作出行政行为的事实和法律依据。

第二，依申请作出的行政行为的举证问题。在依申请作出的行政行为的程序中，行政相对人是获得利益的主体。为了得到其所申请的权益，他必须向行政机关提供充分的证据证明其请求的合法性、正当性。如果其所提供的证据不充分，则行政机关可以驳回其请求。因此，在这种行政程序中，行政机关和相对人应当采取“谁主张，谁举证”的举证规则。

第三，行政机关是否应当拥有特殊证据。所谓行政特殊证据，是指行政机关可以正当的理由拒绝向行政相对人提供证明其作出行政行为的证据，如基于保护国家机密的需要而不提供证据，不影响其行政行为的合法性。笔者认为，基于保护公共利益和他人合法权益需要，行政机关可以拥有特殊证据，但行政机关拥有特殊证据的范围应由立法界定，实施中理应允许行政相对人提起司法救济，接受司法审查。在法院认为行政机关拥有特殊证据的理由不充分时，则行政行为合法性将会受到影响。

第四，免证事实是否应当存在及其范围。行政机关作出行政行为的依据或相对人提出申请的依据，是否都必须要有相应的证据证明？从许多国家的行政程序看，免证事实是存在的，如日期、某一城市的地理位置、著名的历史人物等。但这种免证事实只能在合理和公平范围内存在，不能过分强调行政人员的专门知识，以免代替必要的证明程序，因此必须对免证事实加以限制，行政执法中的核心问题事实不能免证，行政相对人对行政机关免证应具有反驳权利，被免证事实必须具有显著而周知性质。

（二）“非法证据排除规则”尚未成为行政程序证据制度一般规则

证据学一般认为，只有经过合法途径收集的证据材料才能作为证据使用，非法证据不具有证明效力，因此不能作为认定案件事实的依据。证据除口供外还有其他诸如书证、笔录、物证等类别。用违法手段取得的证据应当如何处理？2002 年 7 月 24 日公布的《最高人民法院关于行政诉讼证据若干问题的规定》对非法证据进行了明确的排除规定。据此可以肯定，在行政程序中，行政机关采用违法的手段取得的口供、书证、物证和视听资料等证据，在行政诉讼中已经从证据中排除出去。这种排除是否意味着在行政程序中非法证据一律无效？是否行政机关必须遵循？毕竟行政诉讼监督的只是整个行政行为中极少的一部分。虽然前述《治安管理处罚法》第五十九条就有关治安处罚中的非法证据予以排除，但是从我国目前其他行政法规范来看并没有作出肯定回答。《行政处罚法》只要求给予相对人处罚的应查明事实，收集证据。《行政复议法》只规定证据必须是在作出具体行政行为前收集。至于证据是如何取得的并未规定。当然，不能简单认为非法证据在行政诉讼中无效在行政程序中就会当然无效，实际上行政程序中以非法证据为依据作出行政决定乃是经常出现的现象。

对违法取得的证据能否作为定案的依据，往往与一个国家对人权的重视与保护有关，与一个国家强调控制政府权力滥用还是强调维护公权力至上的法治理念差异有关。我国现行宪法和法律对人权的保护规定应该说并不落后，但在现实生活中对人权的侵犯和行政权力滥用及人们在观念上对人权的轻视，形成了与现行宪法和法律规定的强烈反差。

要强行推广行政程序中非法证据排除的一般规则，可能会遇到来自行政机关的强大阻力，但如果不在法理上、立法上表明必须坚持这一符合行政法治原则的证据规则，则在客观上无疑是容忍了行政机关违法取证的行为，放任行政机关违法行使职权，这与我国所奉行的行政法治原则、建立社会主义法治国家的根本目标是背道而驰的。因此，“非法证据排除”这一规则必须坚持，特别是对违法取得的口供应当无条件地从证据中排除出去；而对违法取得的其他证据，如果具备客观性、关联性的特点，也只能成为其他合法证据定案时的参考依据。

违法证据能否存在转化为合法证据的可能性和必要性？从某种意义上说，这是对违法证据补救的一种方法。应当认为，这种补救的可能性是存在的，从行政机关维护正常的社会秩序、最大限度地追求公共利益的需要看，承认这种必要性也是无可指责的。但是，违法证据的转化应当遵循法定条件和程序，如非法口供应当从违法证据转化的可能性中排除出去，而对于其他如违法物证材料，经过一定的机关通过法定程序认证后，则可以成为定案的证据。

（三）证据证明标准

如前文所述，我国有关行政程序的法律、法规确定的一个基本证明标准是“事实清楚，证据确凿”。但如何理解这一规定，由于我国缺乏统一的

行政程序证据规则，就见仁见智了。事实清楚究竟是谁清楚？行政主体的公务员清楚？相对人清楚？抑或二者都清楚？还是社会公众清楚？证据确凿究竟怎样才算确凿？证据和事实的关系究竟怎样？换一句话说，究竟行政行为的作出是以客观事实为根据，还是以证据证明的法律事实为根据？这个问题不解决好，就会导致实践中的三个问题：一是行政机关亲眼看见客观事实发生，能通过言词说服相对人，但却没有收集足够的证据种类，“有事实无证据”，那么行政主体据实作出行为从客观真实看就该有效。但从行政复议法、行政诉讼法看，由于无证据，如果相对人复议或诉讼，因为复议和诉讼强调的是证据事实，行政机关无法举证则必然导致行政行为被撤销或无效。二是行政机关有充分的证据，但这种证据却可能是公务人员滥用职权的结果，“有证据却无事实”。这种有证据无事实的行为在现实中不胜枚举，如何有效避免？如果要追求客观真实，通过提起行政诉讼，就必然要求法院重建证据系统，而这恰恰是违背行政诉讼法由行政机关举证的。三是行政机关有证据，相对人也有证据，而客观事实却不明显，相互证据对抗性强，行政机关此时如何认定事实？当行政机关按自己的标准认定了事实并作出行政行为，相对人不服，提起复议或诉讼，复议机关或法院是尊重行政机关的意见，还是按自己的意见取代行政机关的意见？

行政程序证据证明标准应是以证据为载体的客观真实标准。其既不是纯粹的客观真实，也不是纯粹的证据事实，这是行政程序证明标准区别于诉讼证明标准之处。诉讼证明标准只能是证据事实。为使行政程序证据证明标准具有可操作性，应特别赋予行政相对人对证据证明过程的参与权。在行政相对人充分行使了陈述、申辩、听证、请求行政机关调查取证等程序权利后，行政机关仍具有最低限度的合理证据来证明事实。只有这样，行政机关才算实现了证明标准。

（四）证据的证明力问题

证明同一事实的不同种类的证据，其证明力的大小如何确定，目前这一问题在我国行政程序立法中并没有明确的规定，尚属行政机关自由裁量的范围。笔者认为，虽然证据是否具有证明力以及证明力的大小，没有一个机械的原则能够普遍适用，但也应看到，如果完全靠行政裁决人员的主观判断，那么结果很可能是行政自由裁量权的滥用。因此，在行政程序法中应当对证据证明力的问题作概括原则性的规定。首先，行政程序法要明确规定具有证明力的证据要满足哪些条件；其次，行政程序法要规定具有证明力的证据间的一般关系。

（五）行政程序言词审理范围问题

行政程序言词审理制度指行政机关在调查案件事实、收集和核实证据、认定证据和案件事实、适用法律等应在当事人、利害关系人、证人和鉴定人参加的情况下，口头听取他们对证据和案件事实的意见，并准许他们进行交叉盘问和辩论的一种行政程序制度和原则。言词审理制度将正当程序原则融入行政管理过程，可以满足现代行政实体公正、程序公正和效率的价值要求，因此多数国家行政程序法都规定了言词审理制度，一些国家行政程序法甚至规定行政程序原则上实行言词审理。我国《行政处罚法》和《行政许可法》规定的听证是言词审理的一种类型，但采用听证的只是一些重大行政行为，总体来说，我国行政程序言词审理范围相对其他国家来说较窄。除重大行政行为应当实行言词审理外，至少以下几类情况也应实行言词审理：行政裁判行为；行政机关拟拒绝的重要行政许可、确认和认证行为；案件事实查证困难的案件；需要证人证明的案件；涉及多个利害关系人的案件；行政机关认为需要实行言词审理的其他案件。[①] 扩大我国言词审理范围可以实现言词审理的二重价值，即程序正义和实质正义。这一方面有利于保护行政相对人的程序权力，实现程序正义；另一方面有利于行政机关查清案件事实。

同时，在行政程序言词审理问题方面，还需要关注在行政程序中不能偏信、轻信当事人言词陈述的问题。这是因为在实践中往往存在当事人在面对行政机关时由于害怕行政决定结果导致自己损益或者是为了获得更多的预期利益而作出虚假陈述的情形。[②] 对于当事人作出陈述，是不是即可认为违法事实已经成立？是否就可以对当事人实施行政处罚？这实际上就是一个证明标准的问题，也就是说单一的当事人的陈述能不能作为定案的依据的问题。对于这一问题，现行的行政法律法规都没有作出明确的规定。虽然在现行的行政法律法规中并无规定当事人供述可否定案的规定，但《中华人民共和国刑事诉讼法》有一个证据规则却是可以在行政处罚中予以借鉴的。我国《刑事诉讼法》第四十八条规定："对一切案件的判处都要重

① 徐继敏：《我国行政证据规则的形成、特点和发展趋势》，《重庆行政》2007 年第 1 期。

② 参见王月灿、盛文斌：《"米兰达警告"向我们走来——从一起道路运政案件谈行政处罚的证据规则》，http：//www. yunzheng. org/yanjiu/Class4/0002. html，访问日期 2010 年 1 月 12 日。

证据，重调查研究，不轻信口供。只有被告人供述，没有其他证据的，不能认定被告人有罪和处以刑罚；没有被告人供述，证据充分确实的，可以认定被告人有罪和处以刑罚。”这实际上体现了这样一种证据规则，即法律重视法律事实，不轻信当事人的供述。特别是在行政程序过程中，也可以原则性地确定这样的规则：“对于重大行政违法行为，只有当事人的违法供述没有其他证据的，不能认定当事人违法和处以行政处罚；没有当事人违法供述，证据确实充分的，可以认为当事人违法和处以行政处罚。”

（六）证据非歧视性原则问题

笔者这里所指的证据非歧视性原则包含两个方面：一是指行政机关应当全面收集证据，既包括行政相对人违法的证据，也包含有利于行政相对人的证据；二是指对于行政相对人提交的证据，行政机关应与自己收集的证据一样平等对待，不得歧视。这是程序公正的重要保障。行政机关调查证据的权力是一种公共权力，作为一种公共权力的运行，不应只用于对于公民的不利处分，对公民合法权利的保护应是公共权力运行的应有之义。许多国家行政程序法都规定，行政机关应当调查包括对行政相对人有利证据在内的一切证据，如德国《联邦行政程序法》第 24 条第 2 款规定：“行政机关的调查一切对个别案件具有意义的事实，尤其是对当事人有利的事实。”行政相对人在行政程序中有权提出证据是程序公正的基本保障，但如果行政机关在对证据进行评判的过程中不正当地对相对人提出的证据加以歧视，这实质上是剥夺相对人提出证据的权利，剥夺相对人自我辩护的宪法权利。保障行政相对人提出的证据不受歧视，所要维持的是行政机关和相对人之间的一种有效对抗，促使行政机关公正的作出行政行为，以最大限度地保护公民合法权益。

（七）行政行为说明理由制度问题

行政决定必须说明理由，已成为现代法治国家公认的一项原则，各国行政程序法都对此作了规定。行政机关需要说明的理由包括事实原因和法律原因，这里要强调的是前者，即行政机关应对如何运用证据进行事实认定说明理由。这实际上也是对证据非歧视性原则的进一步规定，同时也督促行政机关慎重作出行政行为。同时，对于获取当事人的信服、促使行政同类案件的平等保护等方面具有重要意义。在减少行政诉讼、促进同类案件的平等保护等方面也具有重要意义。

（八）听证程序中质证的问题

我国行政程序立法在提及行政程序证据质证时主要集中在听证程序中，将其作为听证相对人的权利，规定行政相对人对于行政程序中的证据有权进行质证。例如《药品监督行政处罚程序规定》第四十二条规定，听证笔录中必须载明当事人陈述、申辩和质证的内容。这其中将质证权明确独立于相对人的申述和辩论的权利，明确了行政相对人的程序性证据质证权。这虽然强调了质证权作为公民参与权利，尤其是公民在行政程序证据阶段中所享有的程序性权利的价值，但这种将质证作为行政相对人权利内容规定的立法方式，导致行政程序质证没有被作为行政程序中独立的证据证明阶段而有详尽的规定，导致在行政实务中未能被行政机关实际遵守。

（九）将证据用于非法目的的问题

在很多行政执法过程中，证据的取得和证据的形式尚且都能做到合法，但是证据不是用于行政执法需要，而是用于其他非法目的，此非一般“非法证据排除问题”，而是“合法证据用于非法目的”情形，该问题非传统证据法讨论的内容，同时也是目前证据法和行政法理论界普遍忽视的问题，但在实务中已逐渐凸显其重要性。例如，2011 年 8 月 21 日，一张车牌为“川 BY0008”的小车超速被拍的监控照片被全国各大网络社区疯狂转发，照片中驾驶员“左手驾车，右手袭胸，超速行驶……”网友们对“摸胸门”的主角进行人肉搜索并公布当事人有关信息。随着事件的发展，公共安全、隐私、道德等问题开始被更多网友关注，车内算不算私人空间、监控照片是如何流出、监控拍照是否可以作为查处证据、开车时摸胸算不算危险驾驶等一系列问题引发激烈讨论。而绵阳交警方面也表示，将在对图片的来源和真实性调查、核实后，对事件责任单位和责任人严肃处理，绝不姑息迁就。[①] 在此“摸胸门”事件中，从种种资料可以判断照片是由公路上电子眼设备拍摄，对于警方“电子眼”的位置是向社会公开的，即取证本身不侵权，但警方将照片外流出来，警方就成为侵犯个人隐私权的主体，就应当承担相应侵权责任。对此笔者主张，有必要在行政程序证据立法中，明确“严禁将取得的证据用于非法目的”相关限制性规定，全面完善证据法体系，切实保障人权。

---

①《摸胸超速男上演“速度激情”陈嘉上称侵犯隐私》，参见“金羊网—新快报”，http：//epaper. xkb. com. cn/view. php？id =719590，访问时间 2011 年 8 月 25 日。

三、对完善我国行政程序证据规则的几点建议

通过前文的论述可以看到，现行立法关于行政程序证据制度的规定大多集中在证据的种类、非法证据排除和证据的保全等静态意义的证据制度方面，相对于大多数国家而言，我国的行政程序证据立法是极不完善的，对于证明责任、认证规则、证明标准等问题在立法上都是极为欠缺的。因此，完善我国的行政程序证据制度有重大的现实意义。基于以上的分析，要进一步完善我国行政程序中的证据规则必须从以下几方面入手：

（一）进一步重视证据规则在行政程序中的作用与地位

我国行政程序中证据规则应用中的许多问题，是与我国“重实体，轻程序”，更不重视行政程序中证据规则的传统有关系。所以笔者认为，要建立完善的证据规则，首先要从思想上重视证据制度在行政程序中的地位与作用，加强对行政程序中的证据规则特殊性的研究，不能简单地将司法程序中的证据规则直接引用到行政程序中，而要考虑到行政程序的特殊性，制定与我国行政程序法相适应的证据规则。

（二）要加强行政程序证据制度的立法工作

法治社会强调依法治国，而依法治国首要的和根本的就是要“有法可依”。我国目前行政程序证据规则只是散见于各项行政法律、法规、规章中，适用起来有些困难和麻烦。笔者主张未来在行政程序法中规定行政程序证据规则，以区别于行政诉讼中的证据规则。目前，我国行政诉讼证据制度相对成熟，但更应加大力度完善行政程序证据制度。这是因为，从程序的先后顺序来看，先有行政程序后有行政诉讼程序，如果没有成熟、稳定的行政程序证据制度，很难以此为基础来构建行政诉讼证据制度。再说，行政管理都需要经过行政程序，但不一定要经过行政诉讼程序，只有少数行政行为才会被提起行政诉讼。每一个行政行为都需要证据规则来规范，建立行政程序证据制度更具有普遍意义。而且，行政诉讼是复查性诉讼，包括复查行政机关是否满足行政程序证据规则的要求，行政诉讼证据规则的内容主要是行政程序证据规则。我国应当在行政程序法中规定行政程序证据制度，《行政诉讼法》中只附带规定行政诉讼证据制度，且主要是诉讼中的证据审查方面的规则。

（三）明确证据制度的立法基本原则

行政程序证据制度立法必须坚持以下几项原则：①合法证据原则。证据合法性原则要求包括取证、举证、质证、认证的主体权限、时限、手段、步骤、方式等都应是合法的，非法证据不得成为行政行为的事实依据。②当事人参与原则。证据立法不仅要确认行政机关的取证职权、认证职权，而且必须确认当事人、利害关系人的举证权、取证权、质证申辩权。③公开原则。证据不公开是掩盖事实真相、导致行政机关专权渎职、产生腐败的重要原因。公开原则要求所有证据除涉及国家秘密、个人隐私、商业秘密外，必须允许当事人查阅、复制，允许社会公众查询，允许媒体曝光，不允许有案外证据。④效益原则。坚持效益原则就是要求在证据种类、举证、认证等的规定上，符合时代发展要求，适应政府办公电子化、自动化、网络化建设的需要。在涉及证据证明标准规定上，如出现对客观事实一时不可全知的“可能事实”时，注意协调平衡关系，以程序的正当弥补实体证据不足。

（四）加强行政执法人员的素质教育，增强程序和证据意识

公务员是证据规则的具体应用者和实践者，他们的素质也在相当程度上决定证据规则的实践效果。同时，有必要在理念上强化公务员对正当行政程序意义的认识，树立牢固的程序意识，从而在行政程序证据证明活动中自觉遵守程序法规则。因此，需要提高公务员的执法素质，特别是程序意识和证据意识。要重视队伍建设，在制度上强化人员的程序和证据责任意识，让公务员更多地关注微观行政执法问题，从而防止执法人员超越权限、违法程序正义而野蛮执法。要加强执法人员的专业培训与教育，专业执法素养很大程度上会影响执法人员的执法效果。因此，加强行政执法人员的行政程序证据规则的教育也是各行政机关依法行政的重要诉求和保证。只有公务员具有良好的程序和证据意识，国家的依法行政方略才能最终落到实处。

四、有关我国行政程序证据制度的立法模式问题

以上对完善我国行政程序证据制度的若干具体问题进行了探讨，接下来的一个问题是：这些具体的制度设计以什么样的立法模式加以妥善安排？行政程序证据制度的立法模式是考虑建立行政程序证据制度的载体问

题，或者说我国的行政程序证据制度应当以什么样的法律形式出现。这其实涉及我国未来行政程序证据制度的立法技术问题，因此有着重要的现实意义。

（一）行政程序证据制度立法是依附于《证据法》还是《行政程序法》

目前一般各国行政程序证据制度立法模式大致有两种：一种是在统一的《证据法》中建立行政程序证据制度，另一种则是在统一的《行政程序法》中建立行政程序证据制度。当前，我国法学界关于建立统一的证据法的呼声越来越高，在互联网上可以找到数以万计的此类文章，但是大多是从诉讼程序中证据规则及制度统一的角度来论述的。应该说，建立统一的证据法符合社会发展的客观规律也符合诉讼法自身发展的需要。那么，中国的行政程序证据制度是不是以《证据法》的形式出现，即在统一的《证据法》中规定行政程序证据制度呢？笔者以为，应该承认这一思路有其一定合理性，由于证据规则兼有实体法和程序法的性质，相关证据法律规范具有其独特性。统一立法最大的好处就是可以就民事诉讼证据、刑事诉讼制度、行政诉讼证据制度以及行政程序证据制度共性的证据规则予以统一立法。不过笔者个人认为以这种形式建立我国的行政程序证据制度存在诸多问题。首先，行政与司法分属于不同的国家权力，虽然我国属于社会主义国家，不像西方国家那样实行三权分立，但是在国家权力的行使上，我国仍然很注重行政与司法的彼此独立，并运用不同的法律规范对其进行调节。如果我国在《证据法》中对适用于司法领域的诉讼证据制度与适用于行政领域的行政程序证据制度进行统一的规定，无论其规定是如何完善，总有一种司法与行政不分的嫌疑。而前述行政程序证据与行政诉讼证据在证据制度与证据规则方面的若干根本差异也决定了统一立法极易造成两者的混淆。其次，行政程序证据制度毕竟与司法证据制度存在诸多差异，如行政程序证据制度在证明责任、认证规则、证明标准等问题上因为行政行为种类繁多显得异常复杂。倘若统一立法，恐怕行政程序证据规则成为《证据法》中诸多例外情形的集中领域。再次，在统一的《证据法》中制订行政程序证据制度还缺少足够的理论支撑。当前国内学者普遍的观点是在统一的证据法中对三大诉讼证据制度与规则进行统一，很少有学者将行政程序证据制度纳入讨论①。最后，就当今世界建立行政程序证据制度的国家来看，一般世界范围内很少有国家将行政程序证据规则主要通过证据法典来规范。因此基于以上原因，笔者主张应在《行政程序法》中确立我国的行政程序证据制度。

在《行政程序法》中规定行政程序证据制度及其运行过程中具体问题的模式，其优势在于：它能够充分发挥行政程序法专门规定行政程序的优势，以统一行政程序法典对行政程序证据制度及其运行过程的相关问题进行详尽规定。有助于凸显行政程序证据规则作为非诉类证据规则区别于诉讼类规则的独特性；有助于以证据制度为核心，推动行政公开制度、说明理由制度、听证制度、言词审理制度等相关制度的建立，推动行政程序的运行质量和效果，实现程序正义；更有助于行政机关及其工作人员在行政执法中重视证据的事前规范和事中控制（而不是将证据问题留到诉讼中解决）。正如有学者所言，证据制度健全是一个国家行政程序民主化水平的标志。凡执法水平和民主化水平较高的国家，其行政程序法中有关行政程序证据的规定就比较全面；反之则较简单。② 至于证据规则兼有程序法和实体法的性质是否有碍行政程序法典程序法的性质，笔者以为虽然行政程序法主要规定程序规范，但同时还要规定一些必要的实体规范。证据制度的实体规范作为程序法的补充，不但不会改变其程序法的根本属性，反而更有利于其程序法价值的实现。而且行政程序证据制度的实体规范有很多重要原则和内容来不及立法，这些原则和内容是行政程序法起码的前置内容或先决条件，若不在行政程序法中作出规定，行政程序法就得不到应有的支撑。

通过在统一的《行政程序法》法典中规定行政程序证据规则及其证明过程中的若干具体制度问题也是目前世界上规定行政程序证据问题的主要国家立法中多数的选择。从世界各国行政程序法典对行政程序证据制度规

---

① 如江伟、邵明在其论文《关于我国制定统一证据法的若干看法》中明确指出："证据法典是指诉讼证据法，包括民事诉讼证据法、刑事诉讼证据法和行政诉讼证据法。"参见江伟、邵明：《关于我国制定统一证据法的若干看法》，http：//www.civillaw.com.cn/article/default.asp?id＝15375，访问日期2009年10月15日。此外，毕玉谦等人所撰写的专著《中国证据法草案建议稿及论证》中也主张统一的证据法只对三大诉讼证据进行规范。参见毕玉谦：《中国证据法草案建议稿及论证》，法律出版社2003年版。

② 参见应松年主编：《比较行政法研究》，中国法制出版社1999年版，第295－296页。

定情况来看，各自的重视程度不一，美国、奥地利、葡萄牙十分重视证据。美国《联邦行政程序法》第556条专门设定两款，着重规定了行政程序证据的范围、证明责任的分配和行政证明标准，内容言简意赅。奥地利《行政程序法》专门设立第二篇规定调查程序，该篇下设两章“调查的目的和过程”、“证据”，条文共计19条（第37~55条），着重规定了行政程序证据的种类、调查收集和审查判断。葡萄牙《行政程序法》在第四章“程序”中专门设立一节“调查”共计20条（第86~105条），详细规定了行政程序证据的调查收集和审查判断。而德国、西班牙、瑞士、韩国、日本以及我国台湾地区也是通过行政程序证据法典来规范行政程序证据问题。我国行政法学界几位学者主持起草的《行政程序法（专家建议稿）》也都规定了行政程序证据制度问题。虽然有的规定得相对比较详细，有的规定得相对比较简单，但是需要在《行政程序法》中规定行政程序证据问题，是目前学术界主流的看法和意见。

我国行政程序法典化“呼之欲出”也将有力促进行政程序证据制度立法的完善。我国行政法规、规章制定主体的多元性，造成行政规范性文件相对分散、零乱和矛盾已经是一个既成的事实，各个行政系统、行政区域，其要求和标准可能都各不相同，侵犯公民权利的行政规范性文件也屡见不鲜。有鉴于此，目前学者对于制定统一行政程序法典的呼声也越来越高。有学者认为，行政程序法典化能够促进政治参与、推进民主政治效能，防止行政侵权、保障公民权益，提高行政效率、促进改革开放。行政程序法典化是中国行政程序法走向成熟的标志。[①] 行政程序证据制度依附于行政程序法典是各国的通行做法，行政程序法典临近的脚步声无疑为行政程序证据制度的确立带来了希望。

（二）行政程序证据制度立法是否应依附于行政调查制度立法

如果说行政程序证据制度立法依附于行政程序法，这还涉及一个微观立法模式的争论，就是行政程序证据制度是否有必要依附于行政调查制度。例如1996年7月在主题为“行政程序的立法与实践”的行政法学研讨会上，应松年教授和马怀德教授提出一个中国行政程序法的立法架构，在第四章“行政程序”中只规定了一节“调查程序”，而对有关证据制度的内容只字未提。这一架构很快就遭到了章剑生教授的批评。章教授认为，该体

① 参见杨海坤、黄学贤：《中国行政程序法典化——从比较法角度研究》，法律出版社1999年版。

例没有考虑极其重要的证据制度。他认为，我国至今没有统一的证据法，诉讼程序中的证据制度也是由三部诉讼法分别作出规定的。行政程序法中的证据制度究竟应当援引何种证据制度，至今也没有权威性的规定或者具有充分说服力的理论依据。这个问题应当由行政程序法来解决。在此基础上章剑生教授提出了新方案。该方案将“证据”独立成为一章，在这一章中分三节规定了证据的一般规则、证据的收集审查、证据的种类，而对行政调查则未作出安排。章剑生教授的上述方案遭到了杨海坤教授、黄学贤教授的批评，他们认为章教授的方案将“证据、期间和送达单独成‘章’，不但与前面的基本制度重复，而且是否有必要，也需要推敲”。[①] 针对上述不同的看法，应松年教授在其主编的《行政程序法立法研究》一书中又提出了新的方案，即在“行政行为”一章中安排一节来规定调查与证据。而在《中华人民共和国行政程序法（试拟稿）》中，则在第二章《行政程序的一般规定》中分两节分别规定了调查和证据。这样的体例安排能否达到统一的认识，现在还很难作出评价。对此，我们有必要参照一下域外立法的经验。

不同国家和地区关于行政调查和证据制度在行政程序法中的规定有很大的差别。除了规定的详略不一之外，对行政调查和证据制度体例安排也不一致。概括起来大致有以下几种模式：

第一种模式，在调查程序中分别规定调查规则和证据规则，将证据规则视为调查程序的重要组成部分。这种体例结构最典型的国家是奥地利。1991 年奥地利的《普通行政程序法》按行政行为的发展规定了调查程序、裁决程序和法律保护程序。其中，在第二篇“调查程序”的第一章（调查程序之目的及过程）对调查程序作出了通则性规定，第二章则对证据作出了非常详细的规定。

第二种模式，将行政调查和证据制度合一作专章节规定。这一模式的主要代表是台湾地区的“行政程序法”。台湾地区“行政程序法”有关行政调查和证据的规定主要受德国和日本行政程序法的影响，但在体例结构上又形成了自己的特点。台湾地区 1999 年颁布的“行政程序法”在第一章总则中用专节（第七节）共八个条文对调查和证据进行了规定，其节名即为

---

① 参见李海亮：《行政调查与证据制度比较研究》，《福建行政学院福建经济管理干部学院学报》2002 年第 4 期。

“调查事实及证据”。从条文的内容看，主要规定了行政机关在调查收集证据过程中的调查规则，而对证据规则的规定较少。

第三模式，专节规定证据制度而未对调查制度作出专门规定。西班牙行政程序法是此种模式的主要代表。1958 年的西班牙《行政程序法》在第三章“审理”的第三节对证据作了规定，其节名即为“证据”。该节共三个条文，主要规定了证据调查过程中行政机关所应遵循的规则，如举证方法、调查开始的期限、通知利害关系人的义务以及调查费用的承担等。1992 年的《西班牙公共行政机关及共同的行政程序法》还在第三章“程序的审理”中专节安排了证据制度。用两个条文分别规定了“证据的手段和时间”与“验证”。从内容上看，调查规则和证据规则在两个条文中都有所体现。

第四种模式，在听证程序中安排证据及证据调查制度。从目前掌握的资料看，主要有日本和韩国的行政程序法使用这种模式。这样的安排反映出日本、韩国将听证程序视为程序法的核心内容。

第五种模式，不设专门章节规定调查和证据制度，通过具体的条文确立调查规则和证据制度。德国、美国、瑞士、意大利等国家的行政程序法都没有设独立或专门的章节集中对调查和证据制度作出规定，而是通过或相对集中或散见在程序法中的条文加以规定。例如德国《联邦行政程序法》(1992 年) 在第二章“行政程序之一般规定”部分，通过四个条文，即第 24 条、第 25 条、第 26 条、第 27 条，比较集中地规定职权调查、劝告、询问、证据方法、代宣誓之保证等有关调查和证据制度的内容。特别是第 26 条“证据方法”比较具体地规定行政程序证据的种类以及行政机关取得证据的方法。美国《联邦行政程序法》(1976 年) 则在第 556 条中对举证、证据形式以及可采信证据规则等作了具体规定。而瑞士《行政程序法》(1968 年) 则在第二章“行政程序之一般规定”中通过至少七个条文对调查和证据规则作了相对集中的规定，并且在第 19 条中明确规定行政调查证据之程序准用民事诉讼法的有关规定。

有关国家和地区关于行政调查和证据制度多样化的体例模式给我国的启示是：选择何种体例模式受多种因素的影响，如法律文化传统、理论研究水平、行政权力运行规律、立法目标、价值追求以及法律价值观等。无论是从我国行政权力的现实需要和立法模式看，还是从行政调查与证据规则的相互关系和不同功能看，上述五种体例模式均不适合我国的实际。笔者同意有关学者提出的意见，即将调查和证据分节先后加以规定的模式，这样的体例安排既区别了前文所述的行政调查与证据制度的不同功能，又强调了二者之间的密切关系；既有利于在立法上安排内容，又有较强的实用性。[①]

（三）关于行政程序证据制度立法步骤问题的探讨

行政程序作为一种具有裁决性质的法律程序，是一个完整的过程。对于证据，也应当有一个体系完整的规定，包括证明对象，证据的收集、提出，证明责任的承担，证明标准等，而这些又必须用证据规则加以规范，这实际上就是一个完整的证据制度。因此，通过行政程序证据制度的立法让行政主体有法可依，让行政相对人有法可依，这是确立证据规则在行政程序中地位的根本环节，有助于减少违法行政、提高行政执法效能、保障行政相对人合法权益。

由于我国不承认行政案例的约束力，要对行政程序进行规范、对行政程序中证据运用进行规范，完整的证据制度对于规范行政权的运行就显得更为重要。再加上我国行政执法水平相对较低，鉴于行政法治化原则的要求以及域外立法经验，通过我国行政程序法典对行政程序证据制度作较为详尽的规定肯定是最好的立法模式。然而就目前来看，实务界对行政程序立法尚不具有紧迫性，学术界对行政程序证据理论研究的储备也还不够丰富，一些重要问题尚需结合国情进行深入研究，尤其需要进行实证调研与分析。因此，这在短时期内难以被立法机关所认同，启动立法程序比较困难。即使启动立法，从启动立法程序到最终顺利出台行政程序证据的有关法律法规，也是一个相当长的过程。[②] 因此有关行政程序证据的立法步骤可以逐步进行。

笔者以为，在当前没有统一行政程序法典的情况下，可以考虑借助单行行政程序立法以及地方行政程序立法的方式对行政程序证据制度加以完善，就是在各种法律、法规、规章中针对具体行政领域（如工商、税收、通信、海关、公安等）或某一地域领域对行政程序证据制度进行规定。例

---

① 参见李海亮：《行政调查与证据制度比较研究》，《福建行政学院福建经济管理干部学院学报》2002 年第 4 期。

② 以域外行政程序立法经验来看，一般都经历波折。例如日本《行政程序法》从提议到正式通过，前后达半个世纪之久，从正式草案的提出到法案正式通过长达 30 年；韩国从 1965 年开始行政程序法草案制定工作，其间也经历了反反复复，直至 1996 年通过国会公布；类似地，我国台湾地区在 20 世纪 70 年代就开始草拟行政程序法草案，经历多次反复修改，直至 1999 年才通过。

如，在行政处罚领域，我国已制定《交通行政处罚程序规定》、《工商行政管理机关行政处罚程序规定》、《通信行政处罚程序规定》、《烟草专卖行政处罚程序规定》、《林业行政处罚程序规定》、《农业行政处罚程序规定》、《出入境检验检疫行政处罚程序规定》等；在行政许可领域，除《行政许可法》规定的证据规则之外，国务院部委还制定了很多行政许可实施程序的部委规章；在行政立法领域，我国已制定《国家药品监督管理局行政立法程序规定》、《工商行政管理规章制定程序规定》等；而在地方行政程序立法方面，最典型的莫过于《湖南省行政程序规定》。这些单行立法和地方立法都有有关行政程序证据制度的相关立法，其有助于基于不同的领域、地域，针对不同的情形，有针对性地规定行政程序证据制度及其运行中的若干问题，专业性和操作性都比较强，有助于积累相关领域的行政程序证据立法经验。

随着具体行政领域以及地方行政程序立法的完善，可以考虑通过国务院制定一部《行政程序证据若干问题规定》的行政法规来统一规范行政程序中证据规则以及证据证明规则，如将证据定义、属性、分类以及证据采取、认定、适用以及举证责任分担等各个环节进行规范，同时注意将行政程序中的证据规则与行政诉讼过程中的证据规则进行衔接和区别。这样做能够对行政程序证据的所有相关问题以统一的立法加以详尽规定，不受立法体例和立法方式的制约，既避免了规定行政程序内容与行政实体内容之争，也解决了立法中的诸多技术衔接问题，同时也提升了行政程序证据问题在立法中的地位和分量，使行政程序证据制度的重要性凸显出来。需要特别说明的是，在制定《行政程序证据若干问题规定》时，应将行政程序证据制度的相关内容与现行行政实体法、行政程序法、行政复议法、行政诉讼法中的有关原则和制度相衔接。待《行政程序证据若干问题规定》正式通过后，应当对各种规章、规范性文件进行立、改、废。新制定的相关规章、规范性文件涉及行政程序证据问题的，应当以《行政程序证据若干问题规定》为依据对相关领域的具体问题进行细致规定，使《行政程序证据若干问题规定》中关于行政程序证据过程规制的原则和精神具体化、细致化。

在立法条件进一步成熟的时候，即在国务院制定的《行政程序证据若干问题规定》施行的同时，在充分积累行政程序证据实践经验的基础上，积极推动我国《行政程序法》系统、全面地规定行政程序证据规则，进一步完善我国行政程序证据制度。

本章小结

本章主要针对我国行政程序证据制度立法问题进行讨论和展望。为更好地规范行政行为，提高行政执法水平，我国应对行政程序证据制度作较为详尽的立法规范。这既是区别于行政诉讼证据规则的需要，也是整合我国行政程序证据规则的需要，更是实现行政程序立法现代化的需要。美国、奥地利、西班牙、德国等国以及我国澳门特别行政区和台湾地区对行政程序证据制度都有相关立法。域外行政程序中的证据制度立法状况为完善我国行政程序证据制度提供了参考的资料。对照我国立法状况，可以发现相关制度存在诸多缺陷和不足，有必要进行系统的修正和完善。对于行政程序证据制度立法最好的办法就是将之附属于行政程序法的立法模式进行系统规范，而在目前条件尚不具备的情况下，可以分阶段、有计划地进行立法。

结　语

认定事实和适用法律都是行政程序必须关注的两个基础性的问题，而行政决定所认定的事实又是以行政主体对证据的收集、质证、审查、判断以及采纳为基础的。作为一个法律程序整体不可缺少的组成部分，行政程序同样也在证据的作用下发挥着它应有的功能。因此一定程度上可以说，证据是行政程序的灵魂和骨干。但是，由于证据制度源于司法程序，以及行政程序受到关注的短暂历史，行政程序中的证据制度并不为人们所重视。行政程序证据既是行政程序不可缺少的核心环节，也是行政机关作出具体行政行为不可缺少的核心要件，它规制着行政机关行政权力的运行状态，直接影响到行政相对人的合法权益。从某种意义上说，行政程序证据制度是反映一个国家法治水平和民主水平的重要标尺。系统地研究行政程序证据制度有助于建构行政程序证据制度独立的理论体系，有利于将行政程序证据制度纳入法治的轨道，有利于深化对行政程序法价值的认识。期以此综合之观察，为我国审视现行行政程序法律制度的完备性提供新的契机。

目前，我国行政程序法治的建设尚处于初级阶段，对行政程序证据制度的研究和具体制度设置尤其不足。如何将行政程序证据制度纳入法治化的轨道，是行政程序法理论与实践亟待解决的问题和新兴课题。本书正是立足于完善我国行政程序法的初衷，围绕什么是行政程序证据、行政程序证据制度，为什么需要行政程序证据制度，行政程序证据制度有哪些内容，如何完善我国行政程序证据制度，运用语义分析、功能分析、规范分析、历史分析、实证分析和比较分析研究的方法，在借鉴域外相关法治经验的基础上，对行政程序证据制度进行了较为深入的研究，并结合行政法理论与具体实践努力对上述问题作出相应解答。

由于行政程序规定了行政程序证据制度作用领域和实施范围，因此讨论行政程序证据制度也必须在行政法律程序的前提和框架下才有意义，否则对行政程序证据制度的讨论就极易跳出行政程序框架而导致相关论述处于自说自话、无法沟通的困境。行政程序的价值、理念和法治模式直接决定了行政程序证据制度的构建和实施，而行政程序证据制度也是行政程序目标实现的重要制度性保障。

行政程序证据制度主要是围绕行政程序证据展开的一系列证据制度，因此就有必要对行政程序证据制度若干基本问题作相关介绍。相应行政程序证据的概念、特点、属性、种类等构成了行政程序证据静态制度意义上的基本问题。

行政程序证据制度作为行政程序基本制度之一，行政程序的价值势必对行政程序证据制度有着重要的影响，因此研究行政程序的价值对于深化认识行政程序证据制度的价值具有重要的指导意义。当代行政程序的价值着眼于实现公正和效率平衡的定位，有助于指导行政程序证据制度在总体上价值实现效率和公正价值的平衡，同时从微观角度在应对具体个案情形时对公正与效率的价值进行衡平，以保证个案结果的正当合理。

行政程序证据具体制度及其规则的内容十分丰富，限于篇幅，本书无法对行政程序证据具体制度的所有内容展开全面、系统的研究，因此只能有所侧重地选择行政程序证据取证制度、举证制度、认证制度和查证制度来重点论述，这也正好对应了行政程序证据证明程序中取证、举证、质证、认证、查证的逻辑顺序，相应构成了行政程序动态制度意义上的证据制度。

为了更好地规范行政行为、提高行政执法水平，应对行政程序证据制度作较为详尽的立法规范。域外行政程序中的证据制度立法状况为完善我国行政程序证据制度提供了参考的资料。对照我国立法状况，我们可以发现相关制度存在诸多缺陷和不足，有必要进行系统的修正和完善。对于行政程序证据制度立法最好的办法就是将之附属于行政程序法的立法模式对之进行系统规范，而在目前条件尚不具备的情况下，可以分阶段、有计划地进行立法。

总之，在行政法变革的时代，面向真实世界的行政法问题研究，特别是在行政程序法研究不断深入转型时期，回应社会行政实践的变化，行政程序证据制度的研究有利于提炼出行政程序中相关证据行为和具体证据制度。对行政程序证据制度的系统研究，既拓宽了传统证据法的研究视野，也促进了行政程序法理论的完善。而当下中国正处在社会转型时期，“依法治国”已经成为社会治理的基本途径和基本国策，依法行政是“依法治国”在行政领域里的落实，行政程序证据制度这样微观制度层面的构建和日趋完善将有助于宏观依法行政和建立法治政府目标的实现。

参考文献

一、著作类

［1］王名扬：《美国行政法》（上、下），中国法制出版社2005年版。

［2］杨海坤、章志远：《中国行政法基本理论研究》，北京大学出版社2004年版。

［3］杨海坤、黄学贤：《中国行政程序法典化——从比较法角度研究》，法律出版社1999年版。

［4］杨海坤编：《中国行政法实用通典》，人民出版社2006年版。

［5］杨海坤、章志远：《中国特色政府法治论研究》，法律出版社2008年版。

［6］杨海坤、章志远主编：《行政诉讼法专题研究述评》，中国民主法制出版社2006年版。

［7］黄学贤编：《中国行政程序法的理论与实践——专题研究书评》，中国政法大学出版社2007年版。

［8］关保英：《行政法模式转换研究》，法律出版社2000年版。

［9］周永坤：《法理学——全球视野》，法律出版社2000年版。

［10］应松年编：《比较行政程序法》，中国法制出版社1999年版。

［11］应松年编：《当代中国行政法》，中国方正出版社2005年版。

［12］马怀德编：《司法改革与行政诉讼制度的完善》，中国政法大学出版社2004年版。

［13］马怀德编：《行政程序立法研究——〈行政程序法〉草案建议稿及理由说明书》，法律出版社2005年版。

［14］章剑生：《行政程序法学原理》，中国政法大学出版社1994年版。

［15］章剑生：《行政程序法比较研究》，杭州大学出版社 1997 年版。

［16］章剑生：《现代行政法基本理论》，法律出版社 2008 年版。

［17］徐继敏：《行政证据通论》，法律出版社 2004 年版。

［18］徐继敏：《行政证据制度研究》，中国法制出版社 2006 年版。

［19］杨临宏等：《行政法学——新领域问题研究》，云南大学出版社 2006 年版。

［20］胡建森：《行政法与行政诉讼法》，高等教育出版社 1999 年版。

［21］高家伟等：《证据法原理》，中国人民大学出版社 2004 年版。

［22］刘晓丹编：《美国证据规则》，中国检察出版社 2003 年版。

［23］鲍雷、刘玉民编：《用证据说话·行政证据的收集、保存、提交》，人民检察出版社 2005 年版。

［24］林喜芬：《非法证据排除规则：话语解魅与制度构筑》，中国人民公安大学出版社 2008 年版。

［25］冯凯、高志新编：《中国行政程序法：起草资料汇编》（上、下），中信出版社 2004 年版。

［26］张弘：《行政法治的证据要求——行政证据法律研究》，中国经济出版社 2004 年版。

［27］吴庚：《行政法之理论与实用》，中国人民大学出版社 2005 年版。

［28］何家弘编：《证据学论坛》（第一卷），中国检察出版社 2000 年版。

［29］何家弘编：《证据学论坛》（第七卷），中国检察出版社 2004 年版。

［30］巫宁生：《证据学》，群众出版社 1983 年版。

［31］崔敏：《刑事证据理论研究综述》，中国人民公安大学出版社 1989 年版。

［32］冯军：《行政处罚法新论》，中国检察出版社 2003 年版。

［33］孔祥俊：《最高人民法院（关于行政诉讼证据若干问题的规定）的理解与适用》，中国人民公安大学出版社 2002 年版。

［34］张步洪、王万华：《行政诉讼法律解释与判例述评》，中国法制出版社 2000 年版。

［35］甘文：《行政诉讼证据司法解释之评论——理由、观点与问题》，中国法制出版社 2003 年版。

[36] 陈光中：《刑事诉讼法实施问题研究》，中国法制出版社 2000 年版。

[37] 李心鉴：《刑事诉讼构造论》，中国政法大学出版社 1992 年版。

[38] 宋随军、梁凤云：《行政诉讼证据实证分析》，法律出版社 2007 年版。

[39] 裴兆斌等：《公安机关办理行政案件证据规范指南》，人民公安大学出版社 2009 年版。

[40] 甘文：《诉讼证据司法解释之评论》，中国法制出版社 2003 年版。

[41] 吴淞豫：《行政诉讼证据合法性研究》，法律出版社 2009 年版。

[42] 樊崇义等：《证据法学（第四版）》，法律出版社 2008 年版。

[43] 鲁千晓、吴新梅：《诉讼程序公正论》，人民法院出版社 2004 年版。

[44] 张树义主编：《行政诉讼证据判例与理论分析》，法律出版社 2002 年版。

[45] 王良钧：《行政证据的理论与实务》，河南人民出版社 2005 年版。

[46] 叶青编：《诉讼证据法学》，北京大学出版社 2006 年版。

[47] 戴泽军：《证据规则》，公安大学出版社 2007 年版。

[48] 齐树洁、王振志编：《证据法案例精解》，厦门大学出版社 2004 年版。

[49] 俞静尧等：《诉讼证据案例与学理研究》，法律出版社 2005 年版。

[50] 卞建林、刘玫编：《证据法学案例教程》，知识产权出版社 2003 年版。

二、论文类

[1] 高秦伟：《正当行政程序的判断模式》，《法商研究》2004 年第 4 期。

[2] 高秦伟：《论给付行政中的听证制度及其构建》，《甘肃行政学院学报》2008 年第 4 期。

[3] 谢红星：《论正当行政程序与行政程序的正当性——兼以程序工具主义及程序本位主义的视角》，《贵州警官职业学院学报》2005 年第 6 期。

[4] 卢华锋、傅华：《论行政程序正当性的判断》，《理论与改革》

2009 年第 4 期。

［5］陈瑞华：《程序价值理论的四个模式》，《中外法学》1996 年第 2 期。

［6］李牧：《论行政证据的规制与保障功能》，《武汉理工大学学报》2003 年第 6 期。

［7］蔡虹：《行政证据与行政诉讼证据研究》，《律师世界》1999 年第 2 期。

［8］孔祥俊：《行政诉讼证据新规则与工商行政执法丛谈》，《工商行政管理》2003 年第 8 期。

［9］史容、丁丽红：《行政诉讼证据与行政证据的区别探讨》，《法商研究》（中南政法学院学报）1994 年第 3 期。

［10］于敏：《试论数据电文的证据资格》，《湖南省政法管理干部学院学报》2002 年第 1 期。

［11］常安、朱明新：《电子政务法律问题探析》，《陕西省行政学院学报》2003 年第 2 期。

［12］刘品新：《论电子证据的认证规则》，《证据学论坛》（第四卷），中国检察出版社 2002 年版。

［13］杨宇冠：《非法证据排除规则的例外》，《比较法研究》2003 年第 3 期。

［14］房文翠、丁海湖：《关于证据排除规则的理性思考》，《中国法学》2002 年第 4 期。

［15］宋世杰、陈果：《论非法证据排除规则》，《证据学论坛》（第二卷），中国检察出版社 2001 年版。

［16］戴福康：《对刑事诉讼证据质和量的探讨》，《法学研究》1988 年第 4 期。

［17］徐益初：《论口供的审查和判断》，《北京政法学院学报》1982 年第 3 期。

［18］陈宏光：《简论行政诉讼的适用规则》，《安徽警官职业学院学报》2002 年第 3 期。

［19］张建伟：《证据法学的理论基础》，《现代法学》2002 年第 2 期。

［20］杨解君：《行政处罚证据及其规则探究》，《法商研究》1998 年第 1 期。

[21] 沈福俊:《论行政证据中的若干法律问题》,《法商研究》2004 年第 1 期。

[22] 章剑生:《行政程序中证据制度的若干问题探讨》,《法商研究》1997 年第 6 期。

[23] 夏倩倩:《浅论行政程序证据制度》,《辽宁行政学院学报》2009 年第 9 期。

[24] 徐继敏:《证据制度在行政程序法中的地位探析》,《河北法学》2004 年第 1 期。

[25] 徐继敏:《美国行政程序证据规则分析》,《现代法学》2008 年第 1 期。

[26] 徐继敏:《试论行政处罚证据制度》,《中国法学》2003 第 2 期。

[27] 李永才:《行政证据规定对行政证据活动的影响探析》,《成都行政学院学报》2003 年第 2 期。

[28] 徐振杰:《中外关于电子文件证据的法律法规》,《环球瞭望》2002 年第 10 期。

[29] 高树德、郑永强:《行政证据制度研究》,《中国法学会行政法研究会 2002 年年会(论文集)》。

[30] 刘璐:《试论行政程序中的非法证据排除规则》,《行政法学研究》2005 年第 1 期。

[31] 蔡虹:《行政证据与行政诉讼证据研究》,《法学论坛》1999 年第 2 期。

[32] 才凤敏:《浅析行政证据与行政诉讼证据》,《甘肃行政学院学报》2004 年第 49 期。

[33] 冉瑞燕:《论公共行政中的证据规则》,《河北法学》2004 年第 9 期。

[34] 沈宏:《论行政证据规则与诉讼证据规则多样化联系——兼论行政证据立法之必要性》,《行政与法》2004 年第 5 期。

[35] 郑钟炎、程竹松:《论我国行政程序法典证据制度的构建》,《法治论从》2003 年第 2 期。

[36] 部尔彬:《论行政诉讼非法证据排除》,《贵州警官职业学院学报》2003 年第 2 期。

[37] 沈宏:《论行政证据规则与诉讼证据规则多样化联系》,《行政与

法》2004 年第 5 期。

[38] 冉瑞燕:《论行政程序证据规则》,《中南民族大学学报(人文社会科学版)》2005 年第 2 期。

[39] 周士逵、冯之东:《行政证据制度的证明标准》,《甘肃行政学院学报》2008 年第 1 期。

[40] 邬美瑛:《行政证据规则立法浅析》,《消费导刊》2007 年第 11 期。

[41] 周士逵:《行政证据制度研究》,西南政法大学 2006 年硕士学位论文。

[42] 范顺姬:《行政证据若干法律问题探析》,苏州大学 2006 年硕士学位论文。

[43] 苑栋:《我国行政证据制度研究》,郑州大学 2007 年硕士学位论文。

[44] 张生涌:《论行政证据》,西南政法大学 2004 年硕士学位论文。

[45] 王瑜娟:《行政程序证据质证规则》,中国政法大学 2008 年硕士学位论文。

三、外国文献

[1] [美] Jerry L. Mashaw:《行政国的正当程序》,沈岿译,高等教育出版社 2005 年版。

[2] [德] 汉斯·J. 沃尔夫(Hans J. Wolff)等:《行政法》(第一卷)高家伟译,商务印书馆 2003 年版。

[3] [德] 汉斯·J. 沃尔夫(Hans J. Wolff)等:《行政法》(第二卷),高家伟译,商务印书馆 2002 年版。

[4] [德] 哈特穆特·毛雷尔:《行政法学总论》,高家伟译,法律出版社 2000 年版。

[5] [美] 欧内斯特·盖尔霍恩、罗纳德·M. 利文:《行政法与行政程序法概要》,黄列译,中国社会科学出版社 1996 年版。

[6] [德] 埃贝哈德·施密特·阿斯曼等:《德国行政法读本》,于安译,高等教育出版社 2006 年版。

[7] [日] 盐野宏:《行政法》,杨建顺译,法律出版社 1999 年版。

［8］［美］伯纳德·施瓦茨：《行政法》，徐炳译，群众出版社 1986 年版。

［9］Carl J. Friedrich, *Authority, Reason and Discretion*, Harvard University Press, 1968.

［10］Peter Murphy, *Murphy on Evidence*, Blackstone Press limited, 1997.

［11］Daniel Hall, *Administrative Law: Bureaucracy in a Democracy*, Prentice Hall, 2001.

［12］D. J. Galligan, *Due Process and Fair Procedures: A Study of Administrative Procedures*, Clarendon Press, 1996.

［13］Ernest Gellhorn and Ronald M. Levin, *Administrative Law and Process*, West Publishing Co., 1997.

［14］Robert S. Summers, "Evaluating and Improving Legal Process: A Plea for 'Process Values'", *Cornell Law Review*, Vol. 60, 1914.

［15］Richard O. Lempert and Stephen A. Saltzburg, *A Modern Approach to Evidence*, West Publishing Co., 1982.

［16］Charles Nesson, "The Evidence or the Event? On Judicial Proof and the Acceptability of Verdiets", *Harvard Law Review*, Vol. 98, 1985, pp. 1357 – 1392.

［17］Jonn Henry Wigmore, "Using Evidence Obtained by Illegal Search and Seizure", *American Bar Association Journal*, Vol. 8, No. 8, 1922, pp. 479 – 484.

［18］Sheila Jasanoff, "Just Evidence: The Limits of Science in the Legal Process", *Journal of Law Medieine & Ethics*, Vol. 34, No. 2, 2010, pp. 328 – 341.

［19］Steven Penney, "Taking Deterrence Seriously: Excluding Unconstitutionally Obtained Evidence Under Section 24 (2) of the Charter", *McGill Law Journal*, Vol. 49, 2004.

［20］Thomas Y. Davies, "An Account of Mapp v. Ohio that Misses the Larger Exclusionary Rule Story", *Ohio St. J. Crim. L.*, Vol. 4, No. 2, 2007, p. 619.

四、网络文献

[1] 李元邃:《工商行政管理机关查处案件中证据的审查判断及使用》, http://www.law-lib.com/Lw/lw_view.asp?no=2121&page=7。

[2] 北大法律信息网专题:《"钓鱼执法"风波的背后》, http://article.chinalawinfo.com/Article_Detail.asp?ArticleID=50426。

[3] 肖峻、傅一波:《借鉴英美法律构建我国执行程序举证责任制度之设想》, http://www.chinacourt.org/html/article/200911/24/382010.shtml。

[4] 杨泽瑛:《浅析证据规则在行政程序中的适用》, http://news.9ask.cn/falvlunwen/xflw/201001/293795_3.html。

[5] 陈军伟:《和谐社会的程序之维》, http://article.chinalawinfo.com/Article_Detail.asp?ArticleID=38061。

[6] 韦爱华:《论行政证据与行政诉讼证据的区别与联系》, http://www.cncasky.com/get/lltt/fxlw/20071226000436622.html。

[7]《车模"艳照门"追踪:传播兽兽不雅视频者已被拘》, http://www.china.com.cn/news/ent/2010-03/02/content_19501554_2.html。

[8] 杨小君:《依法行政首先要"程序正当"》, 人民网, http://www.people.com.cn/GB/14576/15177/3058886.html。

[9] 王月灿、盛文斌:《"米兰达警告"向我们走来——从一起道路运政案件谈行政处罚的证据规则》, http://www.yunzheng.org/yanjiu/Class4/0002.html。

[10] 邵明:《关于我国制定统一证据法的若干看法》, http://www.civillaw.com.cn/article/default.asp?id=15375。

后　记

从世界范围内行政法治的实践来看，行政程序制度不断丰富和发展的趋势越来越明显，如何在制度安排上最大限度地体现正当行政程序理念、彰显现代行政法治精神，是我国行政程序法理论必须面对的问题。在这一认识基础上，我选择了“法治理念下的行政程序证据制度研究”这一题目进行研究，试图以行政程序证据制度为中心促进行政程序法理论和“微观行政法治”制度的完善，期待以技术层面方面的法治积累推动深层面制度完善。

有关行政程序证据制度的研究，学界已经有一些研究成果，如何推陈出新，特别是立足于行政程序法理论框架下为我国的行政程序证据制度完善提供一个新的思维向度，这无疑是一个颇具复杂性和富有挑战的全新课题。我在确定此题目之后，虽然搜集、梳理了国内外大量的立法规范，在写作过程中仍时常感觉到吃力，为此也曾迷茫和气馁过，但一种解决问题的责任——希望能为建构我国行政程序证据制度尽微薄之力，以及导师、同学不断的鼓励和支持，驱使着我鼓足勇气，摆脱懈怠，不断努力去克服各种困难，最终顺利完成了全书的写作。文稿付梓之际，心中仍惴惴不安——对“行政程序证据制度”这一课题我觉得始终还未研究透彻，加之自己学识疏浅，仍感本书疏漏诸多。

本书可以作为三年博士研究生生活的总结，同时也印证了本人的学习生活态度始终是认真的、严谨的。在这里尤为要感谢恩师杨海坤教授。杨老师博大的视野、平易近人的作风、乐观豁达的风范永远是我们行文做人的典范。特别是他一直在本书写作上给予我细心的指导，并给出许多可贵的建议，使我切身感受到其谦虚严谨的学术作风、认真的学术态度、深厚的学术功底。杨老师三年来对我生活和学习和风化雨、无微不至的关怀和帮助定会让我终生难忘、感恩于心。感谢杨老师对内容和结构等诸多方面的悉心指导和不厌其烦的讲解。如果书中存在任何不当或谬误，纯粹因为本人才疏学浅，与老师无关。

在王健法学院攻读博士学位的三年中，深深地享受到学习的乐趣，同时从师生互动中获益良多，特别是师生之间教学相长、亦师亦友，实为良善。在本书写作的过程中，黄学贤教授、王克稳教授也对本书的选题、撰写和定稿予以肯定、支持和帮助；周永坤教授、陈立虎教授、胡玉鸿教授、李晓明教授、艾永明教授、韩龙教授等也提出了非常有价值的指导性意见；章志远教授、上官丕亮副教授、陆永胜副教授、黄涧秋副教授在写作过程中也给予很多宝贵意见；另外，我的同窗杨俊、王琼雯、陆岸、吕成、曹艳梅也给予我许多的鼓励和帮助，尤其要感谢来自我国宝岛台湾的黎锦福同学每次风尘仆仆地从台湾帮我带来大量的域外资料，陈军同学帮我找到很多颇有价值的文章，这里一并表示衷心的感谢。同时，感谢张杰律师从实务角度为本书的写作提供大量意见和建议。在此，我向尊敬的师长和可爱的学友谨表诚挚的谢意！

最后，需要说明的是，受本人研究的水平以及文章的篇幅所限，本书仅仅从一般证据理论、证据收集、证明责任、质证规则、认证规则、证明标准等方面对行政程序证据制度进行了浅尝辄止的分析，相关论述很可能有疏漏甚至错误，因此诚恳期待学界方家学者的批评和指正。本书的完成只是该课题部分研究工作的完成，仅意味着研究的开始而并不是终结，我将在以后的工作、生活中就此问题继续研究，以期取得更多成果。

陈 峰

2017 年 2 月